国家自然科学基金项目(70973020)

林权制度改革与绿色创新发展：农户林业全要素生产率增长机理研究

苏时鹏　等　著

中国林業出版社

图书在版编目(CIP)数据

林权制度改革与绿色创新发展:农户林业全要素生产率增长机理研究/苏时鹏等著. —北京:中国林业出版社,2017.11

ISBN 978-7-5038-9372-8

Ⅰ.①林… Ⅱ.①苏… Ⅲ.①农户—林业—全要素生产率—研究—中国 Ⅳ.①F326.2

中国版本图书馆 CIP 数据核字(2017)第 280478 号

出版 中国林业出版社(100009 北京西城区刘海胡同 7 号)

http://lycb.forestry.gov.cn

E-mail forestbook@163.com 电话 010-83143515

印刷 北京中科印刷有限公司

版次 2017 年 12 月第 1 版

印次 2017 年 12 月第 1 次

开本 710mm×1000mm 1/16

印张 14

字数 266 千字

定价 60.00 元

作 者 简 介

苏时鹏(1976.11～),男,人口资源与环境经济学硕士,林业经济管理博士,教授,博士生导师,福建农林大学公共管理学院副院长,MPA 教育中心主任,可持续发展研究所副所长,主要从事资源与环境管理的教学与研究工作。师从福建农林大学张春霞教授进行林业经济管理与绿色经济的研究,在清华大学环境学院师从陈吉宁教授进行水环境管理的博士后研究工作,2013～2014 年赴美国 Texas A&M University 生态系统科学与管理系做访问学者。近 5 年主持了国际项目 5 项,国家自然科学基金项目 2 项,国家软科学项目 1 项,省部级课题 10 多项,参加国家水体污染治理与控制科技重大专项课题、国家自然科学基金项目、国家社会科学基金项目 7 项,入选福建省高校新世纪人才支持计划和福建省高校杰出青年科研人才培养计划,获福建农林大学严家显最高奖教金。出版专著 4 部,发表论文 100 多篇;相关成果获全国高等学校科学研究优秀成果奖(人文社会科学)三等奖 1 项,福建省社会科学优秀成果奖一等奖 2 项,二等奖 1 项,三等奖 2 项,中国行政管理学会优秀论文一等奖 1 项,中国林业青年科技论坛优秀论文奖 1 项,中国农业资源与区划学会科学技术三等奖 1 项。

内 容 简 介

本书为国家自然科学基金项目（70973020）和国家软科学项目（2011GXQ4D054）的研究成果。为了揭示新一轮林权制度改革以来闽浙赣三省农户林业全要素生产率变动情况及其规律，本书以福建省96个、浙江省76个、江西省65个样本林农2004~2009年林业经营的跟踪调查数据为基础，应用DEA-Malmquist指数法测算和比较分析2004~2009年期间闽浙赣农户林业全要素生产率及其分解量，应用Tobit模型分析找出影响各省农户林业全要素生产率的主要因素，应用DEA-BCC和Tobit二步法分析测算各省农户林业经营效率及其影响因素，应用回归分析法分析基期效率值对效率变动值的影响，进而探讨农户林业全要素生产率增长的动力机制，构建促进农户林业全要素生产率增长的制度保障体系。全书分为五篇十六章。第一篇为产权改革和家庭林业的发展，共三章，主要包括研究背景和意义、国内外研究进展以及本书总体框架的思路；从林业产权制度改革和家庭林业发展历程的角度探讨产权制度变化对家庭林业经营的影响；从宏观上比较分析闽浙赣三省林业产权制度改革举措和成效。第二篇为农户林业全要素生产率变动实证分析，共四章，在分别分析闽浙赣三省农户林业全要素生产率总体变动情况、技术进步和效率变动（含纯技术效率变动和规模效率变动）分解量情况、变动的个体差异状况以及各自的影响因素的基础上，进行省际之间的比较。第三篇为农户林业经营效率实证分析，共四章，在分别分析闽浙赣三省农户林业经营效率、纯技术有效率、规模效率及各自影响因素的基础上，进行省际之间的比较。第四篇为农户林业经营效率基期值对效率变动值的影响分析，共三章，分别分析闽浙赣三省历年农户林业经营效率基期值与当年度效率变动之间的关系，进而分析不同经营效率水平下的农户林业全要素生产率变动情况及其影响因素的变化。第五篇为农户林业全要素生产率增长的动力机制与制度保障体系，共二章，主要为在归纳总结农户林业全要素生产率增长规律的基础上，分析构建农户林业全要素生产率增长的动力机制和制度保障体系。

前　言

改革、创新、绿色和发展是新时代的重要议题。森林既是陆地最大的生态系统，肩负着重要的生态功能，又是山区产业发展和农民生计的重要资源，具有重要的经济和社会功能，林业的绿色创新发展在生态文明建设中具有极其重要的地位。林业绿色创新发展目标需要通过一系列行之有效改革措施来实现。为了解放和发展林业生产力，保护好农民的利益，2002 年习近平同志在福建武平县开展了新一轮集体林权制度改革，将农村改革由山下转向山上，拉开了全国林改的序幕。2003 年福建全省推进林改，2006 年全国推进林改，被誉为“第三次土地革命”。家庭林业生产力水平与农民利益最直接相关。新一轮集体林权制度改革后，家庭林业生产力水平如何变化值得关注。

本人于 21 世纪初幸得著名林业经济学家张春霞导师的悉心指导，跟随导师承担了 3 项国家自然科学项目“私有林经营意愿与补贴制度研究：南方集体林区案例研究（70473014）”“私有林经营规模效率研究：福建案例研究（70773020）”“林农专业合作组织运行机理研究（71173039）”，对林改后农户家庭林业经营行为和生产变化有了较为深入的了解。2008~2010 年有幸进入清华大学环境学院，师从著名环境学家陈吉宁导师和傅涛导师进行流域水环境集成管理、水环境服务绩效管理和水环境服务改革的博士后研究工作，参与了两项国家水体污染控制与治理科技重大专项课题，对改革过程中如何协调平衡生态环境、经济发展和社会生计三种需求之间的关系有了更为深刻的认识，更加清晰地认识到生产效率的提升是根本。因此，为了探讨林改后农户家庭林业生产力水平变动规律，于 2009 年申请了国家自然科学基金项目“农户林业全要素生产率增长机理研究：福建、江西、浙江案例研究（70973020）”，并幸运地获得了资助。

本书是该课题研究成果之一，以福建省 96 个、浙江省 76 个、江西省 65 个样本林农 2004~2009 年林业经营的跟踪调查数据为基础，应用 DEA-Malmquist 指数法测算和比较分析 2004~2009 年期间闽浙赣农户林业全要素生产率及其分解量，应用 Tobit 模型分析找出影响各省农户林业全要素生产率的主要因素，应用 DEA-BCC 和 Tobit 二步法分析测算各省农户林业经营效率及其影响因素，应用回归分析法分析基期效率值对效率变动值的影响，进而探讨农户林业全要素生产率增长的动力机制，构建促进农户林业全要素生产率增长的制度保障体系。全书共分为五篇十六章。第一篇为林业产权改革与家庭林业发展，共三章，主要包括研究背景和意义、国内外研究进展以及本书总体框架的思路；从林业产权制度改革和家庭林业发展历程的角度探讨产权制度变化对家庭林业经营的影响；从宏观上比较分析闽浙赣三省林业产权制度改革举措和成效，引出新一轮林权制度改革后的农户林业全要素生产率增长问题。第二篇为农户林业全要素生产率变动实证分析，共四章，在分别分析闽浙赣三省农户林业全要素生产率总体变动情况、技术进步和效率变动（含纯技术效率变动和规模效率变动）分解量情况、变动的个体差异状况以及各自的影响因素的基础上，进行省际之间的比较。第三篇为农户林业经营效率实证分析，共四章，分别分析闽浙赣三省农户林业经营效率、纯技术有效率、规模效率及各自影响因素，并进行省际之间的比较。第四篇为农户林业经营效率基期值对效率变动值的影响分析，共三章，分别分析闽浙赣三省历年农户林业经营效率基期值与当年度效率变动值之间的关系，进而分析不同经营效率水平下的农户林业全要素生产率变动情况及其影响因素的变化。第五篇为农户林业全要素生产率增长的动力机制与制度保障体系，共二章，主要归纳总结农户林业全要素生产率增长规律，分析构建农户林业全要素生产率增长的动力机制和制度保障体系。

在国家自然科学基金项目的支持下，投入了大量的人力赴福建、浙江和江西进行跟踪调查和数据处理，研究生马梅芸、何少芬、郑丽丽、赵永旺、曾云钦、陈钦萍、范嘉璐、林丽梅、杜焱强、石康桥、贺亚萍、王育平、韩雅清、詹礼辉、李婷婷、兰岚参与了课题调研、数据处理和文字处理工作，承担了大量的基础性工作。特别值得一提的是，为了减少当地林业部门介绍或推荐农户引起的主观误差，研究生们在福建省南平市先随机入户调研，再请当地林业部门推荐调研农户，将两者进行对比，确实十分辛苦。在感激之余，对于他们表现出来的求真、勤勉和协作精神，深感欣慰。衷心祝愿他们学业事业有成，青出于蓝而胜于蓝。感谢恩师张春霞教授和福建农林大学公共管理学院院长郑逸芳教授一直以来的关爱、指导和帮助。感谢中国人民大学刘金龙教授、国家林业局经济发展研究中心刘璨研究员、福建农林大学刘伟平教授、陈秋华教授、杨建州教授、黄和亮教授、陈钦教授、胡玉浪教授、华启清编审的指导和帮助。感谢宁德师范学院院长魏远竹教授、浙江农林大学程运行教授和福建农林大学邹双全教授在调研和研究过程中给予的精心指导和帮助。感谢福建农林大学可持续发展研究所杨国永副教授、郑晶副教授、黄安胜副教授、黄森慰副教授、许佳贤讲师、郑思宁副教授给予的支持和帮助。感谢浙江省丽水市及所辖市县的林业局、江西省赣州市及所辖市县的林业局、福建省南平市、三明市、龙岩市及所连辖市县的林业局给予的帮助。感谢中国林业出版社徐小英社长的精心指导和帮助。

通过改革创新，促进农户家庭林业全要素生产率持续快速增长，实现绿色发展是新时代林区生态文明建设的重要内容，对决战全面建设小康社会和美丽中国建设都具有十分重要的现实和长远意义。但农户家庭林业全要素生产率增长机理是一个经典的林业经济管理难题，十分具有挑战性，需要大量的长时间跨度的数据作为支撑。而随着农村劳动力的转移，林地流转逐步增多，固定的观测样本会发生较大变化。虽然投入大量的人力和物力，经过艰难努力的探索，也只筛选出 235 个样本，分析其 2004~2009 年的变动情况。就机理研究的严格要求而言，样本量和时间跨度均仍显不足。尽管如此，还是将初步探索的成果奉献给读者，错漏之处在所难免，敬请批评指正。

著　者

2017 年 11 月

目　录

第三篇 农户林业经营效率实证分析

第四篇 农户林业经营效率基期值对效率变动值的影响分析

第五篇 农户林业全要素生产率增长的动力机制与制度保障体系

第一篇

林业产权改革与家庭林业发展

第一章　导　论

第一节　背景与意义

林农林业全要素生产率（TFP，Total Factor Productivity）是林农林业收入的决定性因素，促进林农林业全要素生产率增长是我国集体林权改革与现代林业发展的根本目标之一。林业全要素生产率变动的来源可分为林业科技进步状况、经营规模效率、生产技术效率（主要反映林业经营管理水平）、市场价格水平（戴锦周，陈建宏，2005）。随着林业产权改革的推进与配套体系建设，林农经营林业的积极性与自主权均有大幅度的提高，经营规模不断变化，林业科技创新与推广工作不断推进，林产品市场价格波动也较大，这些都会对林农林业全要素生产率产生了或正或负、或大或小的影响。然而，问题的关键是自新一轮集体林权改革以来，林农的林业全要素生产率变动到底多大？林业科技进步、经营规模效率、技术效率与市场价格对林业全要素生产率变动的具体贡献率是多少？各地区林农林业全要素生产率变动的差距多大及其影响因素和作用机理是什么？林农林业全要素生产率增长需求与技术效率、经营规模效率潜力有限之间的矛盾如何解决？这些问题对我国现代林业的发展至关重要，但到目前为止仍没有得到有效解决。

林农林业全要素生产率增长问题是林业经济管理研究领域的一个亟待解决的重要难题。第一，林农林业全要素生产率是我国现代林业发展的基础性指标、是判断林业政策效果的基础性指标之一，林农林业全要素生产率增长机理已是林业经济管理研究领域的一个重要问题。第二，林业经营周期长达20~30年，投入的时限长、次数多，获取收入的种类多，时间跨度长，影响林农生产行为的因素复杂多样，因而林农林业全要素生产率的定量测算与分析十分困难。我们在南方集体林区10省区进行“私有林经营意愿与补贴制度研究”（国家自然科学基金项目）、“私有林经营规模效率研究”（国家自然科学基金项目）和“福建集体林权深化改革的调查与研究”（联合国粮农组织项目）调查时，绝大多数的地方政府官员都说新一轮林权制度改革大大提高了林业生产率，但具体提高多少说不清楚；有的学者却认为私有林不利于科技创新推广（影响林业生产技术进步程度），不利于林业生产的规模效益，新一轮林改后林农林业生产率增幅不大，但缺乏有力的数据证明。造成这一现象的主要原因就是林农林业全要素生产率很难定量测算。因而很有必要选择有代表性的样本进行实际调查，运用合适的方法进行实证分析。

林农林业全要素生产率增长中的流量与存量关系没有得到应有的重视。对一段时期内全要素生产率变动的分解是一个流量问题，在此期间内某一组分的增量越大越好，这是一个流量对流量的问题。然而，规模效率与技术效率都具有极限值，即达到规模有效和技术有效后就不能再增加了，其存量水平的影响至关重要，但没有受到应用的重视。目前，多数学者通过历史数据分析将全要素生产率增长分解为科技进步、规模效率、技术效率等组分，并以此为据提出应加强增量小的组分（假设为技术效率）。但这种结论可能并不正确。如果规模效率与技术效率的存量自始至终都很高，在过去的一段时间内对全要素生产率增长的贡献小并不是因为它们的水平低，而恰恰是因为它们的期初存量水平很高，而且它们未来的增长潜力很有限，通过加强它们来提高全要素生产率的决策并不正确。因而，通过样本林农的调查与实际案例研究来揭示林农林业全要素生产率增长中的流量与存量关系具有重要的理论与实际意义。

林农林业全要素生产率增长机理的实证研究对深化我国集体林权改革，促进现代林业发展具有重要的参考价值。第一，新一轮集体林权改革后林农林业全要素生产率增长幅度的测算可以更有说服力地定量反映林改对现代林业发展的推动作用。第二，对林农林业全要素生产率增长幅度的分解与各组分存量的测算可以为林权改革深化与林业发展决策指明方向：①如果科技水平较低且进步缓慢，那么后续工作重点就是加大林业科技创新。②如果林业经营规模报酬递增阶段，那么后续工作的重点应该是建立公平有效的林地流转与整并机制；如果林业经营处于规模报酬递减阶段，那么后续工作重点应该是划小林业经营规模；如果业林经营规模是有效的，那么后续工作的重点应该是维持这种经营规模。③如果林业技术效率很低，那么后续工作重点就是如何促进现有先进生产技术的推广和普及。④如果市场价格因素影响了林业全要素生产率的提高，那么后续工作的重点就是如何优化林业发展的市场环境。第三，对影响林农林业生产科技水平、规模效率、技术效率以及价格水平的主要因素的定量分析则可以为相关调整决策提供有效的支撑。第四，对不同省份之间差异的比较分析则可以归纳出具有一般性的林权改革经验与林业经济发展规律，进而为全国林改和现代林业发展决策提供有效的参考。

福建省、江西省、浙江省都是我国南方集体林区的重要省份，在新一轮林权改革中的影响力都很大，具有较强的代表性，因而，基于这三个省的案例研究对南方集体林区，甚至全国林业产权制度改革与现代林业发展具有重要的指导意义与参考价值。另外，课题组自 2004 年起就在这三个省份开展了定点的农户调查，积累了大量的面版数据，基于这三个省的案例研究具有较强的基础。

第二节 研究目标

对新一轮林权改革以来林农林业全要素生产率变动情况进行测算、分解和地区比较，找出林农林业全要素生产率变动的内在规律，设计出适合我国国情的提高林农林业全要素生产率的政策。具体的目标有：测算、分解与比较新一轮林权制度改革以来林农林业全要素生产率变动情况，准确反映林权改革对林农林业全要素生产率的综合影响；找出影响林农林业全要素生产率变动的主要因子；揭示林农林业全要素生产率增长中的存量与流量关系；制定促进林农林总要素业生产率增长的政策。

拟解决的关键问题包括：

（1）林业经营周期长与林农林业全要素生产率测算期间短之间矛盾。林业经营周期比较长，用材林一般为 20～30 年，经济林较短，而测算林农林业全要素生产率往往是以一年为测算周期。以年末林业存量（包括森林蓄积量、竹林等）减去年初林业存量来衡量一年内未采伐的林业产出，存量值以专家评估、农户价值预期与支付意愿法相结合的办法进行估算，尽量减少误差。

（2）林农林业全要素生产率的持续增量要求与各部分调整潜力之间的矛盾。现代林业发展希望林农林业全要素生产率能保持较高的增长速度，不少学者也将全要素生产率的增长分解成科技进步效果、规模效率效果、技术效率效果与价格调整效果，这些都是一个增量要求。但除了科技进步之外，但其他三个都是有确定界限值的，如果只分析过去增长的来源而不考虑各种组分的现有水平则很可能导致政策偏差。比如上一年全要素生产率提高全部来自技术效率的改善，但技术效率已达到最优，即各种生产要素的配置已是最优的了，那么本年还制定了加大技术推广和培训等技术效率改善政策，这种政策一定是无效的。因此，课题组在测算、分解林农林业全要素生产率变动的基础上，测算林农林业生产规模效率与技术效率水平等存量值，进而将全要素生产率增长要求与规模效率、技术效率的调整潜力结合起来探讨林业全要素生产率增长中的流量与存量关系。

第三节 主要研究内容

林农林业全要素生产率增长的内涵与要求。分析我国新一轮集体林权制度改革与现代林业发展对林农业林业总要素生产增长的要求，探讨林业全要素生产率增长的主要来源与增长的条件。

林农林业全要素生产率变动测度：以农户为决策单元，以林地经营规模、劳动时间、费用支出（包括资金支出、自有实物支出）、年初林业估计值（包括森林蓄积量、竹林等）、地租、劳动力价格、资本价格为输入变量，以采伐量（包括间伐出材量）、林产品价格、非木材林业收入（包括笋竹、食用菌等收入）、年末林业估计值（包括森林蓄积量、竹林等经济林）为输出变量，综合运用 DEA 模型和 Malmquist 指数法，测算 2003～2009 年各决策单元（包括福建、江西、浙江 235 个样本林农）的林业全要素生产率以及变动情况。

林农林业全要素生产率变动的分解与比较。综合运用 DEA 模型和 Malmquist 指数法将 2003～2009 年各决策单元（包括福建、江西、浙江各 50 个林农）的林业全要素生产率增长情况进行分解，分为科技进步效果、规模经济效果、技术效率（含要素配置）三类，从纵向（时间，2003～2009 年）和横向（三个省）进行比较分析。

林农林业全要素生产率变动的影响因素分析。以林农林业全要素生产率的增长额为因变量，应用多元回归分析分析各种因素（包括农户林地规模、家庭人口规模、劳动力素质、林业专业化程度、立地条件、资金投入量、公共设施水平等）的影响。

林农林业生产规模效率测算、比较与影响因素分析。应用 DEA 中的 C2R 模型测算样本林农林业生产的规模效率指数，并用求解规模报酬非增（NIRS）的 DEA 模型判断规模无效样本林农所处的阶段，统计判断林农林业经营规模报酬阶段，综合分析各种因素（包括农户林地规模、家庭人口规模、劳动力素质、立地条件、资金投入量、公共设施水平等）对林农经营规模效率的影响，并从纵向（时间，2003～2009 年）和横向（三个省）进行比较分析。

林农林业生产技术效率测算、比较与影响因素分析。应用 DEA 中的 BCC 模型测算样本林农林业生产的技术效率指数，综合分析各种因素（包括农户林地规模、家庭人口规模、劳动力素质、立地条件、资金投入量、公共设施水平等）对林农经营规模效率的影响，并从纵向（时间，2003～2009 年）和横向（三个省）进行比较分析。

林农林业生产科技进步比较与影响因素分析。比较福建、浙江、江西三省从 2003～2009 年期间内在林业新品种、新的病虫害防治技术、新的林业机械等方面的林业科技进步情况，并从林业科技创新人才状况、R&D 费用投入、科技创新体制、技术引进机制、科技创新文化等角度分析影响林农林业生产科技进步的因素。

林农林业全要素生产率增长机理归纳。分析科技水平、技术效率及规模效率的流量与存量对林农林业全要素生产率增长的影响，探讨林农林业全要素生产率增长中的存量与流量关系。

林农林业全要素生产率增长的政策建议。综合影响林农林业全要素生产率、林业科技进步、规模效率、技术效率、生产要素价格的各种因素，找出提高林农林业全要素生产率的途径，在研究各利益相关者行为特征的基础上提出政策建议。

第四节 技术路线与研究方法

一、技术路线

按照"理论分析→提出问题→实际验证→分析问题→解决问题"的基本逻辑进行研究。

首先，在搜集、整理与分析国内外资料的基础上，分析我国现代林业发展与新一轮集体林权改革情况，提出林农林业全要素生产率增长问题。

其次，在分层与系统抽样的基础上，用"林农林业投入产出日记账"与"林业资产存量综合估算法"对样本林农村进行跟踪调查。

第三，综合应用 DEA 模型与 Malmquist 指数法对抽样跟踪调查的数据（2003~2009 年）进行分析，测算新一轮林改以来福建、江西、浙江三省样本林农林业全要素生产率变动情况，并进行比较。

第四，对新一轮林权以来福建、江西、浙江三省林农林业全要素生产率变动情况进行分解和比较，分析总结自 2003 年以来各省在促进林农林业全要素生产率增长方面的经验。

第五，测算与比较分析三省林农林业规模效率、经营技术效率、科技水平与要素价格水平，确定各个子项在促进林农林业全要素生产率增长方面的潜力。

第六，规模无效的决策单元所处地规模报酬阶段进行判断，为林农林业经营规模调整确立方向。

第七，假定其他条件可变，对可能影响林农林业全要素生产率增长的各种因素进行因子分析，找出关键因子，用回归分析计算其影响程度；分别对可能影响林业生产科技水平、技术效率与规模效率的各种因素进行因子分析，找出关键因子，并回归分析计算其影响程度。进而为进一步提高林农林业全要素生产率找出具体的切入点。

第八，综合前面分析的结果，探讨林农林业全要素生产率增长的存量与流量之间的关系。

第九，分析促进林农林业全要素生产率增长利益相关者的行为，提出促进林农林业全要素生产率增长的政策建议。

技术路线框图如图 1-1。

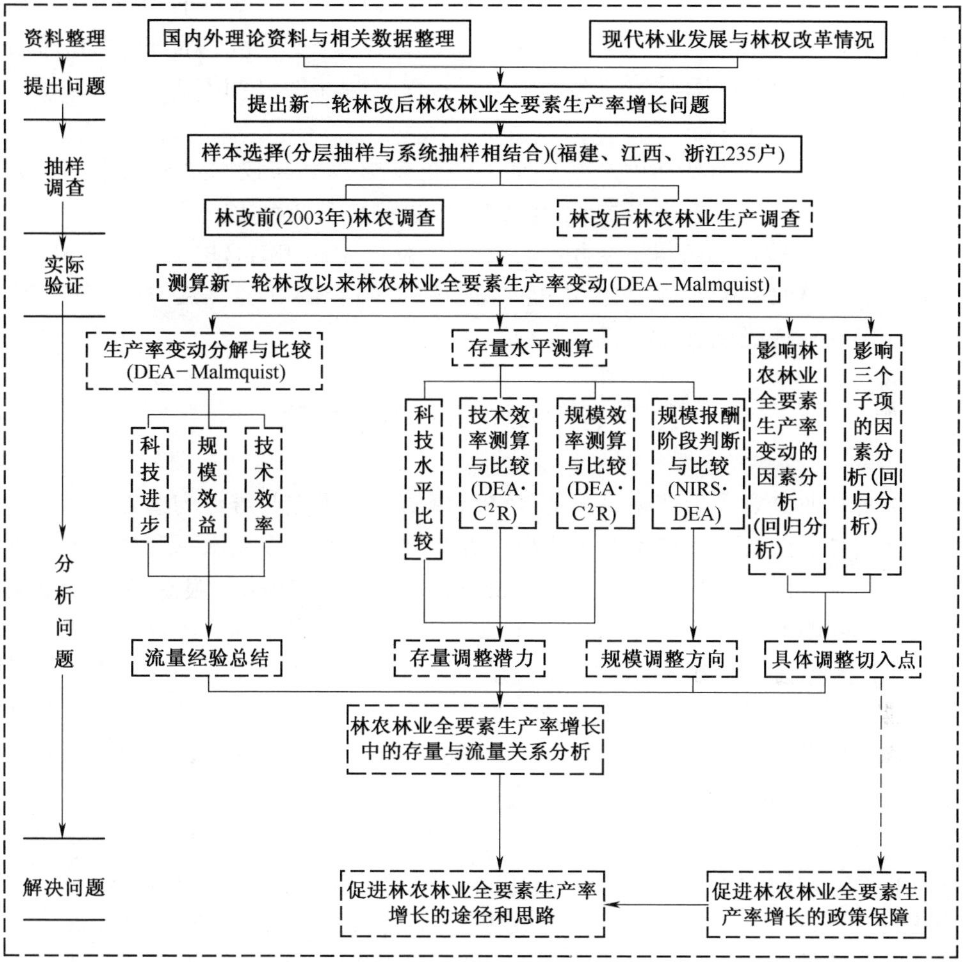

图 1-1　技术路线框图

二、研究方法选择

采取规范分析与实证分析相结合的办法进行综合研究。以大量的林农调查数据为基础，应用 DEA、Malmquist 指数法以及回归分析等方法进行定量研究，并进行时间纵向与地域横向之间的对比，进而使结论更具有科学性，提出的政策建议具有更强的现实操作性。

具体的分析方法如下：

(1) 林农林业全要素生产率变动测算与分解拟综合应用 DEA (CCR) 模型与 Malmquist 指数法进行分析 (Färe, 1994; 刘璨, 2007), 其中 DEA 权数的设定可参考林建治所提出的方法 (林建治, 1993)。

(2) 林农林业经营效率测度采用可变规模报酬 (VRS) 的 DEA (CCR) 模型 (刘璨, 2005; 郑逸芳, 苏时鹏, 2008, 王姿燕, 苏时鹏, 2008) 进行测算, 经营规模报酬阶段的判断采用求解规模报酬非增 (NIRS) 的 DEA 模型 (T. Coelli, 1996)。

(3) 林农林业全要素生产率变动、经营规模效率与技术效率的影响因素分析, 运用回归分析法找出主要影响因子, 再测算其贡献率。

(4) 样本数据的获得, 采用分层抽样与系统抽样相结合的方法确定样本, 并采用委托林农长期记录、半结构式访谈法与问卷调查法 (袁方, 1997; 张金马, 2003) 进行调查。

第五节 国内外研究进展

林农林业全要素生产率是林业经济管理研究的重点与难点问题之一。许多学者认为林业全要素生产率至关重要, 并将之作为林业发展水平和林业发展项目评估的重要内容 (P. A. Harou, 1985; Roy G. B., 1988; Doru L. I. et al., 2009; Camilla S., 2007; C. Wang et al., 2007)。但由于林业经营周期长, 投入的生产要素多, 产出多样且难以衡量, 经营周期内的制度变动性较大, 相关数据难以获得, 林业全要素生产率的测算研究比较困难, 因而, 相关研究是从分析林业经营效率开始的。1975 年 M. Grut 应用投入产出法分析了林业经营效率问题 (M. Grut, 1975), 1997 年应用 25 年的面版数据分析了英国林业经营效率, 认为林地与劳动力的机会成本对经营有效性影响很大 (C. Price, 1997); Paulo 应用投入产出法分析了木材生产的效率问题 (Paulo B. et al., 1998); Birger 运用数据包络分析法分析了挪威 20 世纪 80 年代农村发展支持计划中各地投资林业的相对效率 (Birger V., 2005)。David 分析美国南部 1952 年到 1985 年工业林生产与私有林生产全要素生产率变动情况, 认为现有的林业全要素生产率分析中许多潜在的持续收益没有考虑进去, 有必要将林业的持续投资与持续收益 (包括潜在的收益) 综合起来分析, 并应将环境变化、实物存量与森林拥有者的经济和社会特征结合起来分析 (David N. Wear, 1994)。此后, 不少学者对林业生产经营中的多维成本收益分析方法 (D. Horst, 2006) 以及林业经营的环境效益 (O. Carlén., 1999)、社会效益 (J. Peter, 2000)、非木材性收益 (P. Gong et al., 2005)、森林休闲旅游收益 (Marianne Z., Richard S. J., 2009) 进行研究, 并试图将这些收益作为新的输出变量纳入林业全要素生产率测算及分析，当然由于林业生产环境效益、社会效益等的准确计量比较困难，要广泛应用还需更加深入的研究。另外，不少学者分析了环境政策（Gouranga G. D. et al.，2005）、区域位置（Ellen M. et al.，2008）、联合经营管理（Sanjay Kumar，2002）、技术贸易（Gouranga G. D.，Janaki R. R.，2003）对林业全要素生产率的影响。有的学者则分析了林业全要素生产率变动对林业经营的影响，如 Gustavo 的研究表明林业相对生产率和居民收入状况是影响墨西哥北部集体林采伐的主要因素（Gustavo P. et al.，2009）。但这些研究多数是基于比较大的决策单元，如整个地区、林业企业、林产工业（M. Pierre，1996；Yin R. S.，2000）等，研究的数据多数为统计数据，基于样本农户调查数据的林农林业全要素生产率的研究较少，将流量与存量相结合的林农林业全要素生产率研究更少。

对我国林业全要素生产率的研究，中国内地的刘璨先生，中国台湾的高强、杨荣启先生以及美国的尹润生先生（Yin R. S.，1995）做了开创性的研究。杨荣启与高强自 20 世纪 80 年代起就开始了林业全要素生产率与经营效率的研究，综合应用非线性规划法与 Cobb-Douglos 生产函数评估中国台湾 13 个林管处和 43 个事业区的林业经营效率（杨荣启，高强，1988），综合应用 DEA 中的 BBC 模型与 Log-liner 模式评估 13 个林区与 4 个实验林区的经营效率（Chiang Kao，Yong Chi Yang，1991），并对 13 个林区重新划分为 8 个林区的三种不同方案进行评估（Chiang Kao，Yong Chi Yang，1992），这些研究中输入变量和输出变量略有不同，但都包括单位预算、单位最初蓄积量、单位劳动、土地面积等输入变量以及单位主产物产量、单位蓄积量、单位森林游乐人数等输出变量。2002 年高强先生还以面积、人力、经费、原始蓄积为输入变量、以采伐量、蓄积量、游乐人数为办输出变量，用 Malmquist 生产力公式衡量评估 8 个林管处的全要素生产率改善情形（高强，2002）。但这些研究是以整个林区为决策单元，相关数据均为统计数据。中国台湾的林建治先生以中国台湾林业（17 个 DMU）经营的效率评估为例说明在 DEA 分析中，如果权数若不设限将使效率分析产生错误，并运用下限法、平均权数比率法、领域保证法、共同权数组等权数设限方法来弥补 DEA 权数未设限的缺点（林建治，1993）。祖国大陆的刘璨先生早在 1992 年就与马天乐教授一起对中国林业（包括营林与森工）全要素生产率进行测度与分析（马天乐，刘璨，1992），后来又应用 DEA 方法分析了东北国有林区企业效率（刘璨，2005），对金寨等县的农户林业全要素生产率进行测算与分析（Can Liu，Runsheng Yin，2004；刘璨，2003），用随机前沿生产函数测算了四川省沐川县、安徽省金寨县和江西省遂川县样本农户的技术效率（刘璨，于法稳，2007）。但可能是基于研究目的的需要，他主要是从反贫困的角度进行探讨，所估算出来的相关数值是样本户的平均情况，将农户林业经营的异质性抽象掉；并没有应用求解规模报酬非增（NIRS）的DEA模型（T. Coelli，1996）来判断处于规模无效的决策单元规模报酬所处的区域；也没有对决策单元的全要素生产率进行比较分析、排序和归类，没有分析影响林农林业全要素生产率的主要因素。另外，刘璨先生所调查的是林区农户的全部家庭生产经营情况，而不仅是林农的林业生产情况，同时在对林业方面收入调查时也没有考虑林业长期经营、持续投入、多样产出、分期产出等特点，没有将流量与存量结合在一起去讨论林业全要素生产率问题，但这些都是南方集体林区林农林业生产经营和林业发展中面临的重要微观基础问题。

在新一轮集体林权改革后，林农林业全要素生产率的准确测量与变动分析显得尤为必要。因而，有必要对样本林农进行跟踪调查，将流量与存量相结合，运用科学的数理统计分析方法与模型对典型省份的林农林业全要素生产率的变动情况进行实证研究，探求林农林业全要素生产率增长的机理。既解决了林业经济管理一个研究难题，也为进一步深化林权改革和促进现代林业发展提供一定的参考，具有重要理论与实践意义。

在全要素生产率测算与分析方法研究方面。国内外测度全要素生产率的主要方法是建立在生产函数基础上的，主要有超越对数法和随机前沿生产函数法。为了避免索洛余值的缺陷，即避免投入部分内部变化产生的加总偏差，1967年，乔根森对索洛模型进行创新，引进二次项，形成著名的超越对数法，测度了部门和总量的生产率。石晓军、王立杰、邵春伟（2006）、李谷成、冯中朝、范丽霞（2007）采用超越对数法对全要素生产率进行实证研究。该方法的优点在于提高生产率增长率估计值精度、容易估计、包容性强，缺点在于只能用于长周期的生产率测度，因此，使用范围相对较小。Aigener，lovell，Schmitdt和Meeusen，van den Broeck（1997）各自独立提出随机前沿生产函数[1]，随机前沿生产函数法是根据所假设的生产函数中误差项的分布假设不同，采用不同的技术方法来估计生产函数的参数，继而求得全要素生产率。张国初（1996）提出利用前沿生产函数研究全要素生产率与要素总体使用效率的关系，同时，部分学者采用随机前沿函数测算全要素生产率（李胜文、李大胜，2008；李然等，2009；李谷成，冯中朝，2010）。该方法的优点在于能够较好地处理测度误差，缺点在于该法不适用多产出的情况、处理小规模样本数据时会出现较大误差及假设前提多，因此，该方法的应用范围不广。非参数方法是相对于参数方法而言的，是不需要设定具体的生产函数形式，其最大的优点在于避免由错误的函数带来的问题。常用于测算全要素生产率的非参数方

1 邱阳，杨俊，廖冰. 全要素生产率测定方法综述［J］. 重庆大学学报：自然科学版，2002，25（11）：38-41.

法是基于 DEA 的 Malmquist 指数法。利用指数法测算全要素生产率的核心思想是总产出指数除以总投入要素指数。主要有 Laspeyres 指数、Passche 指数、Fisher 指数、Tornqvist 指数（Caves，1982；Colbey，2000）等。在价格信息充分的条件下，该法具有简便易行的优势，但是无法体现关于技术进步及技术效率的信息。而基于 DEA 的 Malmquist 指数法能弥补这一缺憾。1978 年 Acharnes、W. W. Cooper 首先提出了数据包络分析方法，采用数学规划方法，利用观察到的有效样本数据，对决策单元进行生产有效性评价[1]。Malmquist 指数法是通过 R. W. Shephard 提出的投入产出距离函数来定义的，1982 年 Caves、Christensen 和 Diewert 将曼奎斯特指数引入生产率分析领域，Rolf Fare 和 Grosskapf 等人在 1992 年结合了非参数的线性规划算法，使得曼奎斯特生产率指数建立多产出、多投入的技术描述形式，将 DEA 与 Malmquist 指数结合起来。该方法的优势在于将观察值到前沿面的偏差都作为无效率的结果，除去误差，并且能够在不需要任何生产行为假设下估计出生产率增长的各个成分。当前该法是测算全要素生产率最主要的方法，应用范围较为广泛（丁岩等，2008；孙延平，王建东，2008；姚平，2010；姜建英，欧阳青虎，2010；陈秋明，荀娟，2010）。数据包括分析法（DEA）不像确定边界分析法（DFA）和随机边界分析法（SFA）必须先估算生产或成本边界函数，是一种非参数方法（Banker，1984；魏权龄，1988；尹润生，1998，2000；刘璨，2003，2005，李扬等，2005），具有以下优点：可以简单地将生产函数模型推广到多输入多输出的复杂系统中去、不要求对投入产出的函数形式做出假设、度量的效率是着眼于 Pareto 有效前沿面的、可以计算出第一决策单元的效率指数、可以在鉴别决策单元是否有效的基础上估计效率的具体程度；主要缺点在于稳定性较差和不方便用于预测（郭京福，杨德礼，1998）。另外，就输入变量加总选用的生产力指标而言，Malmquist 指数法比 Fisher 指数法、Hulten 指数法在数据使用上限制较少，应用较为广泛（Arnade，1998；Tauer，1998）。因而将这两种方法结合起来进行研究。

在应用 DEA 模型和 Malmquist 指数法测算和分析中国林业全要素生产率方面，刘璨运用随机边界生产函数和 DEA 分析了集体林区农村经济运行效率情况（刘璨，2003，2005，2007），并对我国农户林业全素生产率及效率（经济总效率、技术进步、纯效率、规模效率）变化趋势做了实证研究；赖作卿与张忠海应用 DEA 测算了广东 21 个城市的林业投入产出效率值、纯技术效率值、规模效率值和规模效益（赖作卿，张忠海，2008）；张蕾与刘璨等对江西崇义县样本农户的林业全要素生产率进行测算和分析（张蕾，刘璨等，

1　魏权龄. 数据包络分析（DEA）［M］. 北京：科学出版社，2004：1-70.

2004)；曹慧与秦富（曹慧，秦富，2006）测算分析了集体林区农户生产效率及其影响因素；郑逸芳与苏时鹏测算了安溪县茶农茶叶生产效率。但这些研究多数是针对林区农户的家庭经营活动，林业生产只是其中一部分，在做林业生产分析时多数没有考虑森林蓄积量变化等对林农真实财富的影响，且较少考虑各个农户之间的差异，也对林业全要素生产率变动的地域差异进行分析。因而，将流量与存量相结合，将历史经验、现有水平与未来潜力相结合，从林业生产经营的基本特点出发，考虑森林蓄积量变动等因素的影响，基于样本林农长期调查的面版数据（2003~2009 年）进行林业全要素生产率变动的测算与分解，并对不同区域进行横向比较，在研究方法上也具有一定的创新性。

第二章　林业产权制度改革与家庭林业的发展历程

家庭林业发展与林业产权制度改革息息相关。但由于林业产权内容复杂、林地与林木难分离，林业生态效益与经济效益之间的矛盾以及林业生产的特点和森林资源的特殊性所导致的经营规模问题，使得林业产权制度改革困难重重，一波三折（杨益生，张春霞，2010）。

第一节　林业产权制度与家庭林业发展之间的关系

产权包括所有权、使用权、收益权和处分权等。林业产权是森林财产的权利，也称为林权。核心是森林、林木和林地的所有权、使用权收益权和处置权。不仅具有产权的一般特征，还具有林业的特殊属性。将对林权所包括的权能界定、主客体的设定、确定和保护的一系列行为规范称为林权制度，主要包括林地和林木所有权制度和使用权制度两个方面（张春霞，1994）。我国的林地所有权主体只有“国家”和“集体”，并不承认“个人”或“农户”“单位”等拥有林地所有权，只承认“个人”或“家庭”等拥有林地使用权，但是林木所有权主体可以是国家、集体或个人（徐秀英，2005），这表明对于家庭经营主体而言，仅拥有林地的承包权和经营权，并不拥有所有权，即林地所有权承包权与经营权相分离。家庭林业的发展受到关于林地所有权，承包权和经营权等林权制度的制约，而林权制度改革也要家庭经营主体的实际需要相符合。

一、家庭林业的发展影响林业产权制度的改革效果

林业产权制度改革的主要目标是为了改善森林生态系统服务功能，增加林业生产经营主体的收益水平，提高林业生产经营和投资的积极性和主动性，促进林业可持续发展。林业产权制度改革的目标只有通过林业经营主体行为的转变才能实现。家庭在很长时间内是林业经营主体之一。其行为直接影响林业产权制度改革目标的实现，是林业产权制度改革必须重视的前提和基础。中华人民共和国成立前，广大农民家庭拥有的林地很少，林农所享受的相关权益比较有限。中华人民共和国成立初期，为了解放思想，解放生产力，打破封建专制

制度，国家通过分林分山形式将林地转变为农民个体私人所有，家庭林业在此阶段有所发展。但当时家庭林业严重缺乏资金和设备等生产资料，制约了林地产权制度改革目标的实现。1953 年后为了发展农村公有制经济，加快工业化发展，增加工业劳动力，将林地回归集体所有，统一经营管理，家庭林业规模迅速减少，逐步消亡。家庭成员作为集体林业的劳动力出勤不出力，林业发展目标未能实现。20 世纪 80 年代实行集体林权制度改革，通过明晰产权、分林到户等政策措施提高林农收入，但是由于改革初期林农对政策抱有怀疑心理，担心政策多变和自身权益难以保障，为追求短期利益而采取诸如盗伐或滥伐等行为，不利于林业产权制度改革目标的实现。

二、林业产权制度的改革影响家庭林业的兴衰

家庭林业是林业经营主要方式之一，也成为部分农村家庭经济的重要组成部分，但是由于林业生产周期长，立地条件要求较多，变现能力较差，因此家庭林业必须有稳定的政策指导才能够得以持续发展（王永安，2001）。中华人民共和国成立以来，我国集体林权制度先后经历了五次变革：第一次是 20 世纪 50 年代初期的土地改革时期，通过分山分林实现了林地由封建地主所有制转变为农民私人所有制，个体林地得以发展；第二次是 20 世纪 50 年代中期到 70 年代末期的农业合作社和人民公社化时期，林地产权制度从农民所有、集体经营转变为集体所有、集体统一经营，此时家庭林业逐渐消亡；第三次是改革开放初期的“林业三定”，通过实行家庭联产承包责任制，实现了由集体统一经营转变为农户家庭经营，家庭林业再次开始兴起；第四次是市场初期的林权市场化运作，集体所有的森林资源通过市场进行再一次流转；第五次是新一轮集体林权制度改革，以家庭承包经营为基础，大力发展家庭私有林。由此可知，不同时期的林业产权制度，由于改革形式和实际达到的改革目标不同，家庭林业随之发生变化，从初期发展到中间暂时性消亡到重新兴起以及迅速发展，因此林权制度的改革影响了家庭林业的发展。

第二节 中华人民共和国成立初期的个私林业发展

中华人民共和国成立前，中国共产党为了获取广大人民的支持和拥护，1949 年 9 月 29 日在《共同纲领》中提出了“耕者有其田”的主张，成功地奠定了其政治基础。到了中华人民共和国成立以后，为了让新政权尽快获得承认，也为了符合广大农民的利益，国家参照农业改革同步进行林地改革，目标是实现将封建地主所有制转变为农民私人所有制。

一、变革过程

中华人民共和国成立初期的私林业发展主要集中于1949～1952年的土地改革时期，该时期的制度变迁是通过自上而下的强大的政治推动实现的，是一种典型的强制性制度变迁（魏倩，2002）。1950年6月30日政府颁布了《中华人民共和国土地改革法》，规定政府可以通过依靠政权没收、征收地主等封建土地，将其分配给无地、少地的农民，农民除了获得耕地之外，还获得了零散的活立木和可以造林用的荒地，因此农民成为林地、林木的所有者和使用者，拥有收益的独享权和完全的处分权，允许其自由经营、买卖及出租土地，土地产权也可以流动，该部法律的实施为土地改革中山林权属处理提供依据。但是之后，农户的收益独享权和完整处分权发生了变化，政府为了在土地改革中做好山林的没收、征收和分配工作，于1951年发布了《关于适当的处理林权、明确管理保护责任的指示》，明确了农民山林分配形式，并发放林权证明，但是实际工作中农民所分配到的山林已经具有土地证，因此绝大部分地区没有再颁发林权证明；为了合理规划采伐工作，政府于1951年8月颁布了“关于节约木材的指示”，走上了全国统一管理统一采伐的道路（姜春前，2008）。

二、取得成效及存在问题

土地改革时期获得的成效是大部分农户个人分得了山林，实现了封建土地所有制向农民私有制的转变。总体而言，该阶段的林业产权形成了集所有权、使用权、收益权和处分权于一体的“单一产权结构”。该林权结构所形成的产权边界较为明晰，使农民获得的产权具有较为完整的排他性。一方面通过保障农民获取林地经营的所有权、使用权和收益权，极大地激发了农民生产积极性；另一方面通过免除地租和高利贷等压榨，促进林农改进工具和经营技术，营林面积和林业生产水平显著提高（张海鹏，王克强，蒋志德，2005）。但是以农民私有制为基础的单一产权结构由于受到当时落后的农村生产力影响，生产资料和资金明显不足，农民在林业生产经营过程中遇到较大问题，单靠自身难以解决。此外，个体家庭式分散经营力量相对薄弱，无法抵挡各种自然灾害，更无能力购买先进的生产工具和技术，更加无法形成规模化经营。另外，各地区土改出现了山界不清、林权不明、山权林权不一致等现象，阻碍了农户营林的积极性，偷伐滥伐现象剧增，农户之间的纷争不断。因此，此次土地改革的效果持续并不久，在这个阶段家庭林业得到了一定的发展，但是由于后期出现各种问题，发展并不顺利。

第三节 集体统一经营制度安排：家庭林业的消亡

20 世纪 50 年代中期至 70 年代末期，我国林业产权制度改革进入了一个新的阶段，从单一的私人产权制度转向单一的公有产权制度，逐渐从农民私人所有制转向私人和集体共同所有，再到集体统一经营管理，家庭林业渐渐消亡。这一阶段可以具体分为合作社时期和人民公社时期。

一、合作社时期（1953~1958 年）

合作社时期包括初级合作社和高级合作社两个时期，其中初级合作社时期主要集中于 1953~1956 年之间，该时期林业产权制度改革的举措是所有权和使用权相分离，即私人拥有林地所有权，合作社拥有使用权；高级合作社时期主要是包括 1956~1958 年之间，该阶段的举措是实现林地、林木产权从农民私有转变为合作社集体所有，家庭林业逐渐退出。

（一）初级合作社时期（1953~1956 年）

土地改革阶段出现的家庭林业经营规模力量相对较弱，难以满足经济发展需要。中共中央于 1953 年 12 月 16 日颁布了《关于发展农业生产合作社的决议》，提出为了进一步提高农业生产力，根本任务是逐步实现农业的社会主义改造，使农业能够从落后的小规模生产的个体经济转变为先进的大规模生产的合作经济。初级农业合作社的基本做法是：允许社员有小块自留山，但是社员的土地必须交由农业合作社统一使用，合作社按照社员入社的土地数量和质量，每年给予社员分红。初级合作社的特点是土地私有权仍属于农民，社员离开合作社时可以带走土地，即所有权归林农所有，但是林地必须交由合作社统一经营管理，经营权归合作社所有，农民无法决定林业或林木的用途，不能根据其意志来处置林地，即社员不可出租或买卖土地，农民的林地处置权也受到了限制。不过初期合作社时期的产权安排没有从根本上剥离农民的利益，农民还比较能接受，同时合作化过程中含有自愿成分，同时通过成立合作社有助于对土地进行集体统一管理，打破家庭生产的局限性，改善林业生产资料和技术水平，并有利于获取规模经济效益。总体而言，该阶段的产权制度安排兼顾效率与公平。但是由于该阶段农民是通过将土地和山林折价方式参与合作社，在折价过程中普遍存在作价偏低的现象，危害了个体农户的利益。同时该种产权制度与当时的生产力水平不太相符，特别是农村生产力和干部经营管理能力水平难以满足大规模经营的需要。此外由于林地不能流转和买卖，不利于林地资源的优化配置。

（二）高级合作化时期（1956~1958年）

1955年10月4日中共七届六中全会通过了《关于农业合作社问题的决议》，提出分期分批地将初级社变成高级社。会后，高级社就由个别试办转向重点试办。之后毛泽东主席亲自主编并于1956年1月正式出版的《中国农村的社会主义高潮》大力提倡创办高级社和大社。在这一思想的引导下，从1956年开始，我国初级社还未来得及巩固，高级社就进入大发展阶段。初级合作化还未被消化就急于向“更高级”的产权结构变迁（张海鹏，王克强，蒋志德，2005）。高级合作社的做法是通过废除土地私有制，将土地从农民私有制转变为合作社集体所有，至此合作社拥有了比较完整的林地所有权、使用权、收益权和处分权。高级合作社使得农村的产权发生了显著的变化，这是农村土地所有制的又一次重大变革。在高级合作社阶段，土地由集体统一经营使用，全体社员统一参加集体劳动，取消土地分化，按劳分配。而该时期我国南方集体林大部分林地、林木的产权归属合作社集体。

二、人民公社时期（1958~1978年）

农业合作社期间内，特别是从初级社向高级社的制度转变过程中，忽略了农民的个人利益，违背了农民的意愿，影响农民进行林业生产的积极性，给林业的生产发展造成了负面影响。大社并小社是人民公社化的前奏，1958年3月中共中央政治局通过了《关于小型的农业合作社适当地合并为大社的意见》，同年4月，全国各地迅速开始了小社并大社工作。1958年8月中共中央政治局又通过了《关于在农村建立人民公社的决议》，至此各地纷纷组建人民公社。1962年9月党的八届十中全会通过了《农村人民公社工作条理修正草案》（简称六十条），大搞“一大二公”运动，使得绝大多数农民加入人民公社，也确定了人民公社实行以生产队为基础的三级所有制。整体上，人民公社化的特点是，彻底实现了“四权”统一于一体的产权结构转换，林地使用权表现为全社集体统一经营，收益也归公社，“盈亏”也由公社统一负责，即集体拥有所有权、使用权、收益权和处分权。人民公社时期形成了山林集体所有统一经营制度，该制度不允许私有林的存在，因此家庭林业在这个阶段消亡。但是由于该阶段产权制度变动较为频繁，加上林业生产周期相对较长，导致农民对政策产生了不稳定感。此外由于该时期产权组织的形式不符合林业生产作业空间的广泛性、场所的分散性、行业项目的多样性和生产劳动的季节性等特点。而且由于生产组织方式过于行政化、军事化，分配方式过于平均主义，使得产权结构的激励功能不足，加上劳动监督成本和监测成本极高，使得“偷懒”和“搭便车”行为普遍化，最终导致人民公社制度的失败。

第四节 林业“三定”：家庭林业的兴起

党的十一届三中全会以后，方针政策发生了一系列的变化，国家对林业发展政策也进行了调整，对集体林权制度进行了相应的改革和完善。同时那时家庭承包经营制度的改革已经全面推出并获得巨大成功，农村经济迅速发展，农民收入增加，伴随着农业改革的成功，我国林业产权制度改革也随之开始。

一、变革过程

1981 年 3 月 8 日，中共中央、国务院颁布了《关于保护森林发展林业若干问题的决定》，在集体林区实行了以“稳定山权林权，划定自留山和落实林业生产责任制”为内容的林业“三定”工作，这一政策的出台标志着林业改革的正式开始。林业“三定”时期的改革特点是林地经营权从集体移向农民手中，广大农民分到了自留山，承包了责任山。其实林业“三定”在一定意义上可以看成是“分田到户”的改革翻版，其实质就是我国家庭承包经营制度从耕地向林地的延伸和拓展（吕德文，2008）。不过“三定”工作落实到各地却有不同的做法，以南方集体林区的闽浙赣三省做法为例：福建省政府由于担心“分林到户”会产生混乱，并没有立即全面推行这一政策，而是根据各地的特点开展不同形式的改革模式，其中比较突出的是三明市林业股份合作经营模式，该经营模式充分调动农户生产经营积极性，因此成为福建全省甚至全国其他集体林区省份的参照模式，形成了以福建省为代表的“分股不分山，分利不分林”式集体林统一经营模式。浙江省结合本省实际情况，从 1981 年 9 月全面开展林业“三定”工作。到 1986 年该省集体林地面积为 573 万 hm^2，其中家庭经营面积，包括自留山和责任山为 437 万 hm^2，占集体林地 76%（姜春前，2008）。江西通过成立专门的稳定山林权领导小组来负责林业“三定”工作。至 1983 年年底，该省林业“三定”工作基本结束，全省落实山林权属面积 1006.67 万 hm^2，占全省山林总面积的 96.2%，其中划定自留山 272.52 万 hm^2。但是由于分林到户引发严重乱砍滥伐现象，中共中央、国务院于 1987 年颁布《关于加强南方集体林区森林资源管理坚决制止乱砍滥伐的指示》，立刻叫停改革，之后也就形成了以江西为代表的将分林到户重新收回由集体统一经营，山林集体所有统一经营再次成为我国集体林主要经营制度。

二、取得效果

该时期林地实现了短期的分林到户，所有权和使用权相分离，农户有了一定的生产经营权，实现了按劳分配和按要素分配相结合的分配方式，充分调动林农生产经营的积极性。但是从整体上看，林业“三定”改革并不彻底，仅解决了山林管护权问题，并没有真正触及到产权。因此林业“三定”工作实行不久之后就暴露出不少问题，如产权不明晰造成“一山多主、一主多山”现象；承包合同不规范，林权证不统一；集体经济较为薄弱，分林到户导致大部分林地仅属于家庭所有，产生不少“空壳村”；林木、林地资源不可流动，不利于资源优化配置。面对如此多问题，政府不得不下令停止分山和分林活动，甚至将已经分下去的集体山林资源重新收回由集体统一负责经营管理。短短几年的林业“三定”工作在一定程度上促进了家庭私有林的再次兴起，但是由于期间发生了不少问题，最终又回到集体统一管理状态。

第五节　安徽岳西全面“分林到户”的教训

在林业进行生产责任制的探索中，安徽岳西提出的“两山并一山，统作自营山”，进行全面“分林到户”的改革，是集体林权制度改革两个阶段的转折点，试图进行大规模家庭私有林发展的探索。

一、全面“分林到户”的改革成效

岳西县是安徽省的主要林业县之一，具有“八山一水一分田”的特点，独特的自然地理位置为林业生产创造了良好条件的同时，却造成交通不便，工业生产受到一定程度的制约。此外，由于该县山多地少，农业难以发展，林业产业的发展成为该县山区经济发展的关键，因此林业的兴衰直接关系到山区经济的兴衰。岳西在林业“三定”过程中也将集体林划分为自留山、责任山和公管山，其中自留山面积相对有限，公管山占比最大，但是产权仍归集体所有，责任山的山林权、采伐权和出售权均归生产大队所有，农民名义上是山林的主人，实质上仅是看管员，进而乱砍滥伐林木的现象最为普遍。因此为了解决责权利不统一问题，岳西县提出了“两山并一山，统作自营山”的改革新思路。具体改革步骤分三步：一是初步形成“自营山”的经营方式；二是建立林木采伐“一本账”制度；三是逐步开放长期封闭的木材流通市场。之后“自营山”的生产经营方式在岳西县全面推广开来，面积达到该县山地总面积的80%以上，并在实践中取得了一定的成效，主要表现为农户林业生产经营主体得到确定，自身利益受到一定保障，植树造林的积极性有所提升，而且在“自营山”经营模式初期乱砍滥伐现象得到有效遏制。

二、岳西县“自营山”改革失败的教训

岳西县在20世纪80年代中期提出的“自营山”经营方式，在特定的社会经济条件下，在一定程度上解决了集体山林经营中的所有权和经营权之间的分离问题，实现了分户经营，林农主体得到了真正确立，家庭林业发展再次兴起。但是，“自营山”经营模式并没有持续太久，该县“自营山”在整个山林中所占的比例较高，大部分山林基本上由林农家庭自主经营，导致其在之后引发的乱砍滥伐风潮中所受到的影响更大，从而对该县集体林业的发展造成了极大的影响和冲突。而岳西县“自营山”改革会失败的原因主要包括：一是农民对政府集体林权制度改革政策的稳定性和权威性存在怀疑，担心政策多变，进而导致了之后的乱砍滥伐等短期经营行为；二是“自营山”经营方式并没有经过充分的试点检验和充分的理论论证，在当时的社会经济条件下，这一改革步伐超出了农民的心理承受能力；三是该项经营方式缺乏必要的法律法规保障，林农所能够获得的相关利益的保障相对有限；四是“自营山”经营期限不明确，农民更倾向于短期利益。根据以上的分析，针对岳西县“自营山”改革失败，我们应得到的教训是政府方面要做好相应的工作，如应当保证相关政策的稳定性和延续性，提高政府部门的公信力和权威性；此外还需要配套的法律法规对政策进行补充和完善，进而保证政策的实施效果；当然政府在制定政策时需要明确其时效性，特别是对生产经营规模较长的林业而言，经营年限的确定有助于政策的实施，更有利于让利益相关者有相应的心理预期，提高林农的心理承受能力，进而提高家庭林业生产经营管理的能力，促进家庭私有林的发展。

第六节 集体所有与合作经营制度下家庭林业的发展与困境

在我国，家庭林业主要是指在林地所有权归于集体所有的前提下，林农或私有经济组织拥有不同程度的林地使用权、林木所有权、收益权和处分权的林业经营形式（洪志生，张春霞，谢志忠，黄安胜，2005）。在集体所有与合作经营制度下，家庭林业发展面临一定的困境。

一、“三定”时期家庭林业的发展与困境

林业“三定”初期，完整意义上的家庭私有林实质上是并不存在，仅处于萌芽期，主要是通过落实林业生产责任制，农户获取了林木的经营权。在该时期，自留山一般是按人口分，平均每人 0.1~0.3hm^2，责任山一般是按照劳

动力意愿选择是否承包，有的地方把责任山平均划分到户经营，部分有经营头脑的人通过租赁、承包等形式，扩大山林经营规模，形成家庭林业或林业庄园等组织形式。之后部分集体林区实行了“分户到林”和“两山并一山”的政策，调动了林农营林积极性，集体林的管理成本相对降低，加上木材市场开放，使得交换成本有所下降，此时家庭林业有了较好的发展。

“三定”政策的实行虽然使集体林权得到确认和巩固，但是由于集体林改革初期，产权不明晰，林木的所有权和处分权未分配给林农，林农应该享受的各项权益并没有真正得到落实，加上木材市场实行统购统销，交换成本和市场信息获取成本对林农而言过于昂贵，因此这个经过理论讨论和证明的集体山林家庭经营模式在现实的林业经营中并没有得到广泛的实践，林农对于政府所颁发的相关林业政策稳定性持有怀疑心理，又基于短期利益的追求，林农护林意识薄弱，导致乱砍滥伐现象非常严重，这不仅危害林农的经济效益，也危害了社会生态效益。此时，私有林的发展受到了限制，出现夭折现象，集体林又回归村集体统一经营，故家庭林业在此阶段并没有得到相应的发展。

二、林权市场化时期家庭林业的发展与困境

进入 20 世纪 90 年代，全国各地相继掀开了“山地综合开发”的热潮，山区农民开始致力于山地的开发和利用，在坚持山地所有权归集体所有的前提下，将山地的使用权和林木所有权承包给大户、企业和个人经营。1995 年 8 月国家体改委和林业部联合发布了《林业经济体制改革总体纲要》，提出“四荒地使用权”。该项政策在全国范围内迅速引起积极响应，不少农民对其产生了极大的热情，“四荒”地使用权流转机制逐步形成。到了 20 世纪 90 年代后期，许多地方又开始将原先已经收归集体统一经营管理的山林再度分发给林农经营，特别是在南方集体林区。在当地政府推动下，开始致力于搞活林地所有权和林木经营权的政策，取得了一定的成效，为新一轮林权制度改革奠定了基础。不过该时期与林业“三定”时期相比，产权主体多元化，林地所有权依然归集体所有，但是农户和企事业单位拥有林地使用权和林木所有权；集体拥有承包金或租金，农户和企业单位拥有剩余收益权。总体而言，林权市场化阶段家庭林业有了进一步的发展，林地流转改变了“一主多山，一山多主”的状况，在一定程度上实现了规模经营，林农获得的收益也有所增加。但是由于林权市场化运行机制不健全，交易行为不规范，价格确定不合理，家庭林业经营成本仍较为昂贵。而且“四荒”地的产权关系和承包经营期限方面具有不确定性，林农对其存在一定的怀疑。此外，林农受到过去传统集体林权制度改革的影响，以及自身素质的限制，因此该阶段的家庭林业发展并非太过顺利。

我国经过林业“三定”和林权市场化改革两个阶段，家庭林业经历了一系列变化，初期的萌芽阶段，再到徘徊停滞阶段，最后到整合阶段；从分山到户到因乱砍滥伐而停止分林再到林权市场化、生产经营规模化，形成了家庭经营、联户经营、折股经营或合作经营，等等。在林权制度改革过程中，家庭林业仍然面临着不少问题，主要体现在：一是政府政策及相应法律法规不健全所导致的矛盾，使得林农对于政策实行的稳定性和有效性产生了怀疑；二是家庭经营受到采伐限额制度的限制，林农营林积极性受到抑制；三是规模化经营可能会导致垄断，降低林业生产积极性，加上林权一次性买断使得林业经营权和收益权集中于大户手中，林农在长时间内可能会失去相应的林权，不利于家庭小规模经营。

第七节 新一轮林权制度改革与家庭林业发展

21 世纪之前所进行的历次林权制度改革，仍存在着集体山林权不完整，经营主体不明确，经营机制不灵活和利益分配机制不合理等问题。因此在 21 世纪初，国家林业局提出以“发展私有林”作为新世纪林业跨越式发展的重要政策之一。福建省人民政府于 2003 年 4 月出台了《关于推进集体林权制度改革的意见》，率先拉开了中国新一轮林权制度改革的序幕。同年 6 月 25 日，中共中央、国务院出台了《关于加快林业发展的决定》，对林业体制、机制和政策做出了重大调整。福建、江西两省以集体统一经营为主率先试行了“以明晰产权，放活经营权，落实处置权，保障收益权”为主要内容的集体林权制度改革。此后，辽宁、浙江分别于 2005 年和 2006 年加入林权改革的行列中，并取得了较为显著的成效。2006 年在全国范围内启动林权制度改革。2008 年，中共中央、国务院出台《关于全面推进集体林权制度改革的意见》，明确了将耕地家庭承包经营制度延伸到林业中，并于 2009 年召开首次林业工作会议全面部署推进集体林权制度改革工作。2010 年出台的中央一号文件进一步将林业纳入农业补贴范畴以内的多项惠林政策，并将林业家庭承包经营制度作为农村家庭承包经营制度的组成部分予以确认。

新一轮林权制度改革，不仅实现了从“承包”到“均山分林”的跨越式发展，还实现了林业财产权利的平民性，推动了家庭私有林的发展，中共中央于 2008 年决定在全国全面开展林权制度改革，更是推动了家庭私有林的大力发展。新一轮林权制度改革，在分类经营的基础上，明晰用材林的林地使用权和林木使用权，实现对集体财产所有权的初始界定，并在保持林地集体所有制不变的前提下，通过对林地这一生产性财产的各项权能上的安排体现出林农的意志和要求，按照权利平等的原则进行“均山”，使得林农成为林山的主人，可以直接获得经营成果的经济利益，建立利益兼容的经营制度并且保证林农新一轮林权制度改革中享有实质上的处置权以及收益权，形成权能主体明确，权利范围明晰并且相互制约协调的制度框架以保障林农林业财产权利的平民性，最终实现“山有其主、主有其权、权有其责、责有其利”的目标。虽然新一轮林权制度改革为家庭林业发展提供了较好的条件，但是也不能忽视在林改过程中面临的一些困难。新一轮林权制度改革后的经营主体为林农家庭，由于受到小农经营自身的局限性，对林业产业的总体结构和布局认识不统一，大规模的林业生产建设项目又较难实施，这将严重地制约林业产业化和规模化的进程(陈光灿，2006)，因此经营规模是家庭林业发展的一大难题。

第三章 闽浙赣林改举措与成效比较分析

集体林权制度改革是促进林业科学发展、建设生态文明、应对气候变化、解决三农问题（回良玉，2009）、林区平民财产权利（张春霞，郑晶，2008）的重要举措，《中共中央 国务院关于全面推进集体林权制度改革的意见》明确要求通过5年时间完成明晰产权、承包到户的改革任务，各省、市、自治区先后采取一系列措施扎实推进林权制度改革。

随着改革实践的推进，集体林权制度改革已成为林业经济与农村改革的研究热点之一。相关研究从不同角度分析了集体林权制度改革的举措、经验、影响（刘小强，王立群，2010）、绩效（王良桂，董微熙，沈文星，2010）以及存在的问题与配套措施等。研究的范围从村、县、市、省到全国均有涉及，但多数是对于研究对象自身的分析，对不同对象之间的系统比较研究相对较少。实际上，有比较才有鉴别和提高，各地林改之间的比较分析、归纳提升和推广应用十分重要。2010年10月全国集体林权制度改革百县经验交流会在京召开，107个林改典型县介绍了经验，这对推进和深化集体林权制度改革具有重要作用。但县域经验多数为政策执行层面的，对于总体制度设计、推进方案制度，以及配套体系建设更多是由省级政府主导的（孔凡斌，杜丽，2009）。因此，选择具有代表性的省份，从改革的背景、举措、成效与存在的问题进行系统的比较分析，可以促进各省林改的经验交流，对推进和深化全国集体林权制度改革具有重要意义。

闽浙赣均是我国南方集体林区重要的省份，2010年森林覆盖率分别为63.1%、60.58%、63.1%，为中国大陆地区省份的前三名。另外，这三个省份的集体林权制度改革开始得早，比较深入，且各有特色。因此，对比三省集体林权制度改革的措施和成效，可以为进一步深化集体林权制度改革提供有益的参考。

第一节 闽浙赣新一轮林改主要做法比较分析

新一轮林改包括主体改革和配套改革两部分。福建、江西是新一轮林改的试点省份，且前期改革遗留下来的林地产权纠纷较多，重点放在确权发证的主体改革方面。浙江由于前期改革较为彻底，2003年之前已大致完成了确权发证，所以到 2006 年才开始新一轮林改，重点放在配套改革上。

一、主体改革比较

在主体制度改革方面，闽浙赣均根据自身的实际情况，均山到户，确权发证，促进林地流转，但重点有所不同（表 3-1）。福建主要在明晰产权主体的基础上，落实林业的各类权利；江西在明晰产权的基础上，减轻税费，规范流转；浙江林改的重点是延长承包期，解决遗留的林权纠纷和完善流转机制等。

表 3-1　闽浙赣林改主体改革举措比较

省份	开始时间	标志性文件	主要举措
福建	2003. 4	《福建省人民政府关于推进集体林权制度改革的意见》	均山到户；均权到户；成立股份合作林场；林地的二次流转和期权买卖等
江西	2004. 8	《关于深化林业产权制度改革的意见》	均山到户；对林改前流转的山林全面清理；核权造册发证等
浙江	2006. 1	《关于切实做好延长山林承包期工作的通知》	延长责任山承包期；彻底解决遗留的林权纠纷；发放林权证；完善流转机制等

二、配套改革比较

（一）林业税费改革

闽浙赣三省都把林业税费改革放在了配套改革的重要位置，通过取消大部分收费项目来减轻林业负担，但改革力度仍存在明显差异，具体见表 3-2。浙江力度最大，免征育林基金等一切税费，实现林业“零税费”。江西次之，育林基金标准由 15%降低到 10%，征费的标准是计费价格，且不收林地使用费。福建省育林基金从木材统一计征价的 12%降低到林木产品（含木材与竹材）销售收入的 10%，但仍然征收林地使用费。三省税费改革差异的重要原因既包括支持林改的财政能力不同，又包括林区管理体制。

表 3-2　闽浙赣林改前后林业税费比较

地区	时间	育林基金	农业特产税	植物检疫费	林地使用费
福建	2003 年前	木材统一计征价的 12%	木材统一计征价 50% 的 8. 8%	木材统一计征价的 0. 2%	销价的 30%
	现在	林木产品销售收入的 10%	0	0	销价的 30%

（续）

地区	时间	育林基金	农业特产税	植物检疫费	林地使用费
江西	2003年前	木材第一次成交价的 15%	木材销价的 8%	毛竹≤0.2 元/根，木材≤2 元/ m^3	0
	现在	林木产品计费价格的 10%	0	0	0
浙江	2003年前	第一次成交价的 15%（木材）和 9%（毛竹）	0	0	0
	现在	0	0	0	0

（二）林权抵押贷款改革

林权抵押贷款可有效缓解林区农户发展资金不足问题，是集体林权制度改革重点配套改革之一。闽浙赣均通过贴息的形式鼓励金融机构进行林权抵押贷款，但具体的贷款模式与贴息额度有所不同，具体见表 3-3。福建省以贴息 3%的方式鼓励银行进行林权抵押贷款，支持林农与龙头企业合作进行贷，并创立“金融机构+信用平台+农户”的贷款模式（以国有投资公司作为借款人，统一向金融机构借款，国有投资公司再向林农和林业企业进行林权证抵押贷款）（孙雷翀，陈学群，林森，文彩云，2009）。浙江省贴息的额度大（低收入林农按基准利率 100%贴息，其他林农按 40%贴息），并建立“林权 IC 卡”，

表 3-3 闽浙赣林权抵押贷款相关内容比较

省份	开始时间	贷款提供主体	年限	贴息	覆盖范围	贷款模式
福建	2004.7	农信社、工行、农行、建行和中信银行等	一般3年	统一为 3%	大部分林区县	①林权证直接抵押；②金融机构+民间担保公司+农户；③林农联保贷款；④金融机构+龙头企业+农户；⑤金融机构+信用平台+农户
江西	2005.11	农信社、农发行、农行、中行等	最长10年	统一为 2%，项目贷款贴息一年，林农贷款贴息两年	大部分林区县	①林权证直接抵押贷款模式；②林农小额林权抵押贷款模式；③农户联保贷款模式；④金融机构+林业担保公司+农户模式；⑤林业信用共同体贷款
浙江	2006.9	所有大型银行业金融机构	最长10年	低收入林农按基准利率 100%贴息，其他林农按 40%贴息	所有林区县	①林权证直接抵押贷款模式；②林农小额循环贷款模式；③担保贷款模式

数据来源：各省林业厅网站。

实现所有林权信息数据同步更新、联动查询、关联统计，贷款相对最为容易，且贷款的成本最低。江西省贴息2%鼓励银行进行林权抵押贷款，鼓励各地建立一体化服务的林业产权交易中心，并因地制宜地延长贷款期限（最长10年）。总的来说，浙江省林权抵押贷款的覆盖范围最广、贴息率最高、提供贷款的金融机构最多，江西与福建则不相上下。

（三）林业保险改革

森林保险可能有效地提高林农抗风险能力，闽浙赣均通过尽量简化与理赔投保手续，提高保费补贴标准，扩大森林保险保障范围，建立森林保险风险准备金等形式促进林业保险改革。但举措与成效有所差异，见表3-4。江西与浙江保险补贴比重较高，达60%，但调查浙江林业保险发展得更好，此主要原因是浙江省经济发展水平高、林地经营效益高、林农保险意识强等。

表3-4　闽浙赣三省林业保险比较

比较内容	福建	江西	浙江
开始时间	2006	2009	2009
保险类型	森林综合保险	政策性林业保险	政策性林业保险
保额	500元/亩	根据保费确定	林木再植成本的50%~60%
保险费率	生态公益林2‰，商品林3‰	用材林、竹林基础费率为10‰；经济林基础费率为7‰	生态公益林1.5‰，用材林8‰、竹林8‰，经济林6‰
保费补贴标准	2006年20%；2008年投保面积≤100亩，40%；2009年至今投保面积≤500亩，40%	公益林100%，商品林60%	公益林100%，商品林60%
补贴来源	中央、省、市财政	中央30%、省25%、县5%	省、县财政共45%
生态公益林保险	全省统保	全省统保	全省统保

数据来源：各省林业厅网站。

（四）生态公益林补偿机制改革

新一轮林改后，生态公益林补偿机制改革对生态公益林的健康持续发展具有更加重要的影响。补偿标准与补偿金发放方式是生态公益林补偿机制的核心。闽浙赣均通过规范与落实补偿制度，逐步提高补偿标准来推进生态公益林补偿机制改革，但补偿标准不一样。林改前，浙江最高，江西次之，福建最低；林改后，浙江最高，福建次之，江西最低（表3-5）。

表 3-5 闽浙赣三省生态公益林补偿标准比较

省份	开始时间	补偿标准（元/亩）		
		2001 年	2007 年	2010 年
福建	2001	1.5	5	12
江西	2001	2.5	6.5	10.5
浙江	2000	3	12	17

数据来源：各省林业厅网站。

第二节 闽浙赣新一轮林改成效与存在问题比较分析

一、森林资源发展与保护成效比较

在产权明晰、税费减轻、机制放活等改革措施的作用下，闽浙赣森林资源发展与保护均取得显著成效，但差异也比较明显。一是林农的造林积极性大幅提高，森林面积快速增长。浙江、江西、福建均处于历史增长最快时期，从2003~2010 年森林覆盖率分别提高了 9.78 个百分点、9.49 个百分点和 2.58 个百分点。相比而言，浙江与江西省森林覆盖率的增长速度明显高于福建，这既与福建省森林覆盖率林改前很高，适宜造林的无林地比重低，造林难度大有关，也与浙江、江西在林业税费、抵押贷款等方面的惠农力度更大有关。二是森林质量均有不同程度的改善。2010 年浙江、江西与福建三省活立木蓄积量分别比 2003 年增长 92%、27.6%、60.6%，明显高于森林面积的增长幅度。2003~2010 年单位林地面积活立木蓄积量增长率从高到低的依次是浙江、江西与福建。三是森林资源保护工作积极推进。从 2003~2009 年，浙江、江西森林火灾发生的次数分别减少了 71.5%和 55.2%，福建增加了 10.9%；福建、江西的森林病虫害防治率分别提高了 18.1 个百分点和 22.8 百分点，浙江降低了 3.7 个百分点，但防治率达 92.3%，在三个省份中最高（表 3-6）。

表 3-6 闽浙赣林改前后的森林资源与森林保护变化情况

省份	年份	森林覆盖率（%）	变化（百分点）	活立木蓄积量（亿 m^3）	变化（%）	森林火灾次数	增减（%）	病虫鼠害防治率（%）	变化（百分点）
浙江	2003	50.8	9.78	1.26	92.1	866	−71.5	96	−3.7
	2010	60.58		2.42		247 *		92.3 *	

（续）

省份	年份	森林覆盖率（%）	变化（百分点）	活立木蓄积量（亿 m^3）	变化（%）	森林火灾次数	增减（%）	病虫鼠害防治率（%）	变化（百分点）
福建	2003	60. 52	2. 58	4. 17	27. 6	522	10. 9	35	18. 1
	2010	63. 1		5. 32		579*		53. 1*	
江西	2003	53. 37	9. 49	2. 77	60. 6	882	-55. 2	63	22. 8
	2010	63. 1		4. 45		394*		85. 8*	

数据来源：《中国林业统计年鉴》2003，2008 年与各省林业厅网站；* 为 2009 年的数据。

二、林改后林业产业发展比较

林改后闽浙赣林业产业快速发展。一是林业总产值迅速增长，浙江、福建、江西 2009 年的林业总产值（按现行价格计算）分别比 2002 年增长 101. 8%、363. 6%和 408. 8%，远高于各省经济增长的速度，其中江西的增长幅度最大。二是林业产业结构不断优化，林业第一产业产值比重降低，第三产业产值比重逐步上升。各省林业产业结构变化情况有所不同，福建省林业一、二、三次产业结构由 2002 年的 71∶28∶1 转变为 2009 年的 27∶71∶2，第一产业比重大幅下降，第二产业比重大幅提高，其主要原因是福建加大森林资源保护力度，大力发展林木产品加工业；江西省林业第三产业有了突飞猛进的发展，所占比重由 2002 年的 3%上升为 20%，其主要原因是江西森林旅游业迅猛发展。浙江省林业三次产业基本持平，第一产业与第二产业略有降低，第三产业略有提高。

三、林农收入变化比较

新一轮林改有效地解放了林区生产力，林改后林业税费减免、林木林地流转价格上涨、林木产品价格、林业结构调整与就业机会增加使得农民人均纯收入与人均林业纯收入均大幅增加。从 2002~2009 年，农民人均纯收入增长率，江西省最高，达 117. 4%；浙江省次之，达 84. 3%；福建第三，也达到 78. 9%。更为可喜的是人均林业纯收入的增长率更高，江西、浙江、福建依次为 170. 1%、418. 6%、166. 5%（表 3-7）。这表明林改确实增加了农民收入（孔凡斌，2008），保护了农民的利益。浙江人均林业纯收入增加幅度很高的重要原因是浙江林农竹林等经济林比重较大，且经营水平很高，每年都会有较高的收入。福建、江西用材林比重较大，没有采伐就没有现金收入，林业潜在收入增长幅度可能更大。

表 3-7 闽浙赣林业产值与林农收入变化情况

省份	年份	林业总产值（亿元）	增长率（%）	一产：二产：三产	农民人均纯收入（元）	增长%	人均林业纯收入*（元）	增长%
浙江	2002	677.7	101.8	36：59： 5	5431	84.3	25.2	418.6
	2009	1367.8		33：57：10	10007		130.6	
福建	2002	317.7	363.6	71：28：1	3734	78.9	67.0	166.5
	2009	1472.7		27：71：2	6680		178.6	
江西	2002	180.5	408.8	58：39：3	2334	117.4	32.4	170.1
	2009	918.4		46：35：20	5075		87.5	

*人均林业纯收入为课题组入户调查数据；数据来源：《中国林业统计年鉴》2003~2009 年。

四、存在的问题比较

闽浙赣三省的新一轮林改，存在一些共性问题需要解决。一是历史遗留问题导致的林权不清和山林权属纠纷迫切需要解决。二是林权改革后，农户分散经营的组织化与产业化发展问题。三是采伐限额的公平高效管理机制需要进一步完善。四是生态公益林的补偿标准偏低，补偿机制单一问题。五是引导科技、资本、人才等现代生产要素流入林业的政策创新问题。

不同的省份还存在一些个性问题需要解决。对福建省来说，林业系统仍然采用自筹经费的方式养活自己，林业负担相对较重，需要下大力气减轻林业负担。林权抵押贷款的成本较高，需要建立低成本的便捷的融资服务体系。加强森林生态旅游等林业第三产业的发展。对江西省来说，取消林地使用费后村集体的财力更加薄弱，林区公共服务工作受到一定的影响，需要增加向农村公共服务的财政转移支付力度。生态公益林的补偿标准迫切需要进一步提高。浙江省则需要林业生态功能补贴（张春霞，2008）方面进行探索，使得林农经营不同林种（经济林、针叶用材林、阔叶用材林、生态公益林等）的生态价值得到应有回报，进一步加强森林生态旅游等第三产业的发展。

第三节 深化集体林权制度改革的对策建议

第一，建立全国性的林权改革绩效与服务平台，创新省域交流机制。为了扎实有效地推进我国集体林权制度改革，促进各地林改经验与举措的交流与共享，建立全国性的林权改革绩效与服务平台。将各省市自治区林改的目标、政策文件、主要举措、年度进展、典型经验、绩效评估等信息纳入平台，引入标杆管理的理念引进林改推进工作，促进各地之间的相互交流，相互学习，相互促进和共同进步。

第二，做好查漏补缺与归纳总结工作，巩固林改成果。林改先行省份认真开展“回头看”，特别是在确权发证、勾图勘界、建档归档等环节进行仔细排查，查漏补缺，解决隐患，巩固前期林改工作成果。加强林权与林农相关信息录入电脑工作，实现林权数字化和网络化管理，为林权抵押贷款、林权交易等配套改革提供数据支撑，为创新林区社会管理，提高林区农村治理决策科学化水平提供信息支撑。

第三，大力发展林业合作组织，提高林业产业化水平。规范林业合作组织的运行程序并完善其监管制度。积极探索多渠道、多领域的联合与合作，形成多形式、多样化发展的良好格局。要在产权明晰的基础上，以亲情、友情、资金、技术为纽带，组建家庭林场、股份合作林场等新型合作经济组织，实现林业生产规模化和集约化。积极牵线搭桥，鼓励这些林业合作经济组织与加工企业联合，打破行政区域界限，实行定向培育，促进林业产业化发展。

第四，完善限额采伐制度，协调保护林业生态与林农权益。加大商品林采伐管理制度改革，简化森林采伐审批程序，合理分配采伐指标，落实采伐限额公示制度，防止暗箱操作，逐步落实林业经营者对商品林的采伐自主权。加强林业信息化建设工作，使农户充分了解林产品市场信息、林业要素市场信息、林业采伐限额指标信息、政策信息与服务信息，减少信息不对称与寻租行为的影响，保护林农权益，使其有足够的能力和信息共享林改成果。

第五，创新金融服务机制，建立健全林权抵押贷款制度和森林保险制度。促进林业规模化经营，完善森林资源价值评估服务体系，建立健全林权交易体系等配套机制建设，为林业投融资提供良好的产业基础和服务体系。进一步发挥财政杠杆作用，提高贷款贴息、保费补贴的额度，引导银行、保险公司的支持林业发展。加强林权抵押贷款公共服务，进一步简化手续，让更多的林农能真正利用林权抵押贷款机制盘活林业资产，扩大林业生产。

第二篇

农户林业全要素生产率变动实证分析

第四章　福建省农户林业全要素生产率变动实证分析

第一节　分析方法与数据来源

一、分析方法介绍

（一）DEA-Malmquist 指数法

1953 年，Sten Malmquist 提出了与距离函数相对应的 Malmquist 消费数量指数，到了 1982 年，Caves、Christensen 和 Diewert 基于 Malmquist 消费指数的利用距离函数之比得到 Malmquist 生产率指数，也称 Malmquist 指数。Malmquist 指数法测度标准分为基于产出（以产出最大化为标准）、投入（以投入最小化为标准）的非参数生产前沿面体系。1994 年，Fare 将全要素生产率变化分解为不变规模报酬且要素自由处置下的技术效率变化指数和技术进步指数，至 1997 年，将技术效率变化指数分解为纯技术效率指数和规模效率指数。Malmquist 指数可作如下分解。

已知在 t 和 $t+1$ 时期的投入产出分别为 (x^t, y^t)、(x^{t+1}, y^{t+1})，t 和 $t+1$ 时期的产出距离函数分别为 $D^t(x^t, y^t)$、$D^{t+1}(x^{t+1}, y^{t+1})$。

t 时期的 Malmquist 指数为 $M^t(x^{t+1}, y^{t+1}, x^t, y^t) = \dfrac{D^t(x^{t+1}, y^{t+1})}{D^t(x^t, y^t)}$

$t+1$ 时期的 Malmquist 指数为 $M^{t+1}(x^{t+1}, y^{t+1}, x^t, y^t) = \dfrac{D^t(x^{t+1}, y^{t+1})}{D^t(x^t, y^t)}$

Fare 为了避免时期选择的随意性带来的差异，通过计算 t 时期和 $t+1$ 时期的 Malmquist 指数为：

$$M(x^{t+1}, y^{t+1}, x^t, y^t) = \left[\frac{D^t(x^{t+1}, y^{t+1})}{D^t(x^t, y^t)} \frac{D^{t+1}(x^{t+1}y^{t+1})}{D^{t+1}(x^t, y^t)}\right]^{\frac{1}{2}} \tag{4-1}$$

该指数在 CRS（规模报酬不变）条件下可以分解为技术效率变化指数（EC）和技术进步指数（TC），则可将（4-1）式转化为：

$$M(x^{t+1}, y^{t+1}, x^t, y^t) = \left[\frac{D^t(x^{t+1}, y^{t+1})}{D^{t+1}(x^{t+1}, y^{t+1})} \times \frac{D^t(x^t, y^t)}{D^{t+1}(x^t, y^t)}\right]^{\frac{1}{2}}$$

$$\times \frac{D^{t+1}(x^{t+1},\ y^{t+1})}{D^{t}(x^{t},\ y^{t})} = TC \times EC \tag{4-2}$$

$$TC = \left[\frac{D^{t}(x^{t+1},\ y^{t+1})}{D^{t+1}(x^{t+1},\ y^{t+1})} \times \frac{D^{t}(x^{t},\ y^{t})}{D^{t+1}(x^{t},\ y^{t})}\right]^{\frac{1}{2}} \tag{4-3}$$

$$EC = \frac{D^{t+1}(x^{t+1},\ y^{t+1})}{D^{t}(x^{t},\ y^{t})} \tag{4-4}$$

若 $M>1$，则表明决策单元从 t 到 $t+1$ 时期的全要素生产率是增加的；若 $M<1$，则表明决策单元从 t 到 $t+1$ 时期的全要素生产率是降低的；若 $M=1$，则表明决策单元从 t 到 $t+1$ 时期的全要素生产率没有变化。若 TC>1，则表示技术在进步；若 TC<1，则表示技术在衰退。

在 VRS（规模报酬可变）下，技术效率指数可以分解为纯技术效率指数（PTE）和规模效率指数（SE），则可将（4-4）式转化为：

$$EC = \frac{D^{t+1}(x^{t+1},\ y^{t+1})}{D^{t}(x^{t},\ y^{t})} = \frac{D_{VRS}^{t+1}(x^{t+1},\ y^{t+1})}{D_{VRS}^{t}(x^{t},\ y^{t})} \times \left[\frac{D_{CRS}^{t+1}(x^{t+1},\ y^{t+1})}{D_{VRS}^{t+1}(x^{t+1},\ y^{t+1})} \div \frac{D_{CRS}^{t}(x^{t},\ y^{t})}{D_{VRS}^{t}(x^{t},\ y^{t})}\right] = \mathrm{PTE} \times \mathrm{SE} \tag{4-5}$$

$$\mathrm{PTE} = \frac{D_{VRS}^{t+1}(x^{t+1},\ y^{t+1})}{D_{VRS}^{t}(x^{t},\ y^{t})}$$

$$\mathrm{SE} = \left[\frac{D_{CRS}^{t+1}(x^{t+1},\ y^{t+1})}{D_{VRS}^{t+1}(x^{t+1},\ y^{t+1})} \div \frac{D_{CRS}^{t}(x^{t},\ y^{t})}{D_{VRS}^{t}(x^{t},\ y^{t})}\right]$$

综合（4-2）式至（4-5）式可将 Malmquist 指数公式写成：

$$M^{t}(x^{t},\ y^{t},\ x^{t+1},\ y^{t+1}) = \left[\frac{D^{t}(x^{t+1},\ y^{t+1})}{D^{t+1}(x^{t+1},\ y^{t+1})} \times \frac{D^{t}(x^{t},\ y^{t})}{D^{t+1}(x^{t},\ y^{t})}\right]^{\frac{1}{2}} \times \frac{D_{VRS}^{t+1}(x^{t+1},\ y^{t+1})}{D_{VRS}^{t}(x^{t},\ y^{t})} \times \left[\frac{D_{CRS}^{t+1}(x^{t+1},\ y^{t+1})}{D_{VRS}^{t+1}(x^{t},\ y^{t})} \div \frac{D_{CRS}^{t}(x^{t},\ y^{t})}{D_{VRS}^{t}(x^{t},\ y^{t})}\right]$$

即：

$$\mathrm{TFP} = \mathrm{TC} \times \mathrm{PTE} \times \mathrm{SE}$$

若 PTE>1，则表示技术效率进步；若 PTE<1，则表示技术效率下降。若 SE>1，则表示 $t+1$ 期相对于 t 期而言，越来越接近最佳规模报酬；若 SE<1，则表示 $t+1$ 期相对于 t 期而言，距离最佳规模报酬越来越远。当 TC、SE 或 PTE 大于 1 时，表明其对 TFP 的提高有促进作用，而当 TC、SE 或 PTE 小于 1 时，表明其对 TFP 的提高有阻碍作用。

（二）Tobit 模型

在 DEA 测算结果的基础上应用 Tobit 模型来分析影响因素的方法即 DEA-Tobit 两步法最早是由 Coelli T. J. 在 1998 年提出的。它的基本原理是把 DEA 测算出来的效率值作为被解释变量，影响因素为解释变量纳入到模型当中，根据模型回归结果得出影响效率值的主要因素。这种方法在许多领域都得到了广泛的应用。

Tobit 回归分析时因变量受限模型（limited dependent vatiable）的一种，当因变量为切割值（truncated）或片段值（censored）时采用。Tobit 模型的一个重要特征是，解释变量 X_i 是可观测的（即 X_i 取实际观测值），而被解释变量（Y）只能是受限制的。通过限制因变量模型 Tobit 模型来分析影响农户林业全要素生产率的因素，具体模型表达方式如下：

$$Y = C + \sum C_i X_i + u$$

在这个方程中，Y 为林农经营规模效率（$1 \geqslant Y \geqslant 0$），是常数项，$X_i$ 为自变量，C_i 等是模型待估系数，u 为独立的随机扰动项，$u \sim N(0, \sigma^2)$。

二、数据来源

（一）样本选取

本研究在国家自然科学基金项目“农户林业全要素增长机理研究”的资助下，选取福建南平、龙岩、三明三个地区作为调查区域，在调查区内随机抽取 197 户农户，对福建样本农户 2003~2009 年的林业经营情况进行问卷调查。调查表涉及七类信息，即家庭成员基本信息、年度各地块林业经营投入产出、年度林地投入情况、农户家庭收入情况以及经营行为和经营意愿等，涉及 108 个指标。从回收的 197 份问卷中，由于部分问卷因调查信息不全，未能满足 DEA 模型测算需要，因此本文的有效问卷为 96 份。以下实证分析均围绕这 96 个有效样本展开。

（二）指标数据的选取及说明

通过 DEA 模型测算全要素生产率是必须在明确投入产出的基础上，本研究根据林业实际情况，特设计林业全要素生产率的评价指标（表 4-1）。

表 4-1 全要素生产率的评价指标

指标		指标解释
产出指标	林业收入（元）	笋、竹、食用菌收入+木材销售收入+本期森林蓄积量-上期森林蓄积量
	出材量（m^3）	本期森林蓄积量-上期森林蓄积量

（续）

指　　标		指标解释
投入指标	林地投入（亩）	林地面积
	资金投入（元）	种苗费+农药费用+化肥使用费+林地使用费+雇工费+其他
	劳动投入（工）	自投工数+雇工数

1. 产出指标数据

农户进行林业经营最终目的是为了获取林业收入，但由于林业生长周期较长，可能无法每年都获得林业收入。因此，为避免农户产出为零的情况，将出材量作为另一产出指标。林业收入包括笋、竹、食用菌等非木材收入和木材销售收入，出材量通过本期森林蓄积量减去上期森林蓄积量得出。另外，为了消除价格的影响，需将所有年份的林业收入以 2009 年为不变价进行换算（表 4-2）。农村居民消费价格指数指反映农村居民家庭所购买的生活消费品价格和服务项目价格变动趋势和程度的相对数。因此，相对而言，采用农村居民消费价格指数进行不变价换算较为准确（注释来源于 2010《福建统计年鉴》）。具体方法为计算年份林业收入的 2009 年不变价=［计算年份农村居民消费价格指数（以 1978 年为 100）÷2009 年农村居民消费价格指数（以 1978 年为 100）］×2009 年林业收入。

表 4-2　以 2009 年为不变价的林业收入计算方法

年份	农业生产资料价格指数（以 1978 年为 100）	换算后的投入资金
2004	407. 7	(407. 7÷453. 9)×2009 年林业收入
2005	419. 1	(419. 19÷453. 9)×2009 年林业收入
2006	420. 4	(420. 4÷453. 9)×2009 年林业收入
2007	443. 1	(443. 1÷453. 9)×2009 年林业收入
2008	463. 5	(463. 5÷453. 9)×2009 年林业收入
2009	453. 9	2009 年投入资金

数据来源：《2010 年福建统计年鉴》。

2. 投入指标数据

农户对林业的投入主要包括三个方面，分别是林地投入、资金投入以及劳动投入。

1）林地投入

林地投入主要用林地面积进行衡量。样本林农平均林地面积呈上升趋势，但除2004~2005年有较大幅度的增长外，2005~2007年增长幅度相对较小，2007年以后户均林地面积不变（图4-1）。农户投入的林地面积参差不齐，最小仅为0.3亩，最大的为870亩。2004~2009年，农户年平均投入10亩及以下的共有22户，占33.34%；10~30亩的30户，占31.25%；30~100亩的共20户，占20.83%；100亩及以上的共14户，占14.58%（表4-3）。由此可见，农户所经营的林地规模普遍较小。

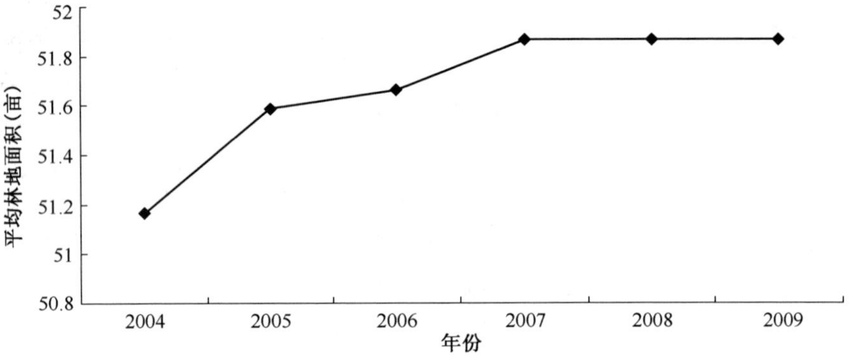

图4-1 2004~2009年农户户均林地投入

（数据来源：问卷调查）

表4-3 农户林地投入在各区间的分布

亩数	(0, 5)	[5, 10)	[10, 30)	[30, 100)	100及以上
户数	19	13	30	20	14
比重	19.80%	13.54%	31.25%	20.83%	14.58%

数据来源：问卷调查。

2）资金投入

资金是农户对林业投入的重要组成部分。林业资金投入主要是指农户在进行林业生产经营过程中消耗的生产资料和管理费用。生产资料主要包括种苗费、化肥费、农药费、林地使用费、农机购置维修费用以及固定资产折旧费等其他费用，但是从入户调查的实际情况看来，几乎没有农户购置林业经营有关的农机，因此，其农机购置维修费用以及固定资产折旧费用可忽略不计。管理费用主要是指劳务性支出，本文特指，林业经营中雇工所产生的费用。本研究中的资金投入是种苗费用、农药费用、化肥使用费、林地使用费、雇工费及其他费用之和。为了消除物价指数变动带来的影响，将资金投入换算为2009年不变价。农业生产资料价格指数指反映一定时期内农业生产资料价格变动趋势和程度的相对数，分为小农具、饲料、畜产品、役畜、半机械化农具、机械化农具、化学肥料、农药及农药械、农机用油、其他农业生产资料十大类（注释来源于 2010《福建统计年鉴》）。因此，将其他年份的资金投入换算为以 2009 年为不变价时，利用农业生产资料价格指数进行换算最为准确。具体方法为计算年份资金投入的 2009 年不变价 = ［计算年份农业生产资料价格指数(以 1978 年为 100) ÷ 2009 年农业生产资料价格指数（以 1978 年为 100)］× 2009 年资金投入（表 4-4）。

表 4-4　以 2009 年为不变价的投入资金计算方法

年份	农业生产资料价格指数（以 1978 年为 100）	换算后的投入资金
2004	352. 4	(352. 4÷488. 9)×2009 年投入资金
2005	380. 9	(380. 9÷488. 9)×2009 年投入资金
2006	384. 3	(384. 3÷488. 9)×2009 年投入资金
2007	423. 9	(423. 9÷488. 9)×2009 年投入资金
2008	523. 9	(523. 9÷488. 9)×2009 年投入资金
2009	488. 9	2009 年投入资金

数据来源：《2010 年福建统计年鉴》。

从户均林业经营资金投入图 4-2 可知，2004～2009 年资金投入一直呈稳步增长势头，资金投入平均值介于 6000～12000 元之间。在林地经营过程中 500 元以下资金投入的农户占 23. 96%，500 元以上且 1000 元以下的占 12. 50%，1000～10000 元的占 43. 75%，10000～100000 元的占 18. 75%，投入 100000 元以上的仅为 1 户（表 4-5）。

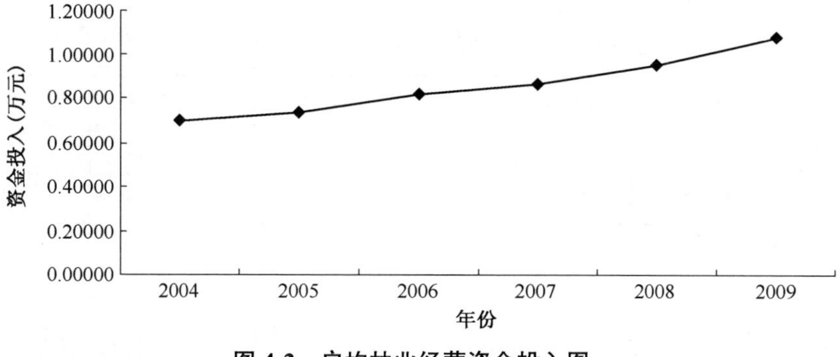

图 4-2　户均林业经营资金投入图

（数据来源：问卷调查）

表 4-5 农户资金投入在各区间的分布

资金投入（元）	（0，500）	[500，1000）	[1000，10000）	[10000，100000）	100000 及以上
户数	23	12	42	18	1
比重	23.96%	12.50%	43.75%	18.75%	1.04%

数据来源：问卷调查。

3）劳动投入

劳动投入是农户在林业经营过程中投入的劳动力总工数，由自投工数和雇工数两个部分组成。2004～2009 年，户均劳动投入呈逐年上升趋势，数值在 30～50 之间变动。从表 4-6 可知，用工量在 30 人·天以下的有 57 户，占 59.38%；30～50 人·天的有 19 户，占 19.79%；50～100 人·天的有 12 户，占 12.50%；100 人·天及以上的有 8 户，占 8.33%（表 4-6）。

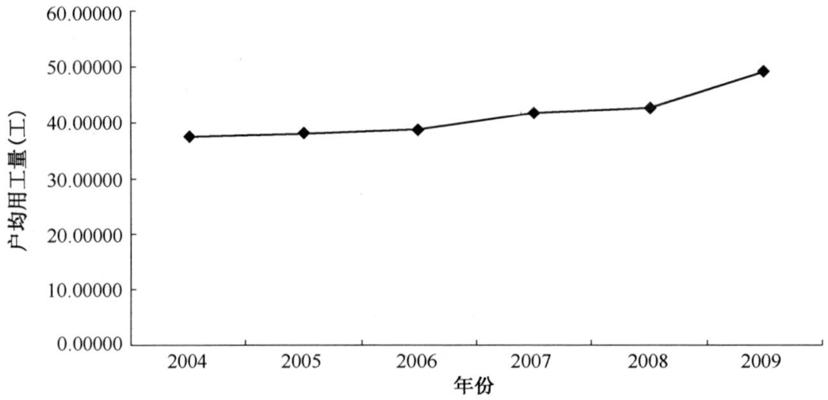

图 4-3 户均用工量投入

（数据来源：问卷调查）

表 4-6 农户户均用工量投入在各区间的分布

户均用工量	[0，10）	[10，20）	[20，30）	[30，50）	[50，100）	100 及工以上
户数	27	16	14	19	12	8
比重	28.13%	16.67%	14.58%	19.79%	12.50%	8.33%

数据来源：问卷调查。

第二节 福建农户林业全要素生产率的总体变动情况

通过 DEAP2.1 进行 Malmquist 指数的运算及分解，其结果见表 4-7。

表 4-7　历年 Malmquist 指数及其分解结果

年份	技术效率 EC	技术进步 TC	纯技术效率 PTE	规模效率 SE	全要素生产率 TFP
2004~2005	0.979	0.993	0.981	0.998	0.973
2005~2006	1.002	0.975	0.976	1.027	0.977
2006~2007	1.011	0.930	1.013	0.998	0.941
2007~2008	1.021	0.861	1.032	0.989	0.879
2008~2009	0.984	1.034	0.968	1.016	1.017
平均	0.999	0.957	0.994	1.005	0.956

从表 4-7 可知，年平均 TFP 指数为 0.956，即 TFP 年平均增长率为-4.4%，说明 2004~2009 年福建省林业全要素生产率总体上有所下降。各年度的全要素生产率指数的变动率分别为 2.7%、2.3%、5.9%、12.1%、1.7%。其中，除了 2008~2009 年出现正增长，其他年份均呈现出下降的态势，全要素生产率总体呈“负增长—大幅负增长—正增长”趋势（图 4-4）。

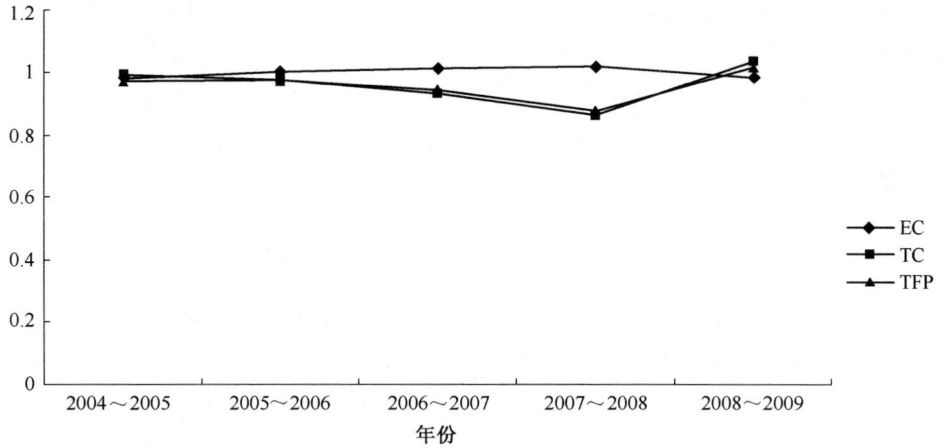

图 4-4　历年 Malmquist 指数及其分解结果折线图

第三节　福建农户林业全要素生产率变动的分解

一、林业全要素生产率属于技术进步控制型变动模式

全要素生产率指数分解为技术效率指数和技术进步指数。从表中数据可

知，年平均技术效率、年平均科技进步指数、年平均全要素生产率的数值都为小于1。年平均技术效率指数为0.999，即技术效率的年平均变动率为0.1%，除了2004~2005年和2008~2009年技术效率指数小于1外，其他年份该值皆大于1，其年平均值大于技术进步指数的年平均值和全要素生产率的年平均值。各年度技术效率指数变动率分别为2.1%、0.2%、1.1%、2.1%、1.6%。其中，2008~2009年的技术效率指数最高，其变动率为18.9%，2007~2008年的技术效率指数最低，2005~2006年的技术效率指数变动率最低，为0.2%。2004~2009年，技术效率指数总体上呈波动“上升—上升—下降”趋势。

另外，年均平技术进步指数为0.957，即技术进步出现负增长。各年度技术进步指数变动率分别为0.7%、2.5%、7%、13.9%、3.4%。其中，2007~2008年的技术进步指数最低，其变动率为16.1%，2008~2009年的技术进步指数最高，但其变动率为3.4%，2004~2005年的技术进步指数变动率最低，为0.7%。2004~2009年，技术进步指数总体上呈“下降—下降—上升”趋势。

除2004~2005年、2008~2009年技术效率低于技术进步指数变动率外，其他年份的技术效率指数均高于技术进步指数。结合图4-5可知，总体上技术效率指数折线处于技术进步指数折线上方。并且，技术进步指数折线与全要素生产率折线基本重合，尽管技术效率普遍高于技术进步指数，但未带动全要素生产率的变化，所以全要素生产率属于技术进步指数控制型的变动模式。

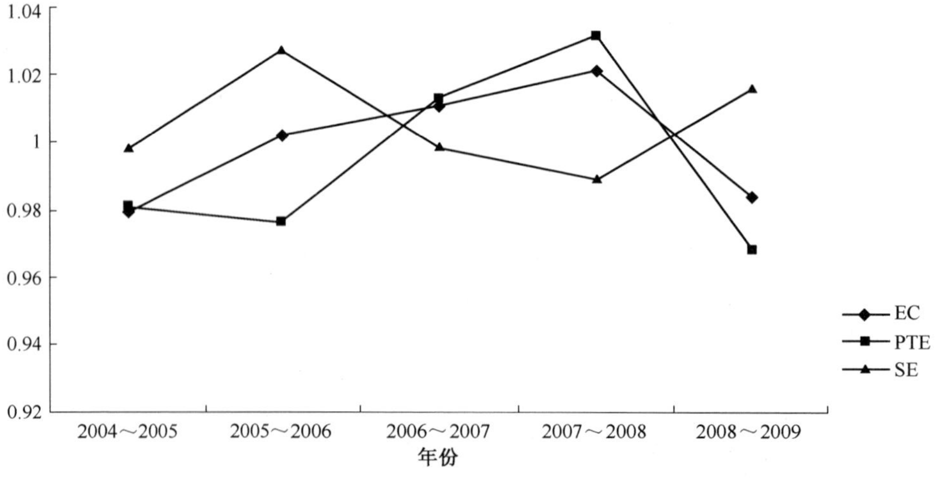

图4-5 历年技术效率指数及其分解结果折线图

二、林业技术效率属于规模效率和纯技术效率交替控制型变动模式

技术效率指数又分解为纯技术效率指数和规模效率指数。各年度纯技术效率的变动率分别为1.9%、2.4%、1.3%、3.2%、3.2%，规模效率指数分别为0.2%、2.7%、0.2%、1.1%、1.6%，总体来看，纯技术效率的波动程度大于规模效率的波动程度。结合折线图可知，全要素生产率折线基本上位于纯技术效率指数折线与规模效率折线的中间，技术效率在四个时间段的变动趋势为“快速上升—缓慢上升—缓慢上升—快速下降”，纯技术效率在四个时间段的变动趋势为“缓慢下降—快速上升—缓慢上升—快速下降”，规模效率在四个时间段的变动趋势为“快速上升—快速下降—缓慢下降—快速上升”，可见，在第一个时间段规模效率主导了技术效率的变动，在后三个时间段纯技术效率主导了技术效率的变动。总体而言，林业技术效率呈现出规模效率与纯技术效率交替控制控制型的变动趋势。

第四节 福建林业全要素生产率的个体差异分析

2004~2009年，农户平均全要素生产率指数为0.956，增长率为-4.4%。农户林业全要素生产率变动情况相差不大，其中编号为1的农户林业全要素生产率最高，为1.333，其全要素生产率增长率为33.3%；编号为47的农户林业全要素生产率最低，为0.607，其全要素生产率呈负增长，其负增长率为39.3%。88个农户林业全要素生产率指数低于1，占91.7%；仅有8个农户的高于1，占8.3%；全要素生产率指数低于1且大于0.9有79个农户，约占总户数的82.3%；全要素生产率小于0.9的有9个农户，占9.375%。总体而言，全要素生产率主要集中在0.9~1之间，说明农户间的全要素生产率数值比较接近，且农户全要素生产率普遍出现了下降的趋势。所有农户中技术效率大于1的有60户，占62.5%，技术进步指数大于1的仅有2户，约占2.1%。说明全要素生产率的下降趋势和技术进步指数的下降存在较大的关系。2004~2009年96个样本农户全要素生产率的标准差为0.069，变异系数为0.073，均小于0.1，说明六年内，福建省样本农户之间的全要素生产率相差不大（表4-8）。

表4-8 2004~2009年各决策单元平均Malmquist指数及其分解

决策单元	技术效率 EC	技术进步 TC	纯技术效率 PTE	规模效率 SE	全要素生产率 TFP
1	1.402	0.950	1.393	1.007	1.333

（续）

决策单元	技术效率 EC	技术进步 TC	纯技术效率 PTE	规模效率 SE	全要素生产率 TFP
2	1.068	0.935	1.039	1.027	0.998
3	0.924	0.960	0.919	1.005	0.887
4	1.012	0.970	1.007	1.005	0.982
5	1.001	0.952	1.000	1.001	0.952
6	1.037	0.965	1.037	1.000	1.000
7	1.007	0.958	1.000	1.008	0.965
8	1.004	0.957	1.001	1.003	0.960
9	0.996	0.960	0.998	0.998	0.956
10	1.005	0.958	1.003	1.002	0.963
11	0.999	0.959	0.996	1.003	0.958
12	1.005	0.953	1.005	1.000	0.957
13	1.019	0.974	1.019	1.000	0.993
14	1.011	0.939	0.983	1.029	0.950
15	0.937	0.950	0.915	1.025	0.890
16	1.124	0.966	1.106	1.016	1.086
17	1.088	0.958	1.079	1.008	1.043
18	1.004	0.957	0.994	1.010	0.961
19	1.038	0.949	1.035	1.003	0.986
20	0.633	0.958	0.633	1.001	0.607
21	1.016	0.957	1.008	1.008	0.972
22	0.995	0.963	0.993	1.001	0.958
23	1.032	0.942	1.026	1.007	0.973
24	1.028	0.940	1.002	1.026	0.966
25	1.028	0.957	1.026	1.003	0.985
26	0.997	0.944	0.987	1.011	0.942
27	1.036	0.949	1.018	1.018	0.984
28	1.065	0.936	1.035	1.029	0.997
29	1.041	0.940	1.018	1.023	0.978
30	0.994	0.954	1.000	0.994	0.949
31	1.000	0.959	1.000	1.000	0.959
32	0.957	0.959	0.957	1.000	0.918
33	1.008	0.958	1.007	1.001	0.966

（续）

决策单元	技术效率 EC	技术进步 TC	纯技术效率 PTE	规模效率 SE	全要素生产率 TFP
34	0. 999	0. 960	0. 999	1. 001	0. 959
35	0. 999	0. 959	0. 999	1. 000	0. 958
36	1. 000	0. 957	1. 000	1. 000	0. 958
37	1. 009	0. 955	0. 995	1. 013	0. 963
38	1. 000	0. 958	1. 000	1. 001	0. 958
39	1. 001	0. 958	1. 000	1. 001	0. 959
40	0. 999	0. 959	0. 999	1. 000	0. 957
41	0. 910	0. 959	0. 903	1. 008	0. 872
42	0. 999	0. 958	0. 999	1. 000	0. 958
43	0. 904	0. 960	0. 904	1. 000	0. 869
44	1. 001	0. 957	1. 000	1. 001	0. 958
45	1. 005	0. 954	0. 998	1. 007	0. 958
46	0. 996	0. 964	0. 993	1. 003	0. 960
47	0. 899	0. 959	0. 899	1. 000	0. 862
48	0. 922	0. 961	0. 920	1. 002	0. 886
49	1. 001	0. 960	0. 998	1. 003	0. 961
50	1. 000	0. 959	0. 998	1. 002	0. 958
51	1. 001	0. 957	1. 000	1. 001	0. 958
52	0. 999	0. 966	0. 990	1. 009	0. 965
53	1. 001	0. 958	0. 999	1. 001	0. 959
54	1. 008	0. 958	0. 998	1. 010	0. 965
55	0. 999	0. 959	1. 000	0. 998	0. 958
56	0. 999	0. 959	0. 999	1. 000	0. 958
57	0. 999	0. 960	0. 998	1. 002	0. 959
58	1. 001	0. 958	0. 999	1. 002	0. 958
59	1. 011	0. 958	1. 012	0. 999	0. 968
60	1. 000	1. 024	1. 000	1. 000	1. 024
61	0. 998	0. 960	0. 999	0. 999	0. 958
62	0. 994	0. 967	0. 998	0. 996	0. 962
63	0. 999	0. 959	1. 000	0. 999	0. 957
64	1. 000	0. 958	1. 000	1. 000	0. 958
65	0. 708	0. 959	0. 704	1. 005	0. 679

（续）

决策单元	技术效率 EC	技术进步 TC	纯技术效率 PTE	规模效率 SE	全要素生产率 TFP
66	0.990	0.976	1.000	0.990	0.966
67	1.000	0.958	1.000	1.000	0.958
68	1.000	0.978	1.000	1.000	0.978
69	0.976	0.959	0.991	0.985	0.936
70	1.000	0.958	1.000	1.000	0.958
71	1.008	0.960	1.008	1.000	0.967
72	1.000	0.958	1.000	1.000	0.958
73	1.000	0.959	1.000	1.000	0.958
74	0.993	0.959	0.993	1.000	0.952
75	1.000	0.958	0.999	1.001	0.958
76	0.987	0.950	0.974	1.013	0.937
77	0.982	0.936	1.000	0.982	0.920
78	1.001	0.956	1.000	1.001	0.958
79	1.127	0.952	1.116	1.010	1.073
80	1.028	0.942	1.027	1.002	0.969
81	1.032	0.950	1.013	1.019	0.981
82	1.004	0.967	1.000	1.004	0.970
83	1.028	0.948	1.008	1.020	0.975
84	1.049	0.944	1.025	1.024	0.991
85	1.011	0.947	0.994	1.017	0.957
86	0.951	1.010	0.945	1.007	0.960
87	0.976	0.958	0.977	0.999	0.935
88	1.106	0.952	1.095	1.010	1.054
89	1.001	0.956	0.993	1.008	0.956
90	1.023	0.935	0.999	1.025	0.957
91	0.996	0.961	0.999	0.997	0.958
92	1.088	0.938	1.079	1.009	1.021
93	1.009	0.953	0.985	1.025	0.962
94	0.995	0.955	0.995	1.000	0.950
95	1.022	0.948	1.001	1.021	0.969
96	0.939	0.946	0.922	1.018	0.888
平均	0.999	0.957	0.994	1.005	0.956

第五节　福建农户林业全要素生产率变动的影响因素分析

一、影响因素理论分析

林业全要素生产率的影响因素有很多，结合林业经营自身的特点，本文将其影响因素归纳为人力、资金、林地、制度、管理等五个因素。

（一）人力因素对林业全要素生产率的影响

人力是创造一切财富的主体，研究表明人力因素通过两种渠道影响全要素生产率：一方面作为生产过程的投入要素直接作用于全要素生产率；另一方面人力因素通过所获取的信息、知识和技术转化为提高全要素生产率的能力。众多学者专门研究人力因素对全要素生产率的影响。Nelson、Phelps（1966）、Romer（1990）通过计量模型验证人力因素能够提高全要素生产率增长率。Miller、Upadhyay（2000）指出不同国家的全要素生产率受到人力因素的影响程度有所不同。人力因素对中国全要素生产率具有显著的正向的促进作用（赖明勇、袁媛，2005）。但是，人力因素对全要素生产率增长的影响具有较为明显的区域差异，其中东部地区人力对全要素生产率增长具有较强的即期效应（魏下海，2009）。另外，颜鹏飞、王兵（2004）指出人力因素对全要素生产率具有负影响，但是此观点较为绝对，人力因素具有时滞性，虽然当期人力因素对全要素生产率的影响显著为负，但在后一期对全要素生产率有显著的正影响（彭旸，刘智勇，肖竞成，2008）。从前人的研究可见，人力因素对全要素生产率具有显著的影响，总体看来，以正向影响为主。林业经营行为是林业全要素生产率提高的前提，而人力是林业经营行为的核心，林业经营过程离不开农户的参与，农户是林业经营的主体，其受教育程度、年龄等方面的差异会产生各异的林业全要素生产率。

（二）资金因素对林业全要素生产率的影响

资金是生产经营中的重要要素。对于任何一个产业而言，若无资金的支持则难以快速发展，林业也不例外。当然，目前尚存在部分农户对林地不经营只索取，未投入任何资金，农户获得林地收入的周期受到林业原始生长周期的限制，那么林地的效用尚不能完全被挖掘，林业全要素生产率亦得不到提高。而要实现林地效用的持续高效，就须投入必要的资金，进行基础设施建设、购置新器具、新种苗、新化肥、新农药等。资金充足，农户才有能力购买林业经营过程中的要素，才能够将科技因素融入到林业生产经营过程中去，林业全要素生产率增长率才能够提高。但是，林业全要素生产率增长率所依赖的资金并不是越多越好，而是能够实现林地最大产出必要的资金投入。

（三）林地因素对林业全要素生产率的影响

林地是林业经营中的基本要素，是影响林业全要素生产率基础性因素。巧妇难为无米之炊，林地就是林业经营中的“米”，任何林业产品皆出自林地，离开了林地，林业便无从谈起。影响林业全要素生产率的林地因素中较为主要的是林地规模及林地基本特征。首先，从林地规模来看，由林业全要素生产率=技术进步×纯技术效率×规模效率可知，规模效率的高低在一定程度上影响了林业全要素生产率的高低，规模效率越高，则林业全要素生产率越高。而规模效率是用以评判决策单元是否达到适度规模状态的指标，规模效率受到林地规模的影响，但并不是林地规模越大越好，亦非越小越好，而是对于特定的经营主体及条件，经营规模越适度越好。其次，从林地基本特征来看，农户拥有林地的分散性、坡度及农户到达林地的方便程度都会影响农户的经营行为，继而影响林业全要素生产率。

（四）制度因素对林业全要素生产率的影响

制度包括经济法律、政策、未成文且对行为有约束的规则等（黄广明，1997）。新制度经济学认为经济增长的决定性因素是制度。实证分析表明，林业制度变迁对林业全要素生产率、技术进步、技术效率的影响非常显著（刘璨，2004；刘璨，于法稳，2007），林业政策及制度的变化对林地生产力及利用率产生了重大的影响（刘璨，2009）。当前，林业制度方面具有较大影响力的是集体林权制度改革。一方面，该制度强调明晰山林产权，确权到户，从制度经济学角度看，产权明晰可以降低交易成本，提高资源的配置效率，继而促进林业全要素生产率的提高。另一方面，集体林权制度改革中林业税费改革的有关规定能够减少林业经营成本，提高农户实施林业经营行为的积极性，林业全要素生产率的提高需要林农积极的经营行为。另外，林权抵押贷款是集体林权制度改革的重要内容，福建省以政府信用为基础，地方政府组建贷款平台，通过企业信用和市场信用构建违约风险分担机制的间接贷款模式，为林农从事林业经营提供了资金保证，继而作用于林业全要素生产率。

（五）管理因素对林业全要素生产率的影响

管理是指为了达到目的，通过计划、组织、领导、控制，充分进行人力、物力、财力的整合过程。而林业的管理集中体现为林农实施的经营行为，即林农为了实现较高的林业产出，对种苗、施肥次数以及经营类型等进行安排的过程。管理贯穿于林业经营全过程，渗透于林业生产的各个环节，林农对各种投入要素的安排直接影响各要素的配置效率。因此，林农对林业的管理行为对林业全要素生产率有重要的影响。在涉及农林业经营效率影响因素分析的文章中，一般未将管理因素独立于其他因素之外，但是不同林农对林业的经营管理行为存在较大的差异，从而产生的经营效果各异，因此本文特将管理因素独立于其他影响因素之外。

二、影响因素实证分析

（一）变量假设

为了全面准确反映人力、资金、林地、制度、管理、市场对林业全要素生产率的影响，根据林业自身特征，结合数据的可得性构建了林业全要素生产率影响因素指标体系（表 4-9）。

表 4-9 林业全要素生产率影响因素指标体系

一级指标	二级指标	变量解释
人力因素	户主年龄	年龄
	户主受教育程度	上过几年学
林地因素	林地块数	农户经营的林地地块数
	林地离公路距离	林地离公路的平均距离
	土地肥沃程度	土地肥沃程度：农户拥有肥沃林地占总地块数的比重
	林地坡度	坡度未超过 30 度的林地占农户总地块数的比重
管理因素	经营年限	农户经营林地的时间
	经营类型	林地经营类型：0=自留山经营；1=承包经营；2=股份制
	经营主体类型	经营主体类型：0=单户；1=联户
	种苗质量	使用种苗：0=未使用优质种苗；1=使用优质种苗
	施肥次数	每年林农施肥的次数
	整地方式	整地方式：0=未整地；1=较为粗放的整地方式（炼山、劈山）；2=较为精细的整地方式（全垦、带状整地或块状整地）
资金因素	林业收入占家庭收入比重	农户对林业经营的依赖程度
	资金来源渠道的畅通性	林业资金来源渠道：0=畅通；1=不太畅通；2=不畅通
制度因素	采伐限额制度	农户在林业经营中受到采伐限额制度的约束：0=很严重；1=不严重；2=无
	伐区调查设计制度	农户认为伐区调查设计制度对其影响：0=很大；1=一般；2=很小
	林业税费	农户对当前林业税费的态度：0=很高，难以接受；1=一般，可以接受；2=很低，3=无
	林业补贴	政府补贴对农户经营林业的积极性：0=无；1=很大

1. 人力变量

人力变量包括户主年龄、户主受教育程度以及劳动力占家庭规模比重等三个二级指标，对户主年龄、户主受教育程度以及劳动力占家庭规模比重分别进行林业全要素生产率的影响假设。

假设1：一般认为户主的年龄越大，积累的林业经营管理经验相对较多，且其为家庭中经营管理林业的主要人员，其年龄越大，林业全要素生产率可能越高，即户主的年龄与林业全要素生产率呈正比。

假设2：林农知识水平的高低对林业经营管理有重要的影响，户主受教育程度越高，林业全要素生产率可能越高，即户主受教育程度与林业全要素生产率呈正比。

2. 林地变量

林地变量包括林地块数、林地离公路距离、土地肥沃程度、林地坡度等五个二级指标，以下分别对林地面积、林地块数、林地离公路距离、林地坡度、土地肥沃程度对林业全要素生产率的影响进行假设。

假设3：一个家庭拥有有的林地块数越多，经营越分散，经营效率越低，林业全要素生产率亦越低，即林地地块数与林业全要素生产率呈反比关系。

假设4：林地离公路距离越远，需要耗费较多时间与精力，林农经营管理的积极性越低，林业全要素生产率可能越低，即林农拥有的林地离公路的距离与林业全要素生产率呈反比关系。

假设5：土地越肥沃，林木、毛竹等长势越好，林业全要素生产率可能越高，土地越贫瘠，林业全要素生产率可能越低，即土地质量与林业全要素生产率呈正比关系。

假设6：林地的坡度越大，经营管理的难度越高，林业全要素生产率可能越低，坡度越小，越便于经营管理，林业全要素生产率可能越高，即林地坡地与林业全要素生产率呈反比关系。

3. 管理变量

管理变量包括经营年限、经营类型、种苗质量、施肥次数等四个二级指标，以下分别对经营年限、经营类型、种苗质量、施肥次数对全要素生产率的影响进行假设。

假设7：林农经营林业的时间越长，经验越丰富，越有助于林业全要素生产率大提高，即经营年限与林业全要素生产率呈正比关系。

假设8：自留山经营、承包经营及股份制经营三种经营类型相较而言，一般认为，股份制经营效率最高，承包经营效率其次，自留山经营效率最低。因此，经营类型与林业全要素生产率呈正比关系。

假设9：从制度经济学角度看，单户经营的交易费用较高，效率提升的空间相对较小，而联户经营能够降低交易成本，扩大效率提升空间（韦惠兰、鲁斌，2010）。也即与单户经营相比，联户经营的林业全要素生产率较高。本文以“1”代表单户经营，以“2”代表联户经营，因此，经营主体类型与林业全要素生产率呈正比关系。

假设 10：若林农进行较为集约的林地经营，则更倾向于选择质量高的种苗，而林农进行粗放的林地经营，则更倾向于选择质量差的种苗。种苗质量高，附着的技术含量相对较高，则林业全要素生产率较高，即种苗质量与林业全要素生产率呈正比关系。

假设 11：施肥次数与林业全要素生产率呈到 U 型关系，按照边际效益递减规律可知，当施肥次数超过一定量后，再继续增加施肥次数，则林业全要素生产率开始下降。

假设 12：整地方式中“1”代表炼山、“2”代表全垦，“3”代表带状整地或块状整地，“4”代表其他整地方式（主要是劈山），从 1~4，数值越大，说明管理越粗放，数值越小则管理越精细。林农对林地的管理越精细，林业全要素生产率越高。因此，整地方式与林业全要素生产率呈反比关系。

4. 资金变量

资金变量包括林业收入占家庭收入比重、林业资金来源渠道的畅通性两个二级指标。以下分别对林业收入占家庭收入比重、资金来源渠道的畅通性对林业全要素生产率的影响进行假设。

假设 13：林业收入占农户家庭收入的比重越高，表明农户对林业收入的依赖性越高，农户需要积极参与到林业经营管理中去，则投入的资金也越多，资金作为林业经营中不可或缺的投入要素，农户投入到林地中的资金越多，林业全要素生产率可能越高，即林业收入占农户家庭收入的比重与林业全要素生产率呈正比。

假设 14：林业资金来源渠道越畅通，农户将有越充裕的资金投入到林业生产经营管理中。林业资金来源越渠道畅通，林业全要素生产率可能越高，即林业资金来源渠道畅通性与林业全要素生产率呈正比。

5. 制度变量

制度变量包括采伐限额制度、伐区调查设计制度、林业税费、林业补贴等四个二级指标。以下分别对采伐限额制度、伐区调查设计制度、林业税费、林业补贴对林业全要素生产率的影响进行假设。

假设 15：农户在林业经营中受到采伐限额制度的约束越严重，林农越疲于经营管理林业，其行为受到该制度的约束，经营效率越低；农户受到的采伐限额制度约束越轻，经营效率则越高。即农户在林业经营中受到采伐限额制度的约束程度与林业全要素生产率呈反比关系。

假设 16：伐区调查设计制度主要通过农户认为伐区调查设计制度对其影响程度进行衡量，农户若认为伐区调查设计制度对其影响越大，其行为受到该制度的约束越大，经营效率则越低，反之，经营效率越高。即伐区调查设计制度与林业全要素生产率呈反比关系。

假设 17：林业税费高低关乎农户经营管理林业的成本及积极性，林业税费越高，成本越大，同一产出所耗资本越多，林业全要素生产率越低，即林业税费与林业全要素生产率呈反比关系。

假设 18：林业补贴有利于提高农户林业经营的收入和积极性，补贴越多，经营收入越大，同样投入得到的产出越多，林业全要素生产率越高，即林业补贴与林业全要素生产率呈正比关系。

（二）方法选择

Coelli（1998）提出了两步法用于分析效率的影响因素及其程度。第一步是利用数据包络分析法（DEA）对各决策单元的效率值进行测度；第二步建立回归模型进行影响因素分析，模型以第一步中测得的效率值为因变量，以影响因素作为自变量。通常采用 1958 年 Tobin 提出的 Tobit 模型，具体模型如下：

$$Y^* = X_i \beta + \varepsilon$$

$$Y_i = Y_i^* \text{ if } \quad Y_i^* > 0$$

$$Y_i = 0 \quad \text{if} \quad Y_i^* \leqslant 0$$

其中，X_i为自变量向量，Y_i为效率值向量，Y_i^* 为因变量向量，β 为回归系数向量，$\varepsilon \sim N(0, \sigma^2)$。

（三）结果分析

1. 林业全要素生产率的影响因素分析

以 DEA-Malmquist 指数法中计算所得的 2009 年 TFP 指数值为因变量，以 2009 年人力、资金、林地、管理、制度因素的各指标值为自变量，利用去常数项（注释：经计算，常数项对模型而言显著性极低，在模型无法起作用，因此将常数项去掉）的 Tobit 模型进行分析的结果见表 4-10。

表 4-10　TFP 作为因变量的 Tobit 回归模型计算结果

Covariance matrix computed using second derivatives				
	Coefficient	Std. Error	z-Statistic	Prob.
X1（户主年龄）	0.004494	0.000491	9.151299	0.0000
X2（户主受教育程度）	0.008914	0.002535	3.516935	0.0004
X4（林地与公路距离）	0.030462	0.010194	2.988353	0.0028
X12（整地方式）	0.030051	0.006718	4.473166	0.0000
X16（伐区调查设计制度）	0.062371	0.012293	5.073913	0.0000
Log likelihood	85.46780	Akaike info criterion		-1.655579
Avg. log likelihood	0.890290	Schwarz criterion		-1.495307

从模型的回归来看 AIC 和 SC 数值通过赤池准则和施瓦茨准则；同时，模型的极大似然值 Log likelihood 绝对值为 85. 46780，数值相对较大，由此可知，模型的显著性较强。从模型回归的具体结果来看，纳入 Tobit 模型的 18 个变量中，共输出 X1（户主年龄）、X2（户主受教育程度）、X4（林地与公路距离）、X12（整地方式）、X16（伐区调查设计制度）五个变量，其 P 值分别为 0. 0000、0. 0004、0. 0028、0. 0000、0. 0000，可见，这四个变量对林业全要素生产率具有显著的影响。由此可构建林业全要素生产率影响因素模型为：

Tobit（Y）= 0. 004494X1 + 0. 008914X2 + 0. 030462X4 + 0. 030051X12 + 0. 062371X16，即 Tobit（全要素生产率）= 0. 004494×户主年龄+0. 008914×户主受教育程度+0. 030462×林地与公路距离+0. 030051×整地方式+0. 062371×伐区调查设计制度。

户主年龄与户主受教育程度属于人力因素，林地与公路距离属于林地因素，整地方式属于管理因素，伐区调查设计制度属于制度因素，可见对林业全要素生产率的影响的是人力因素、林地因素和管理因素和制度因素。并且各项输出变量对林业全要素生产率都具有正作用。

户主年龄对林业全要素生产率的影响是正向的。户主是农户中经营林业最主要的参与者和决策者，其年龄是影响农户林业经营与决策的重要因素。户主的年龄一般和林地经营的年限是成正比，所以户主年龄的大小关系到农户林地经营林地年限的长短。根据调查问卷 60 岁以下的户主所占比例约为 77%，属于林地经营劳动力。60 岁以下的户主年龄越大，说明其在经营林地过程中积累的经验和技术也就越多，那么在将经验和技术应用到林地经营的过程中全要素生产率也就越大。

户主受教育程度对全要素生产率的影响是正向的。户主的受教育程度越高，其对林业技术和林业知识的学习和掌握水平也就越高，其在经营林业过程中对技术和知识的运用也就越有效，所以户主受教育程度越高，其经营林地的全要素生产率也就越高。

林地与公路的距离对全要素生产率的影响是正向的。传统观念认为林地离公路的距离越远，林农的交通成本、时间成本等都会有所增加，进而导致总成本的增加，最终致使其效率降低。然而林地离公路的距离除了有这方面的影响之外，还有另一方面的作用，即林地离公路的距离越远，表明林地越靠近山里，盗伐等现象会减少，在一定程度上提升了林业最终产量，在投入水平不变的基础上，相应的效率也就有所提高。所以林地与公路的距离越远，林地经营的全要素生产率也就越高。

整地方式中“1”代表炼山、“2”代表全垦，“3”代表带状整地或块状整地，“4”代表其他整地方式（主要是劈山），从 1 到 4，数值越大，说明管理越粗放，数值越小则管理越精细。整地方式对全要素生产率的影响是正向的。即从回归结果来看，越是采用精细方式，林业全要素生产率越低，这与实际情况是不相符的。出现这样的回归结果是由于本文研究的是2004~2009年的林业全要素生产率的变动情况，时间跨度较短。从短期来看，林农采用精细的整地方式较之不整地与采用粗放整地方式需要花费较多时间和精力，经营林业的成本增加，不利于林业全要素生产率的提高。精细的整地方式对林业全要素生产率的积极作用具有时滞性，即精细的整地方式对林业全要素生产率的积极作用需要在一段较长的时间内才能体现。

伐区调查设计制度对全要素生产率的影响是正向的。伐区调查设计制度主要通过农户认为伐区调查设计制度对其影响程度进行衡量，农户若认为伐区调查设计制度对其影响越小，说明其对受到的制度约束越小，对林地经营的意愿也就大。林地影响越大的农户往往对林地经营投入的精力和时间也就越多，所以其林地经营的全要素生产率理所应当也就越高。

2. 林业技术进步的影响因素分析

以DEA-Malmquist指数法中计算所得的2009年技术进步值为因变量，以人力、资金、林地、管理、制度因素的各指标值为自变量，利用去常数项的Tobit模型进行分析的结果见表4-11。

表4-11 技术进步指数作为因变量的Tobit回归模型计算结果

Covariance matrix computed using second derivatives				
	Coefficient	Std. Error	z-Statistic	Prob.
X1（户主年龄）	0.002165	0.000565	3.831639	0.0001
X2（户主受教育程度）	0.028793	0.008966	3.211257	0.0013
X12（整地方式）	0.029542	0.007864	3.756409	0.0002
Log likelihood	58.38136	Akaike info criterion		-1.132945
Avg. log likelihood	0.608139	Schwarz criterion		-1.026097

从模型的回归来看AIC和SC数值通过赤池准则和施瓦茨准则；同时，模型的极大似然值Log likelihood绝对值为-58.38136，数值相对较大，由此可知，模型的显著性较强。从模型回归的具体结果来看，纳入Tobit模型的18个变量中，共输出X1（户主年龄）、X2（户主受教育程度）、X12（整地方式）三个变量，其P值分别为0.0001、0.0013、0.0002，可见，这三个变量对林业生产技术进步指数具有显著的影响。由此可构建林业生产技术进步指数的影响因素模型为：

Tobit（Y）= 0.002165X1+0.028793X2+0.029542X12，即Tobit（林业生产技术进步指数）= 0.002165×户主年龄+0.028793×户主受教育程度+

0.029542×整地方式。

户主年龄与户主受教育程度属于人力因素，整地方式属于管理因素，可见对林业生产技术进步指数的影响的是人力因素和管理因素。并且各项输出变量对林业生产技术进步指数都具有正作用。

户主的经营经验和技术的积累有利于其更好的应用和学习新的科学技术，对其的科技推广效果也就越好。整地方式越粗放其技术进步指数越高是因为被调查者整地方式基本上没有什么区别，偏粗放的经营者一般林地面积较多，对新技术的应用会更加积极，新技术应用后产生的效益也会越划算，所以其科技进步指数也会越高。

3. 林业技术效率的影响因素分析

以DEA-Malmquist指数法中计算所得的2009年技术效率值为因变量，以人力、资金、林地、管理、制度因素的各指标值为自变量，利用去常数项的Tobit模型进行分析的结果见表4-12。

表4-12 技术效率指数值作为因变量的Tobit回归模型计算结果

Covariance matrix computed using second derivatives				
	Coefficient	Std. Error	z-Statistic	Prob.
X1（户主年龄）	0.004470	0.000498	8.979420	0.0000
X2（户主受教育程度）	0.008846	0.002569	3.442994	0.0009
X4（林地与公路距离）	0.032071	0.010332	3.103959	0.0025
X12（整地方式）	0.027511	0.006809	4.040156	0.0001
X16（伐区调查设计制度）	0.062704	0.012460	5.032572	0.0000
Log likelihood	86.73956	Akaike info criterion		-1.702907
Avg. log likelihood	0.903537	Schwarz criterion		-1.569348

从模型的回归来看AIC和SC数值通过赤池准则和施瓦茨准则；同时，模型的极大似然值Log likelihood为86.73956，数值相对较大，由此可知，模型的显著性较强。从模型回归的具体结果来看，纳入Tobit模型的18个变量中，共输出X1（户主年龄）、X2（户主受教育程度）、X4（林地与公路距离）、X12（整地方式）、X16（伐区调查设计制度）五个变量，其P值分别为0.0000、0.0004、0.0028、0.0000、0.0000，可见，这五个变量对林业生产技术效率具有显著的影响。由此可构建林业生产技术效率的影响因素模型为：

Tobit（Y）=0.004494X1+0.008914X2+0.030462X4+0.030051X12+0.062371X16，即Tobit（全要素生产率）=0.004470×户主年龄+0.008846×户主受教育程度+0.032071×林地与公路距离+0.027511×整地方式+0.062704×伐区调查设计制度。

户主年龄与户主受教育程度属于人力因素，林地与公路距离属于林地因素，整地方式属于管理因素，伐区调查设计制度属于制度因素，可见对林业生产技术效率的影响的是人力因素、林地因素和管理因素和制度因素。并且各项输出变量对林业生产技术效率都具有正作用。

户主年龄和户主受教育程度对林业技术效率的影响是正向的。即户主年龄越大，其林业生产技术效率越高；户主受教育程度越高，其林业生产技术效率越高。说明林农经营林地经验、技术的积累和掌握有利于林地资源的优化配置。林地与公路间的距离作为林地因素对林业技术效率的影响也具有正作用，即距离越大，林业技术效率越高。

4. 林业纯技术效率的影响因素分析

以 DEA-Malmquist 指数法中计算所得 2009 年的纯技术效率值为因变量，以人力、资金、林地、管理、制度因素的各指标值为自变量，利用去常数项的 Tobit 模型进行分析的结果见表 4-13。

表 4-13　纯技术效率指数值作为因变量的 Tobit 回归模型计算结果

Covariance matrix computed using second derivatives				
	Coefficient	Std. Error	z-Statistic	Prob.
X1（户主年龄）	0. 004424	0. 000484	9. 135260	0. 0000
X2（户主受教育程度）	0. 009090	0. 002499	3. 636769	0. 0003
X4（林地与公路距离）	0. 031068	0. 010052	3. 090718	0. 0020
X12（整地方式）	0. 029066	0. 006625	4. 387403	0. 0000
X16（伐区调查设计制度）	0. 061194	0. 012122	5. 048331	0. 0000
Log likelihood	86. 81136	Akaike info criterion		-1. 683570
Avg. log likelihood	0. 904285	Schwarz criterion		-1. 523298

从模型的回归来看，AIC 和 SC 数值通过赤池准则和施瓦茨准则，同时，模型的极大似然值 Log likelihood 为 86. 81136，数值相对较大，由此可知，模型的显著性较强。从模型回归的具体结果来看，纳入 Tobit 模型的 18 个变量中，共输出 X1（户主年龄）、X2（户主受教育程度）、X4（林地与公路距离）、X12（整地方式）、X16（伐区调查设计制度）五个变量，其 P 值分别为 0. 0000、0. 0003、0. 0020、0. 0000、0. 0000，可见，以上五个变量对林业纯技术效率具有显著的影响。由此可构建林业纯技术效率影响因素模型为：

Tobit（Y）= 0. 004424X1 + 0. 009090X2 + 0. 031068X4 + 0. 029066X12 + 0. 061194X16，即 Tobit（林业生产纯技术效率）= 0. 004424×户主年龄 + 0. 009090×户主受教育程度+0. 031068×林地与公路距离+0. 029066×整地方式+0. 061194×伐区调查设计制度。

户主年龄与户主受教育程度属于人力因素，林地与公路距离属于林地因素，整地方式属于管理因素，伐区调查设计制度属于制度因素，可见对林业生产纯技术效率的影响的是人力因素、林地因素和管理因素和制度因素。并且各项输出变量对林业生产纯技术效率都具有正作用。

纯技术效率与技术效率及全要素生产率的影响因素相同更论证了三者之间的关系。全要素生产率由技术效率与技术进步指数两个指标共同作用，技术效率由纯技术效率和规模效率两个指标共同作用，所以纯技术效率间接地对全要素生产率产生作用。由本文第三部分的分析可知，林业技术效率主要受到林业纯技术效率的影响，因此，林业纯技术效率与林业技术效率的影响因素是一致的。户主年龄、户主受教育程度、林地与公路距离、整地方式、伐区调查设计制度对林业纯技术效率具有正所用，具体影响作用与林业技术效率的影响因素作用一致，在此不作赘述。

5. 林业规模效率的影响因素分析

以 DEA-Malmquist 指数法中计算所得的 2009 年规模效率值为因变量，以人力、资金、林地、管理、制度因素的各指标值为自变量，利用去常数项的 Tobit 模型进行分析的结果见表 4-14。

表 4-14　规模效率指数值作为因变量的 Tobit 回归模型计算结果

Covariance matrix computed using second derivatives				
	Coefficient	Std. Error	z-Statistic	Prob.
X1（户主年龄）	0. 005996	0. 000792	7. 573662	0. 0000
X15（采伐限额制度）	0. 100930	0. 020856	4. 839351	0. 0000
Log likelihood	25. 05133	Akaike info criterion		-0. 459403
Avg. log likelihood	0. 260951	Schwarz criterion		-0. 379267

从模型的回归来看 AIC 和 SC 数值通过赤池准则和施瓦茨准则；同时，模型的极大似然值 Log likelihood 绝对值为 25. 05133，数值相对较大，由此可知，模型的显著性较强。从模型回归的具体结果来看，纳入 Tobit 模型的 18 个变量中，共输出 X1（户主年龄）、X15（采伐限额制度）两个变量，其 P 值分别为 0. 0000、0. 0000，可见，这两个变量对林业规模效率具有显著的影响。由此可构建林业规模效率的影响因素模型为：

Tobit（Y）= 0. 005996X1 + 0. 100930X15，即 Tobit（规模效率）= 0. 005996×户主年龄+0. 100930×采伐限额制度。

户主年龄属于人力因素，采伐限额制度属于制度因素，可见对林业规模效率的影响的是人力因素和制度因素。并且各项输出变量对林业规模效率都具有正作用。

人力因素中户主年龄对林业规模效率具有较为显著的影响。户主的年龄越大，其林业经营管理的经验越丰富，对自身所拥有的林地需要投入多少资源有较为清晰的了解，更容易实现规模效率。

采伐限额制度也是影响林业规模效率的一个重要因素，其影响系数为0.100930，表明采伐限额制度越不严重，林业规模效率指数越高。采伐限额采伐制度是森林法规定的基本制度之一，是将一定时期内的森林采伐量限制在一定数量范围之内的制度。但是由于有些林业部门将采伐指标给利益共同体，许多林农可砍伐的林木因没有指标而未按时砍伐或砍伐量远小于应伐量，由此拉长林业经营周期，经营成本亦随之增加，间接减少林业的产出效益，因此，采伐限额制度越严重，林业规模效率指数越低。

第六节 福建农户林业全要素生产率变动分析的政策含义

一、加快林业科技推广，提高林业生产力

从前文的分析可知，技术进步并未对林业全要素生产率产生贡献，技术效率虽对林业全要素生产率有较大贡献，但是技术效率变动属于林权改革带来的短期政策效率，新的产权制度框架稳定后，由改革带来的增长效率将会逐渐减弱。因此，应当提高技术进步对全要素生产率的贡献，而加快林业科技推广是加快技术进步的重要措施。所以，应当加快林业科技推广，提高林业生产力，具体可以从以下几个方面着手：第一，呼应林农对科技的需求，开展产学研相结合的科技创新模式。以林业项目、示范林地等为媒介，积极推动各高校及科研院所与林农交流合作，切实呼应基层林农的实际科技需求，将林业方面的科技成果转化为生产力。第二，加大科技培训力度。由于广大林农的科技素质水平较低，阻碍科技成果转化。因此，应当加大科技培训资金投入力度，将林农科技培训费用设立为专项支出，开展林农科技培训，不断提高林农的科技素质，为科技成果转化和科技推广扫除障碍。第三，强化科技推广中介机构的作用。因此，在加快林业科技推广过程中要规范科技推广中介机构的管理，建立健全中介机构的组织管理体制与运行机制，充分发挥中介机构的重要作用。科技推广中介机构的职责在于提供与成果应用相关的信息传递、供求关系、成果评价与市场预测等服务。因此，科技推广中介机构在加快林业科技推广，提高林业生产力中起到重要的作用。

二、引导适度规模经营，实现规模经济性

林业规模效率呈下降趋势，阻碍林业全要素生产率的提高，因此，应当引

导林农适度规模经营，提高林业经营的规模经济性，可从以下几个方面着手：第一，引导林地规范流转。当前，众多专家学者提出进行林地适度规模主要有承包地互换、承包地转让、反租倒包及林地股份合作制四种模式，而这四种模式的采用都必须有土地流转制度的保障。首先，通过立法保证林地流转行为的规范性，实现林农林地流转有法可依，保障林地流转的有序进行。其次，加强对林地流转的监督，实施动态监测。再者，建立土地流转仲裁机制，及时有效解决林农在土地流转过程中出现的纠纷。第二，健全林业社会化服务体系。该体系包括健全的组织、固定的人员、服务设施、核算制度、技术指导、防病防虫等社会化服务。该体系通过为林农开展适度规模经营提供各种林业社会化服务，提高林地规模经济性。第三，开展林权抵押贷款。通过调查发现，林农多数认为资金不足，但是政府对林农的补贴并不能解决所有资金问题。因此，应当积极开展林权抵押贷款，给予林农必要的优惠，放贷于林农从事林业经营所需的资金，鼓励其进行适度规模经营。

三、深化林权制度改革，提高林改普惠性

林权制度改革后，农户林业全素生产率变动的个体差异很大，林改利益的普惠性有待加强。因而，在集体林权制度改革的深化阶段和配套体系建设过程中，更应考虑这相对弱势群体的经营特点和实际需求，制定富有针对性的政策，既增加社会效应总量，又提高社会效应的普惠性。对林农的情况进行适当分类，再根据各类特征采取相应的措施。一是如果科技水平较低且进步缓慢，则应当加大林业科技创新、促进现有先进生产技术的推广和普及。二是如果林业经营处于规模报酬递增阶段，则应当建立公平有效的林地流转与整并机制；如果林业经营处于规模递减阶段，相应的工作是缩小林业经营规模；如果林业经营规模是有效的，相应的工作就是维持现状。三是如果林业技术效率很低，则应当有效整合资源，形成资源的优化配置，实现技术有效性。

四、加强合作组织建设，提高林业竞争力

经营类型对林业全要素生产率、技术效率、纯技术效率、规模效率都有显著影响，且皆为正向的，即农户采用股份制经营或联户经营方式，林业全要素生产率、技术效率、纯技术效率、规模效率指数较高。而林业合作组织是林农实行股份制经营或联户经营的重要形式。自 2003 年新一轮集体林权改革后，农户成为林业经营的主体，为了提高分散的家庭经营的林业经营的组织化程度，林业专业合作组织成为各地实践的共同选择，是提高林业竞争力的必然选择，发展林农专业合作组织是国际林业提供的成功经验。林业经营周期长达 20~30 年，资产专业用性较强，风险大，专业合作组织不仅能够发挥利益共

享、风险共担的效用，也是架起家庭经营与市场、社会化的重要桥梁。因此，应当加强林业合作组织建设，提高林业竞争力。可从以下几个方面加以努力：第一，加快立法进程，尽早明确专业合作组织的法律地位。为林业合作组织提供法律上的保障，本质上也为林农提供法律保障，同时为林业合作组织合理合法建设提供规范，也能够在一定程度上鼓励林业合作组织的形成。第二，加大对林业合作组织的扶持力度，提高林业经营的组织化程度。在林业合作组织建设的初始阶段，政府及林业相关部门提供必要的资金支持，配备专业人员对林业合作组织的建设进行指导。第三，完善林业专业合作组织的内部管理制度，加强对林业合作组织规范化管理。只有实现林业专业合作组织的规范化运作，才能真正保障林农权益，吸引林农加入，并且实现林业合作组织的持续健康运行。

第五章　浙江省农户林业全要素生产率变动实证分析

第一节　数据来源

一、样本选取

课题组对浙江省丽水市的遂昌、青田、龙泉等地随机抽取 110 个农户进行入户问卷调查，调查信息包含家庭成员基本情况、各年度各地块的经营收入产出表及林地和农户经营行为等七大类 108 项指标。但是并非所调查的全部农户都符合本研究需要，为满足本研究 DEA 模型测算需要，样本的选取主要基于以下三条标准：首先，农户必须进行了林地经营，即有投入，其中，资金投入及劳动投入至少有一项不为 0。其次，在林业收入这一产出指标中也不可为 0。最后，本文研究以农户林业全要素生产率为研究对象，因此，农户必须对于其林业的投入及产出十分清楚。据此两条标准，共提取 76 个有效样本。以下实证分析均围绕这 76 个有效样本展开。

二、指标数据

利用 DEA 模型测算全要素生产率是必须在明确投入产出的基础上，本研究根据林业实际情况，特设计林业全要素生产率的评价指标。本文选取的产出指标有为林业收入；同时选取三个投入指标：林地投入、资金投入以及劳动投入，其中产出指标中的林业收入将按照居民价格消费指数调整为 1998 年不变价格，而投入指标中的资金投入则按照农业生产资料价格指数调整为 1998 年不变价格（表 5-1）。

表 5-1　全要素生产率的评价指标

指　　标		指　标　解　释
产出指标	林业收入（元）	笋、竹、食用菌、经济林收入+木材销售收入+活立木净增值
投入指标	林地投入（亩）	林地面积
	资金投入（元）	种苗费+农药费用+化肥使用费+林地使用费+其他
	劳动投入（工）	自投工数+雇工数

1. 产出指标

产出指标主要是林业收入，林业收入包括笋、竹、食用菌等非木材收入和木材收入，因此，为避免农户产出为零的情况，将此处木材收入视为森林蓄积量的变动量与当年木材的市场价格的乘积值。森林蓄积量的变动则通过本期森林蓄积量减去上期森林蓄积量再加上当年度合计出材量得出。另外，为了消除价格的影响，需将所年份的林业收入以 1998 年为不变价进行换算。具体见表 5-2。

表 5-2 以 1998 年为不变价的林业收入

年份	居民消费价格指数（以 1998 年为 100）	换算后的投入资金
2004	106. 4	（100÷106. 4）×2004 年林业收入
2005	107. 7	（100÷107. 7）×2005 年林业收入
2006	108. 8	（100÷108. 8）×2006 年林业收入
2007	113. 6	（100÷113. 6）×2007 年林业收入
2008	119. 6	（100÷119. 6）×2008 年林业收入
2009	117. 4	（100÷117. 46）×2009 年林业收入

数据来源：《2010 年浙江统计年鉴》。

2. 投入指标

（1）林地投入：2004~2009 年林农的林地平均面积由图 5-1 可知，平均林地面积呈现出上升的趋势，各年度平均增长 0. 067 亩。其中 2005~2006 年农户平均林地面积增长幅度较大，各农户林地面积平均增长了 0. 178 亩，而其他各个年度的平均林地面积增长幅度较小。但是，个体农户投入的林地面积差异不小，最大的有 450 亩，最小的仅有 2. 6 亩。从 2009 年农户林地投入分布上看，有 44. 74%（34 户）的农户的林地面积在 20 亩以内，林地面积处于 20~100 亩之间的农户在分区间阶段是逐步减少的，仅有 9. 21%（7 户）农户的林

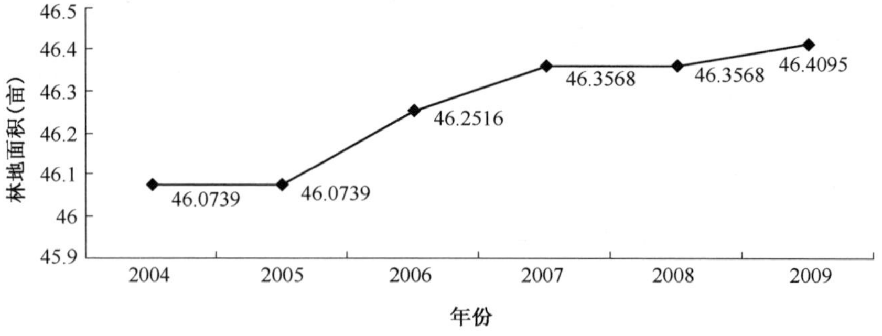

图 5-1 2004~2009 年农户户均林地投入

（数据来源：问卷调查）

地面积是在 100 亩以上，这表明 2009 年样本农户林地规模普遍偏小（表 5-3）。

表 5-3　2009 年农户林地投入在各区间的分布

亩数	20 亩及以下	(20，40]	(40，60]	(60，80]	(80，100]	100 以上
户数	34	16	11	5	3	7
比重	44.74%	21.05%	14.47%	6.58%	3.95%	9.21%

数据来源：问卷调查。

（2）资金投入：将资金投入换算为以 1998 年为不变价，利用农业生产资料价格指数进行换算。具体见表 5-4。

表 5-4　以 1998 年为不变价的投入资金

年份	农业生产资料价格指数（以 1998 年为 100）	换算后的投入资金
2004	111.1	(100÷111.1) ×2004 年投入资金
2005	117.6	(100÷117.6) ×2005 年投入资金
2006	117.1	(100÷117.1) ×2006 年投入资金
2007	125.7	(100÷125.7) ×2007 年投入资金
2008	149.4	(100÷149.4) ×2008 年投入资金
2009	143.3	(100÷143.3) ×2009 年投入资金

数据来源：《2010 年浙江统计年鉴》《2000 年中国统计年鉴》《2001 年中国统计年鉴》《2002 年中国统计年鉴》。

由图 5-2 可知，2004～2009 年户均林地经营资金投入在 2000～3500 元之间波动，除 2005 年相较于 2004 年户均资金投入有明显下降之外，其他年度都呈现出逐年缓慢增长的趋势，整体平均变动值为 0.0406 万元。从 2009 年农户资金投入分布表可知，78.95%（60 户）农户的资金投入主要集中于 2000 元及其以下，而其中零投入的样本农户共有 30 户，占总样本数的 39.47%，而农户资金投入 1 万元以上的仅有 3 户，占总样本数的 3.95%，这表明 2009 年整体上样本农户资金投入不高（表 5-5）。

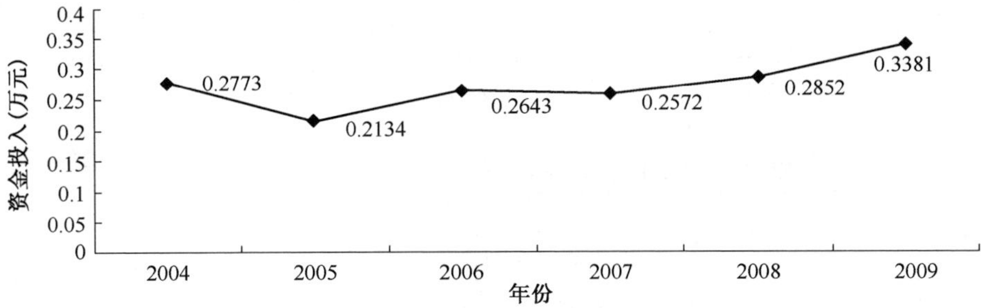

图 5-2　户均林业经营资金投入图

表 5-5 2009 年农户资金投入在各区间的分布

资金投入（元）	0	(0，2000]	(2000，6000]	(6000，10000]	10000 以上
户数	30	30	10	3	3
比重	39.47%	39.47%	13.16%	3.95 %	3.95%

数据来源：问卷调查。

（3）劳动投入：林农在林业经营过程中所投入的劳动力总工数，即劳动投入，包括自投工数和雇工数。2004~2009 年的户均用工量由图 5-3 可知，样本林农户均用工量在 80~95 期间波动，除了 2005 年和 2007 年林农户均用工量有所下降之外，其他年度都有增长，其中 2008 年相对于 2007 年增长量最大。根据 2009 年农户劳动投入在各区间的分布可得，户均用工量在 80 以下的有 43 户，占 56.58%，其中零工投入的有 10 户；80~160 工的共有 22 户，占 28.95%；160 工以上的有 11 户，占 14.47%（表 5-6）。

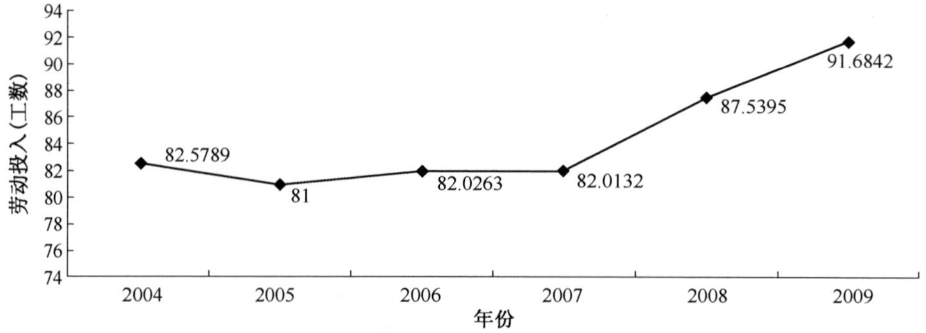

图 5-3 户均用工量投入

表 5-6 2009 年农户劳动投入在各区间的分布

户均用工量	[0，40]	(40，80]	(80，120]	(120，160]	160 以上
户数	28	15	15	7	11
比重	36.84%	19.74%	19.74%	9.21%	14.47%

数据来源：问卷调查。

第二节 浙江农户林业全要素生产率的总体变动情况

本文选取 76 个样本，1992 个数据作为面板数据，利用 DEAP2.1 软件计算 2004~2009 年浙江省林业全要素生产率的 Malmquist 指数，并进行分解，具体结果见表 5-7。

表 5-7　历年 Malmquist 指数及其分解结果

年份	技术效率	技术进步	纯技术效率	规模效率	全要素生产率
2004～2005	0.867	1.361	0.855	1.014	1.180
2005～2006	1.243	0.820	1.259	0.987	1.019
2006～2007	0.707	1.520	0.701	1.009	1.075
2007～2008	1.245	0.767	1.284	0.970	0.955
2008～2009	0.868	1.441	0.938	0.926	1.251
平均值	0.962	1.134	0.981	0.981	1.091

从整体上看，2004～2009 年浙江丽水林业年平均全要素生产率指数为 1.091，年平均增产率为 9.1%，各年度增长幅度分别为 18%，1.9%，7.5%，-0.5%和 25.1%，其中除了 2007～2008 年份呈下降态势，其他年份均呈现出较上升的趋势，而总体上 2004～2009 年期间丽水林业全要素生产率呈现出快速增长势态。2007～2008 年林业全要素生产率变动发生了很大的变化，相对于 2007 年而言，2008 年林业全要素生产率仅 0.955，下降了 5.5%，可能的原因是 2008 年南方冰雪灾害严重，大部分竹林和经济林更容易受冰雪灾害的影响，而丽水林业中竹林所占的比重比较大，因而该年度减产严重。2009 年林业全要素生产率指数为 1.251，相对增长了 25.1%，增长幅度很大，其中包括了一部分补偿性增长，即 2008 年的基点相对较低，2009 年只要恢复正常水平就可以有较大幅度的增长。

第三节　浙江农户林业全要素生产率变动的分解

一、林业全要素生产率增长源于技术进步

根据图 5-4，通过比较 2004～2009 年浙江林业全要素生产率指数与技术进步指数这两条曲线的变化趋势，不难发现，这六年间林业全要素生产率指数的变化趋势基本上和技术进步指数的变化趋势一致。再根据表 5-7 可知，2004～2009 年间年平均技术效率指数为 0.962，年平均增长率为-3.8%，年平均技术进步指数为 1.134，年平均增长率为 13.4%，这表明 2004～2009 年林业全要素生产率总体上的增长主要源于技术进步的促进作用，而技术效率对林业全要素生产率的总体增长起到了阻碍的作用。

产生这一现象的原因可能是由于自 2003 年新一轮林权制度改革以来，浙

江丽水政府通过制定相应政策不断鼓励各地培育示范户，“林保姆”式专业户，建立健全林业科技特派员工作机制，实施“典型示范，辐射带动，全面推进”等形式推进先进帮扶后进，促进先进技术的推广和实践。技术的进步一方面有助于林农科技文化素质水平的提高，加快林农对先进技术经营水平的掌握和运用，间接地提升了林产品的质量和数量；另一方面又有助于林农生活质量的提高，减少从事繁重体力劳动时间，提高劳动生产率，降低平均成本，扩大全要素生产率提高的空间。调研中也有部分农户表示在与高校教师及林业科技人员的沟通与学习中，获取了许多先进技术和经验，通过以高新技术为基础，试用于小面积毛竹地，最后所得的产出比其他毛竹地高出许多。总体上技术进步所带来的成效对林业全要素生产率的影响呈现出交替性的促进作用，其可能的原因是新技术的引进或者推广在林业经营管理中的施行具有一定的滞后性，或者是林农对先进技术持有保留态度。

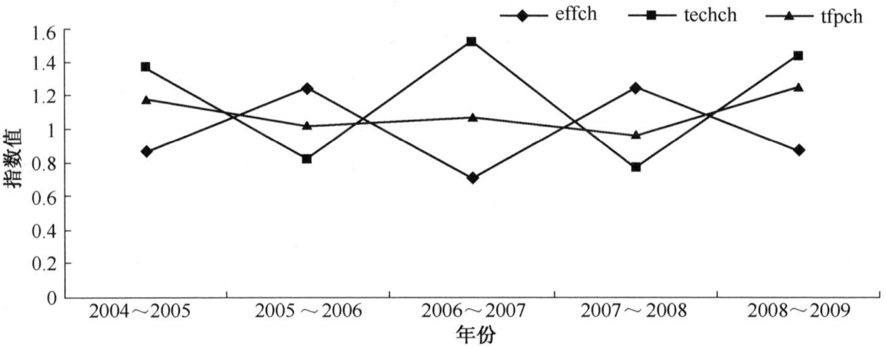

图 5-4 历年 Malmquist 指数及其分解结果折线图

二、林业全要素生产率增长受阻于纯技术效率和规模效率的共同变动

技术效率变动指数可分为纯技术效率变动指数和规模效率变动指数，纯技术效率变动指数表示各生产要素配置水平，规模效率变动指数反映林业生产经营规模接近适度经营规模的程度。由表 5-7 可知技术效率的变动对林业全要素生产率增长的贡献为负，其主要原因在于 2004～2009 年平均纯技术效率变动指数为 0.981，小于 1，这表明纯技术效率和规模效率的变动共同阻碍了技术效率的提高，减少了林业总体全要素生产率的增长幅度。其中纯技术效率年平均增长率为-1.9%，其可能原因有三：一是在新一轮林权之前，丽水许多林地已分林到户了，林农已经具有较强的经营自主权，新一轮林改通过林农经营自主权来增强生产要素配置水平的潜力并不大；二是林改后，丽水林业科技进步较快，新技术的应用改变了林业生产要素之间的最优配比要素的配置，进而导致要素配置水平的下降；三是新一轮林权制度改革的实行吸引了不少返乡者从

事林业经营，但是由于其林业经营年限较短，经验有限，导致林地各要素之间的配比较低，使得总体水平有所下降。林业纯技术效率变动指数各年度之间呈现“增长—下降—增长—下降”周期性变动，其主要原因是丽水林业中竹业所占比重较大，而竹业经营具有明显的大小年之分，小年的产出明显低于大年，进而导致小年的要素配置水平明显下降。因此，有必要按照大小年周期来分析竹林生产经营情况（李芳宁，2010）。

2004~2009 年浙江农户林业生产经营规模变动指数平均值也为 0.981，平均增长率为也为-1.9%，这表明林农的经营规模需要进行调整才能达到适度经营规模，其可能的原因在于林地经营规模步调与林业生产经营技术进步等步调不一致。但要想判断出林业经营规模是偏大还是偏小？应该如何调整？还需要对各农户林业生产经营规模所处的规模报酬阶段进行测算界定，而这部分将在后面的部分进行阐述。总而言之，由于林农经营规模不适当，对林地各要素间的配比不清楚，增加了林农对林业经营管理的难度，导致技术效率变动阻碍全要素生产率的增长，这表明提高技术效率变动指数包括纯技术效率变动指数和规模效率指数都是今后浙江丽水林业发展需要改进和提升的重要方向。

第四节　浙江林业全要素生产率的个体差异分析

由图 5-5 可知个体农户间林业全要素生产率指数呈现出差异性波动。在 76 个林农样本数中，共有 47（61.84%）户林农的全要素生产率大于 1，剩下的 29 户（38.16%）均小于 1 这表明超过一半的林农的林业全要素生产率是有所提高。其中编号为 75 的林农的林业全要素生产率最高，达到 1.977，林业全要素生产率各分量值也全部大于 1，即皆起到了促进作用。而编号为 12 的林农林业全要素生产率最低，仅为 0.592，其中仅有技术进步的值大于 1，但其他三个分量即技术效率、纯技术效率和规模效率变动值均小于 1，特别是技术效率变动值仅为 0.499，都阻碍林业全要素生产率的增长，其可能的原因有两个：第一，林农自身对林业经营管理的重视度不高，投入资金很少，仅仅是在

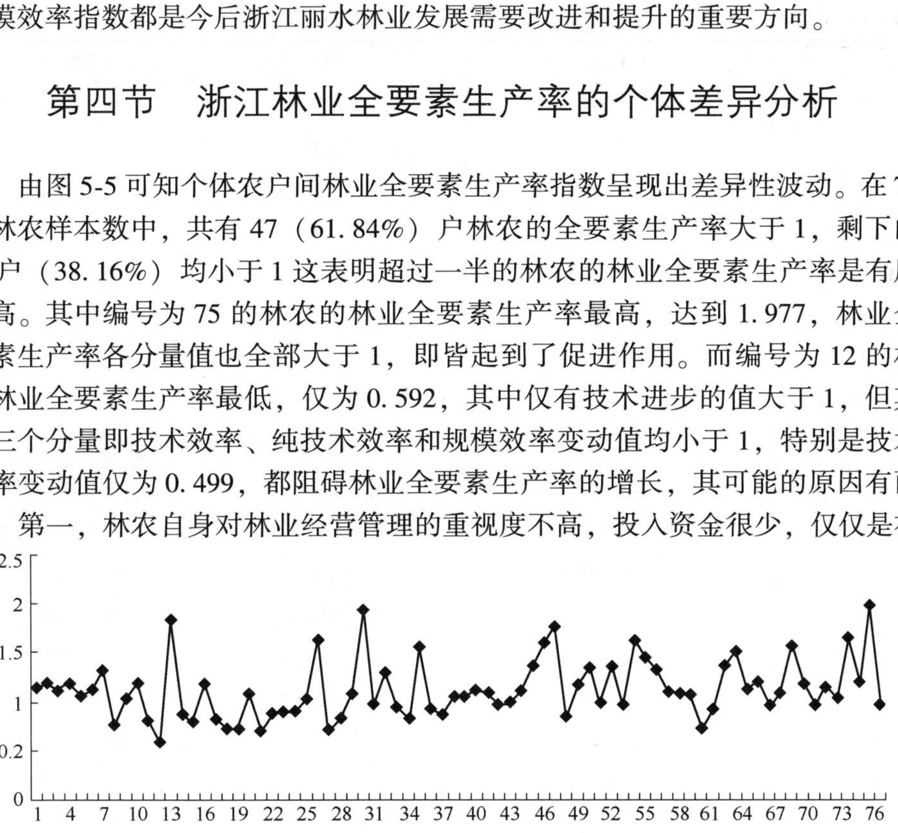

图 5-5　个体农户平均 TFP 指数变动值

砍伐年度才会有一点劳动投入，林业收入主要来源于用材林的砍伐销售收入，其他年度就是任其树木自由生长，不太注重协调生产要素间的配比关系，也没有扩大或缩小过规模，最终导致了较低的林业全要素生产率变动值；第二，由于样本农户耕种经验、教育程度、价值观等方面存在差异，使得他们对先进技术的使用、要素资源的配置以及经营管理方式上有所不同。

根据表 5-8 可知，林业全要素生产率各个分量间的差异也很大。技术进步指数大于 1 的有 75 户，占总样本数的 98. 68%；技术效率变动指数大于 1 的共有 27 户，占 35. 53%；纯技术效率变动指数大于 1 的有 28 户，占 36. 84%，规模效率变动指数大于 1 的共有 24 户，占 31. 58%。综合分析可知，大部分林农的技术进步指数均大于 1，表明当地先进技术的推广实践效果很好，而技术效率变动指数、规模效率变动指数和纯技术效率变动指数分别有一半以上的林农小于 1，这表明浙江省虽然拥有先进的技术方法和较小的技术推广壁垒，林业立地条件相对较佳，但是仍有大部分林农的经营规模还未达到适度种植规模，生产要素间的配比情况还未达到最优，实际产出与最大产出之间还存在一定的

表 5-8 2004~2009 年平均 Malmquist 指数及其分解

	TFP>1	TFP<1	合计
TC>1	47（61. 84%）	28（36. 84%）	75（98. 68%）
TC=1	0	0	0
TC<1	0	1（1. 32%）	1（1. 32%）
EC>1	27（35. 53%）	0	27（35. 53%）
EC=1	2（2. 63%）	0	2（2. 63%）
EC<1	18（23. 68%）	29（38. 16%）	47（61。84%）
PEC>1	27（35. 53%）	1（1. 32%）	28（36. 84%）
PEC=1	3（3. 95%）	1（1. 32%）	4（5. 26%）
PEC<1	17（22. 37%）	27（35. 53%）	44（57. 90%）
SE>1	17（22. 37%）	7（9. 21%）	24（31. 58%）
SE=1	9（1. 84%）	2（2. 63%）	11（14. 47%）
SE<1	21（27. 63%）	20（26. 32%）	41（53. 95%）
TC>EC	25（32. 89%）	29（41。38%）	54（71. 05%）
TC<EC	22（28. 95%）	0	22（28. 95%）
PEC>SE	28（36. 84%）	5（6。58%）	33（43. 42%）
PEC<SE	16（21. 05%）	24（31. 58%）	40（52. 63%）
PEC=SE	3（3. 95%）	0	3（3. 95%）
合计	76		

差距。此外，在 TFP 大于，等于或小于 1 的样本中，林业技术进步、技术效率、纯技术效率、规模效率的变动值在大于、等于或小于 1 中所占的比例也处于不断变化当中。而且在 TFP 的变动值变动的过程中，技术进步与技术效率的变动对 TFP 增长的影响也是存在着差异性波动，而纯技术效率和规模效率的变动值对技术效率的变动影响也在不断变化。

第五节　浙江农户林业全要素生产率变动的影响因素分析

以 DEA-Malmquist 指数法中计算所得的 TFP、TC、EC、PEC、SE 指数值为因变量，以 2009 年人力、资金、林地、管理、制度因素的各指标值为自变量，利用去常数项（注释：经计算，常数项对模型而言显著性极低，在模型无法起作用，因此将常数项去掉。）的 Tobit 模型进行分析，但是由于 76 个样本农户中的林地经营主体类型皆是单户经营，因此在测算影响因素时将此因素剔除，最终只对 17 个影响因素利用 Tobit 模型进行分析。同时为了更加明确具体哪些因素对林业全要素生产率的影响程度，并防止在部分因素的干扰下，导致一些对于林业全要素生产率有显著影响的因素被排除在模型之外，本研究采取逐步回归的方法对模型进行了二次回归，具体结果如下。

1. 林业全要素生产率的影响因素分析

以 DEA-Malmquist 指数法中计算所得的 TFP 指数值为因变量，以 2009 年人力、资金、林地、管理、制度因素的各指标值为自变量，利用去常数项（注释：经计算，常数项对模型而言显著性极低，在模型无法起作用，因此将常数项去掉。）的 Tobit 模型进行分析，结果见表 5-9。

表 5-9　TFP 作为因变量的 Tobit 回归模型计算结果

Covariance matrix computed using second derivatives				
	Coefficient	Std. Error	z-Statistic	Prob.
X4（林地离公路的距离）	0.0136	0.0080	1.7150	0.0863
X13（资金来源渠道的畅通性）	-0.0619	0.0350	-1.7661	0.0774
X16（林业税费）	0.1148	0.0154	7.4739	0.0000
Log likelihood	14.1886	Akaike infocriterion		-0.2681
Avg. log likelihood	0.1867	Schwarz criterion		-0.1455

模型回归结果显示，AIC = -0.2681 和 SC = -0.1455 两者的绝对值都小于 1，表明模型也都分别通过赤池准则和施瓦茨准则。同时模型的极大似然值 Log likelihood 为 14.1886，数据处于相对较大的阶段，由此可知，模型整体显著性强。而从模型二次回归结果的具体结果上看，有 3 个因素对林业全要素生

产率有显著影响，分别为 X4（林地离公路距离）、X13（资金来源渠道的畅通性）、X16（林业税费），这些影响因素的显著性系数分别为 0.0863、0.0774、0.0000，全都通过了 90%置信水平的检验，由此可构建出浙江省林业全要素生产率的影响因素模型为：Tobit（Y）＝ 0.0136X4-0.0619X13+0.1148X16 即：

Tobit（全要素生产率）＝0.0136×林地离公路距离-00.0619×资金来源渠道的畅通性+0.1148×林业税费

根本本文前提假设可知，X4 林地离公路距离属于林地因素，X13 资金来源渠道的畅通性属于资金因素，X16 林业税费属于制度因素，由此可知，浙江省林业全要素生产率主要受到林地因素、资金因素、制度因素等多重因素的综合影响。

模型结果表明：林地离公路的距离是影响林业全要素生产率的因素之一，并呈现出正相关关系，这表明林地离公路的距离越远，林业全要素生产率越高。一般来说，林地离公路距离越近，农户对林业生产经营管理的运输成本就越低，林业全要素生产率越高。但是对于样本农户而言，越能促使林农使用优质种苗、化肥、农药等技术元素缩减时间成本，在一定程度上有助于促进林农雇佣专业人员进行管护，林地要素配置比例更加均衡，经营管理水平越高。但是林地离公路的距离的回归系数仅为 0.0136，数值不大，表明其影响力并不大。

资金来源渠道的畅通性在一定程度上也对林业全要素生产率有影响。从影响的方向上看，资金来源渠道的畅通性与林业全要素生产率呈现正相关关系，表明资金来源渠道越畅通，林业全要素生产率越高。资金投入是林业生产经营管理活动的主要组成部分，资金不足在一定程度上会阻碍林农从事林业经营，因此资金来源渠道越畅通，农户从事林业活动的积极性越高，同时促使林农有能力购买先进技术设备和优质化肥农药种苗等，最终有助于林业全要素生产率的提高。

林业税费与全要素生产率关系密切。从其显著性系数上看，其 *P* 值为 0.0000，通过了 99%置信水平的检验，同时也是三个影响因素中最为显著的因素，这表明林业税费对全要素生产率的显著性非常大。从影响的方向上看，林业税费与全要素生产率呈现出正相关关系，其相关系数值为 0.1148，也是三个因素中影响作用最大的因素，这表明农户对林业税费值越容易接受，林业全要素生产率越高。对林农征收税费，在一定程度上是提高了林农的生产经营成本，但是如果税费额度对成本的影响度很小，即林农对税费额度越易接受，全要素生产率变动值越高。

2. 林业技术进步的影响因素分析

以 DEA-Malmquist 指数法中计算所得的 2009 年技术进步值为因变量，以人力、资金、林地、管理、制度因素的各指标值为自变量，利用去常数项的Tobit模型进行分析的结果见表5-10。

表5-10　技术进步指数作为因变量的Tobit回归模型计算结果

Covariance matrix computed using second derivatives				
	Coefficient	Std. Error	z-Statistic	Prob.
X1（户主年龄）	0.0054	0.0012	4.3662	0.0000
X4（林地离公路的距离）	0.0140	0.0064	2.1697	0.0300
X6（林地坡度）	0.1335	0.0694	1.9239	0.0544
X9（种苗质量）	0.0862	0.0518	1.6661	0.0957
X10（施肥次数）	0.0923	0.0528	1.7485	0.0804
X14（采伐限额制度）	0.1092	0.0259	4.2128	0.0000
Log likelihood	23.7410	Akaike info criterion		-0.4406
Avg. log likelihood	0.3124	Schwarz criterion		-0.2259

由AIC=-0.4406和SC=-0.2259可知，两者的绝对值都小于1，表明模型也都分别通过赤池准则和施瓦茨准则。同时模型的极大似然值Log likelihood=23.7410，数据处于相对较大的阶段，由此可知，模型整体显著性强。而从模型二次回归结果的具体结果上看，有6个因素对林业技术进步有显著影响，分别为X1（户主年龄）、X4（林地离公路的距离）、X6（林地坡度）、X9（种苗质量）、X10（施肥次数）、X14（采伐限额制度），其P值分别为0.0000、0.0300、0.0544、0.0957、0.0804、0.0000，其中X1（户主年龄）、X14（采伐限额制度）对林业技术进步的影响显著性非常大。由此可构建出浙江省林业技术进步的影响因素模型为：

Tobit（Y）= 0.0054X1+0.0140X4+0.1335X6+0.0862X9+0.0923X10+0.1092X14 即：Tobit（技术进步）= 0.0054×户主年龄+0.0140×林地离公路距离+0.1335×林地坡度+0.0862×种苗质量+0.0923×施肥次数+0.1092×采伐限额制度。其中X1户主年龄属于人力因素，X4林地离公路距离、X6林地坡度属于林地因素，X9种苗质量、X10施肥次数属于管理因素，X14采伐限额制度属于制度因素。由此可知，林业技术进步受到人力、林地、管理和制度等多重因素的影响。

模型回归结果显示：户主年龄与林业技术进步密切相关。从其显著性系数上看，其P值为0.0000，它通过了99%置信水平的显著性检验，表明该因素的显著性非常强。从影响的方向上看，其归回系数为0.0054，它与技术进步呈现正向变动关系，表明户主年龄越大，技术进步越快。这主要是因为户主年龄越大，对整个家庭的主导作用越强，同时大部分从事林业经营的农户皆为户主，对林地的感情比较深，也倾向于提高林地的利用率，因此比较容易接受先进技术的使用以提高林业的生产力。

林地离公路的距离与技术进步呈正相关关系，即林地离公路的距离越远，林业技术进步越快，其可能的原因在于林地离公路的距离越远，越有助于促进林农使用先进技术以减轻繁重的体力劳动负担。此外，林地离公路距离越远，受人为破坏度越低，越有助于鼓励林农采用新种苗、化肥、农药等新技术以提高其生产效率。

林地坡度在一定程度上对技术进步有影响。从影响的方向上看，林地坡度对技术进步呈现出正相关关系，其相关系数为 0.1335，是 6 个显著因素中作用力度最大的，这表明林地坡度越平坦，越有助于促进技术进步，其可能的原因在于林地坡度越平坦，越有助于引进机械化生产，促进规模化生产。从显著系数上看，其值为 0.0544，通过了 95%置信水平的检验，表明林地坡度的显著性较强。

种苗质量对技术进步也有一定的影响。从影响的方向上看，种苗质量与林业技术进步呈现出正相关关系，这表明种苗质量越好，林业技术进步度越高，其主要的原因是种苗质量越高，意味着林农引进新技术的意识越强，也越能有效地提高林木的成活率，越有助于技术的推广。但是从显著性上看，其 P 值为 0.0957，相对与其他 5 个因素而言，该因素的显著性比较弱。

施肥次数对林业技术进步也有所影响。从其影响的方向上看，它与林业技术进步呈现出正相关关系，表明施肥次数越多，林业技术进步越快。本文所调研的农户中有超过半数的林农会进行施肥。而施肥次数越多，林地土壤就越肥沃，林业长势也较好，林农对林业的生长发展也很满意，更能促进林农引进和推广新化肥品种以提高生产率，进而促进了林业技术进步。

采伐限额制度和林业技术进步呈现出正相关关系，这表明采伐限额制度值越小，代表林农受到的采伐限额制度约束越严重。采伐限额制度是指林业主管部门按照木材消耗量低于生产量和森林合法经营的原则，经国务院批准的年度允许采伐森林、林木蓄积的最大限量。普通农户在林木成熟之后会因受到严重的采伐限额制度的影响而无法将其按时砍伐，不得不延长林业的经营周期，导致林农的经营成本上升，使得农户经营利益部分受损，经营效率降低，也间接地损伤了林农绩效经营林业的积极性，进而阻碍林农进行技术创新活动。此外采伐限额制度的回归系数相对较大，表明该因素对技术进步的影响力度较大。

3. 林业技术效率的影响因素分析

以 DEA-Malmquist 指数法中计算所得的 2009 年技术效率值为因变量，以人力、资金、林地、管理、制度因素的各指标值为自变量，利用去常数项的 Tobit 模型进行分析的结果见表 5-11。

表 5-11　技术效率指数值作为因变量的 Tobit 回归模型计算结果

Covariance matrix computed using second derivatives				
	Coefficient	Std. Error	z-Statistic	Prob.
X4（林地离公路的距离）	0.0112	0.0068	1.6565	0.0976
X13（资金来源渠道的畅通性）	-0.0515	0.0308	-1.6755	0.0938
X16（林业税费）	0.1077	0.0136	7.9304	0.0000
Log likelihood	20.6804	Akaike info criterion		-0.4390
Avg. log likelihood	0.2721	Schwarz criterion		-0.3163

由 AIC=-0.4390 和 SC=-0.3163 可知，两者的绝对值都小于 1，表明模型也都分别通过赤池准则和施瓦茨准则。同时模型的极大似然值 Log likelihood=20.6804，数据处于相对较大的阶段，由此可知，模型整体显著性也相对较强。而从模型二次回归结果的输出结果上看，X4（林地离公路的距离）、X13（资金来源渠道的畅通性）、X16（林业税费），这 3 个因素的 P 值分别为 0.0976、0.0938、0.0000，都通过了 90%置信水平的检验，表明这 3 个因素对林业技术效率的影响还是显著的，其中 X16（林业税费）最为显著。由此可构建出浙江省林业技术效率的影响因素模型为：

Tobit（Y）= 0.0112X4-0.0515X13 + 0.1077X16，即：Tobit（技术效率）= 0.0112×林地离公路的距离-0.0515×资金来源渠道的畅通性+0.1077×林业税费。其中 X4 林地离公路距离属于林地因素，X13 资金来源渠道的畅通性属于资金因素，X16 林业税费属于制度因素，由此可知，浙江省林业全要素生产率主要受到林地因素、资金因素、制度因素等多重因素的综合影响。

模型回归结果表明，林地离公路的距离与林业技术效率均呈现出正相关关系，这表明林地离公路的距离越远，技术效率越高。其可能的原因在于林地离公路的距离越远，越有助于促使林农雇佣专业人员进行管护，他们对生产要素的投入配比能力相对较强，越能减少实际产出与最大产出之间的差距，技术效率越高。

资金来源渠道的畅通性与林业技术效率关系密切。从影响的方向上看，资金来源渠道的畅通性与林业技术效率呈现出负相关关系，即资金来源渠道越畅通，林业技术效率越高，其可能的原因在于资金来源渠道越通畅，林农资金流动与配置较松弛，越能提高林农进行林业生产的积极性，经营管理水平越高，对生产要素的配置也越精确，最终导致林业技术效率也越高。但是从显著性上看，其 P 值为 0.0938，通过了 90%置信水平的检验，表明该因素对技术效率的影响也很显著。

林业税费对技术效率也有一定的影响。从显著性上看，其 P 值为 0.0000，通过了99%置信水平的检验，同时也是三个影响因素中最为显著的一个。从影响的方向上看，林业税费与技术效率呈现出正相关关系，这表明林农受林业税费的约束越小，技术效率值越高。其可能的原因在于林业税费的约束能力越弱，表明林农林业产出效率值较高，林业税费所造成的成本增加并没有超过其产出值的增加额，即实际产出与最大产出之间的差距比较小，技术效率值较高。

4. 林业纯技术效率的影响因素分析

以DEA-Malmquist指数法中计算所得2009年的纯技术效率值为因变量，以人力、资金、林地、管理、制度因素的各指标值为自变量，利用去常数项的Tobit模型进行分析的结果见表5-12。

表5-12 纯技术效率指数值作为因变量的Tobit回归模型计算结果

Covariance matrix computed using second derivatives				
	Coefficient	Std. Error	z-Statistic	Prob.
X4（林地离公路的距离）	0.0115	0.0065	1.7710	0.0766
X16（林业税费）	0.0928	0.0068	13.6887	0.0000
Log likelihood	21.6640	Akaike info criterion		-0.4912
Avg. log likelihood	0.28505	Schwarz criterion		-0.3992

由AIC=-0.4912和SC=-0.3992两者的绝对值都小于1，表明模型也都分别通过赤池准则和施瓦茨准则。同时模型的极大似然值Log likelihood=21.6640较大的阶段，由此可知，模型整体显著性强。而从模型二次回归结果的具体结果上看，有2个因素对林业纯技术效率有显著影响，分别为X4（林地离公路距离）、16（林业税费），各个P值分别为0.0766、0.0000，其中X1（户主年龄）对林业纯技术效率的影响最为显著。由此可构建出浙江省林业技术效率的影响因素模型为：

Tobit（Y）=0.0115X4+0.0928X16 即：Tobit（纯技术效率）=0.0115×林地离公路距离+0.0928×林业税费。根据前文的假设可知，林业纯技术效率受到了林地和制度等双重因素的共同影响。

林地离公路的距离也是影响林业纯技术效率的一个重要因素。其P值为0.0766<0.1，通过了90%置信水平的检验，由此可知，林地离公路的距离对林业纯技术效率的影响还是很显著的。从影响的方向上看，它与林业纯技术效率呈现出正相关关系，即林地离公路距离越远，林业纯技术效率越高。虽然林地离公路的距离越远，越会提高林农生产经营的时间成本，但是正是基于这一因素，越能促进林农使用新种苗、化肥等，进而有利于其更科学地掌握林业生产过程中各个要素的配比情况，最终提高了纯技术效率。

林业税费对纯技术效率的关系非常密切。其P值为0.0000，通过了99%的置信水平的检验，表明该因素对纯技术效率的影响非常大。从影响的方向上看，林业税费与纯技术效率呈现出正相关关系，即林业税费对林农的约束力越小，纯技术效率值越高。其可能的原因在于林业税费对林农的约束力越小，表明林农对林业生产经营的积极性越高，对生产要素间配比比例越精确，进而提高林业投入产出比，林业纯技术效率值越高。

5. 林业规模效率的影响因素分析

以 DEA-Malmquist 指数法中计算所得的 2009 年规模效率值为因变量，以人力、资金、林地、管理、制度因素的各指标值为自变量，利用去常数项的 Tobit 模型进行分析的结果见表 5-13。

表 5-13　规模效率指数值作为因变量的 Tobit 回归模型计算结果

Covariance matrix computed using second derivatives				
	Coefficient	Std. Error	z-Statistic	Prob.
X2（受教育程度）	0.0166	0.0051	3.2748	0.0011
X11（整地方式）	0.0277	0.0165	1.6769	0.0936
X16（林业税费）	0.0799	0.0168	4.74831	0.0000
Log likelihood	29.3415	Akaike info criterion		−0.6669
Avg. log likelihood	0.3861	Schwarz criterion		−0.5442

由 AIC = −0.6669 和 SC = −0.5442 可知，两者的绝对值都小于 1，表明模型也都分别通过赤池准则和施瓦茨准则。同时模型的极大似然值 Log likelihood 为 29.3415，数据处于相对较大的阶段，由此可知，模型整体显著性强。而从模型二次回归结果的具体结果上看，有 3 个因素对林业规模效率有显著影响，分别为 X2（受教育程度）、X11（整地方式）、X16（林业税费），其显著性系数分别为 0.0011、0.0936、0.0000，分别都通过了 90%置信水平的检验，其中 X16（林业税费）对林业规模效率的影响最显著。由此可构建出浙江省林业技术效率的影响因素模型为：Tobit（Y）= 0.0166X2 + 0.0277X11 + 0.0799X16，即：Tobit（规模效率）= 0.0166×受教育程度+0.0277×整地方式+0.0799×林业税费。其中受教育程度属于人力因素，整地方式属于管理因素，林业税费属于制度因素，由此可知林业规模效率主要受到人力、管理和制度三重因素影响。

模型最终回归结果表明，受教育程度与林业规模效率密切相关。从影响的方向上看，它与规模效率呈现出正相关关系，表明教育水平越高，规模效率也就越高。一般认为受教育水平越高，林农所掌握的知识和技术越先进和熟练，同时对林业生产经营管理的方式越科学，越有助于提高产出，规模效率越高。

模型回归结果表明，整地方式与规模效率关系也很密切。它与林业规模也呈现出正相关关系，表明整地方式越精细，规模效率越高。整地方式是造林前改善林地环境条件的一道主要工序，用于清除林地上的杂草灌木等，整地方式越精细，表明林地越平坦，越能提高造林的成活率，改善幼林生长情况，同时还能提高造林质量，有利于提高规模效率变动指数。

林业税费与林业规模效率的关系也很密切。从其影响的显著性上看，该因素通过了99%置信水平的检验，是三个影响因素中最为显著的表明该因素对林业纯技术效率的影响非常大。从其影响的方向上看，它与规模效率呈现出正相关关系，即林业税费的约束力越大，林业规模效率指数越低。其主要原因在于林业税费对林农的约束力越大，越会阻碍林农进行林业生产经营管理的积极性，导致林农对林业生长发展并不上心，出现了“偷懒”现象，也懒得去改变林地经营规模，最终使得林业规模效率的降低。

第六节　浙江农户林业全要素生产率变动分析的政策含义

第一，新一轮集体林权制度改革对林业生产力的促进作用明显。林改后，丽水市农户林业全要素生产率总体上大幅度增长，年均增长率达9.1%，增长的主要动力来源为林业科技进步。林改后，丽水林业生产经营活力增加，林业科技进步迅速，林业经受了2008年冰雪灾害的严重影响后，生产力水平仍然实现大幅度提高。必须说明的是，林业生产经营具有经营周期长，受地理环境制约强等特点，林业全要素生产率测算需要较长时间段的数据作为支撑，而本文的分析是基于浙江丽水市76个样本农户2004~2009年跟踪调查数据，没有考虑各种林产品价格变动的影响，因此，有关林业全要素生产率增长规律还需要更长时间跨度的大样本数据进行验证。另外，林业全要素生产率的影响因素分析对促进林业生产力发展决策来说具有重要的参考价值，值得进一步深入探讨。

第二，提高林业生产要素配置水平和适度经营规模是进一步发展林业生产力水平的重点和难点。新一轮林权制度改革后，丽水市农户林业生产要素配置水平不升反降，实际经营规模与适度经营规模的相对偏离程度增加。这表明，在林业生产经营过程中，科技进步水平与生产要素配置水平（受技术推广应用水平直接影响）、适度规模经营水平往往可能并不一致。从林业全要素生产率增长系统的角度来看，科技进步、生产要素配置水平、规模效率水平3个分量“并驾齐驱”的效果可能要比单独依靠科技进步带动要好得多。因此，就丽水林业生产经营的现状而言，当前的重点和关键是在林业科技快速进步的情况下，技术推广应用和经营规模调整如何迅速跟进的问题。从政策层面出发，加大技术应用推广力度，迅速扩大新技术的应用面，完善土地流转机制以促进适度规模经营，迅速形成有利于先进技术应用的林业生产经营支撑体系具有重要意义，既可以有效地利用科技进步提高林业生产力，又可以为林业科技的新进步提供产业基础。

第三，促进林农的共同发展和共同富裕是进一步深化集体林权制度改革的重要方向。林改后，样本农户林业全要素生产率的个体差异很大，还有38.16%的林农的林业生产力水平不升反降，这与林改惠及所有林农，促进林农共同发展与和共同富裕的目标并不一致，在一定程度上也影响了集体林权制度改革的推进和深化。因此，从政策层面来看，以农民专业合作组织等形式促进林农之间的互惠合作，促进农户之间的经验交流，加强相关林业经营知识培训，带动林业生产力水平下降的农户的林业发展。这样既可以扩大林改成果的惠及面，促进共同发展，又可以进一步提高林业生产力的总体水平，十分必要。

第六章　江西省农户林业全要素生产率变动实证分析

第一节　数据来源

一、样本选取

抽取江西调查区即崇义、信丰、龙南三个地区的 103 户农户进行 2003～2009 年的林业经营情况的问卷调查。从回收的 103 份问卷中，由于部分问卷调查信息不全，未能放入 DEA 中运行测算，因此本文获取的有效问卷为 65 份。以下实证分析均围绕这 65 个有效样本展开。

二、指标数据

利用 DEA 模型测算全要素生产率，本研究根据江西省林业实际情况，特设计林业全要素生产率的评价指标。表 6-1 所示，投入指标为林地面积、农药化肥种苗等资金投入以及林业经营过程中所需的劳动投入。而产出指标的设置源于林业木材经营周期长，产出滞后的原因，须将其森林蓄积变化量对应的产值变相转化为林业木材的潜在收入，最后将其的计算结果与非木质林业收入加总即为林业收入。同时，由于本次测算数据结果年度跨越较大，为了消除价格的影响，本文将林业收入以 1998 年居民消费价格指数为不变价进行换算，而资金投入根据农业生产资料价格指数 1998 年的不变价进行换算。还有，基于江西调研样本数据中存在农户买山卖山情况，本文将此情况的地块剔除，不算农户经营范畴。

表 6-1　林业规模效率的评价指标

指标		指标解释
产出指标	林业收入（元）	笋、竹、食用菌收入+蓄积变化量的潜在收入
	潜在收入	（本期蓄积量-上期蓄积量+上期砍伐量）×市场价格
投入指标	林地投入（亩）	林地面积
	资金投入（元）	种苗费+农药费用+化肥使用费+林地使用费+其他
	劳动投入（工）	自投工数+雇工数

1. 产出指标数据

农户进行林业经营最终目的是为了获取林业收入，但由于林业生长周期较长，可能无法每年都获得林业收入。因此，为避免农户产出为零的情况，将收入分成两种情况，一种是将出材量即蓄积的变化量折现；一种是非木质林业收入，包括笋、竹、食用菌等。另外，为了消除价格的影响，需将所年份的林业收入以 1998 年为不变价进行换算。农村居民消费价格指数反映农村居民家庭所购买的生活消费品价格和服务项目价格变动趋势和程度的相对数。因此，相对而言，采用农村居民消费价格指数进行不变价换算较为准确（注释来源于 2010《江西统计年鉴》）。具体方法为计算年份林业收入=［计算年份农村居民消费价格指数（以 1998 年为 100）÷各个年份农村居民消费价格指数］×各个年份林业收入（表 6-2）。

表 6-2　以 1998 年为不变价的林业收入计算方法

年份	农村居民消费价格指数（以 1998 年为 100）	换算后的投入资金
2004	100. 3	100÷100. 3×2004 年林业收入
2005	102. 5	100÷102. 5×2005 年林业收入
2006	104. 2	100÷104. 5×2006 年林业收入
2007	110. 2	100÷110. 2×2007 年林业收入
2008	117. 1	100÷117. 1×2008 年林业收入
2009	116. 2	100÷116. 2×2009 年林业收入

数据来源：《2010 江西统计年鉴》。

2. 投入指标数据

（1）林地投入：以林地面积来衡量林地投入。从图 6-1 和表 6-3 可以看出

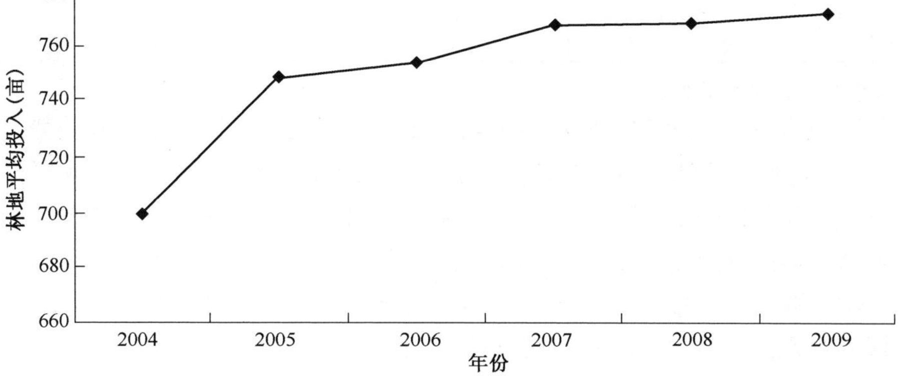

图 6-1　2004~2009 年农户户均林地投入

（数据来源：问卷调查）

样本林农平均林地投入逐年增长，其中 2004~2005 年，林地增长幅度较大，增长水平约为 49 亩。但样本农户之间林地投入水平参差不齐。按 2009 年的数据，最小林地投入为 3 亩，最大的林地投入为 25460 亩。从农户林地投入在各个区间的分布，可以看出江西省林地经营规模呈三种类型：小规模经营，中度规模以及大规模经营。其中小规模经营所占的比例最大，高达 55. 38%，而中度规模与大规模相当，各占的比例为 24. 6%和 20%，具体分布见表 6-3。

表 6-3 农户林地投入在各区间的分布

亩数	50 亩及以下	(50，100]	(100，200]	(200，300]	(300，400]	(400，500]	(500 以上]
户数	30	6	10	5	1	0	9
比重	46. 15%	9. 23%	15. 38%	7. 69%	1. 54%	0. 00%	20. 00%

数据来源：问卷调查。

（2）资金投入：将资金投入换算为以 1998 年为不变价，利用农业生产资料价格指数进行换算。具体方法为计算年份林业收入= [计算年份农村居民农业生产资料价格指数（以 1998 年为 100）÷各个年份农业生产资料价格指数] ×各个年份林业收入（表 6-4）。

表 6-4 以 1998 年为不变价的林业收入计算方法

年份	农业生产资料价格指数（以 1998 年为 100）	换算后的投入资金
2004	101. 50	100÷101. 5×2004 年林业收入
2005	109. 50	100÷109. 5×2005 年林业收入
2006	110. 70	100÷110. 7×2006 年林业收入
2007	118. 00	100÷118. 0×2007 年林业收入
2008	141. 50	100÷141. 5×2008 年林业收入
2009	138. 10	100÷138. 10×2009 年林业收入

数据来源：《2010 江西统计年鉴》。

从图 6-2 可知，2004~2007 年户均林业经营资金投入呈逐年上升趋势，到 2007 年户均投入达到顶峰即户均投入约为 6 万。而2007~2009 年林业资金投入急剧下降，到 2009 年下降到 3 万，相对于 2007 年户均投入减少了 50%，返回到 2004 年的资金投入水平。2009 年江西省农户资金投入在各个区间的分布见表 6-5，林地资金投入 82%集中在 0~1 万元之间，没有投入的占了 48%，可见江西省大部分农户都较为粗放的经营林业，生产要素投入水平很低。虽然在调研数据中户均投入有 3 万，但这都归咎于大户要素投入的拉动，最高投入达 71 万，可见农户之间要素投入水平差距很大。

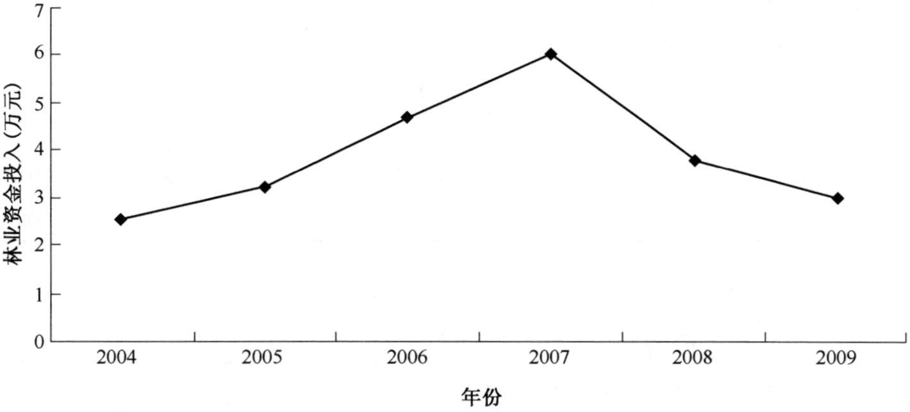

图 6-2　户均林业经营资金投入图

（数据来源：问卷调查）

表 6-5　农户资金投入在各区间的分布

资金投入（万元）	0	(0，1]	(1，5]	(5，10]	(10，50]	50 万元以上
户数	31	22	7	1	2	2
比重	48%	34%	11%	2%	3%	3%

数据来源：问卷调查。

（3）劳动投入：劳动投入是农户在林业经营过程中投入的劳动力总工数，由自投工数和雇工数两个部分组成。2004~2007 年，户均劳动投入呈平稳趋势，在 250~300 之间浮动（图 6-3）。但 2007~2008 劳动投入呈急剧上涨，涨幅约为

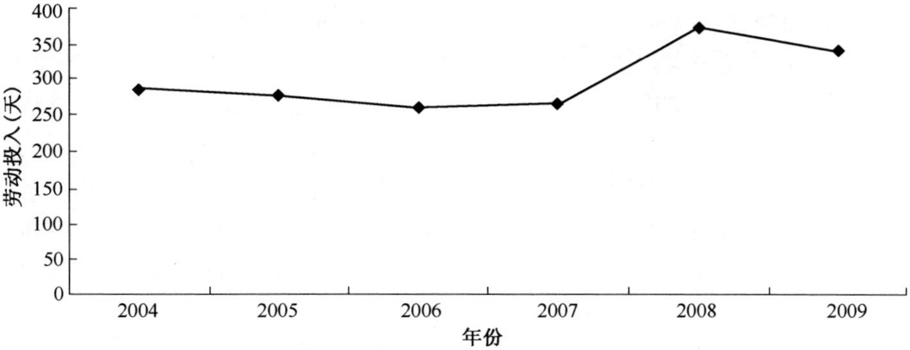

图 6-3　户均用工量投入

（数据来源：问卷调查）

100。2009年农户户均用工量投入在各区间的分布见表6-6，用工量58%集中在0~100之间，共38户，这印证了江西农户的粗放式经营；投工数在500天以上的仅有29%，还不到总样本的1/3。

表6-6 农户户均用工量投入在各区间的分布

户均用工量	(0，100]	(100，300]	(300，500]	(500，700]	(700，1000]	1000以上
户数	38	9	8	5	2	3
比重	58%	14%	12%	8%	3%	5%

数据来源：问卷调查。

第二节 江西农户林业全要素生产率的总体变动情况

本文以林业收入、出材量为产出指标，以林地投入、资金投入、劳动投入为投入指标，选取2004~2009年65个样本，1560个数据作为面板数据。通过DEAP2. 1进行Malmquist指数的运算及分解，其结果见表6-7。

表6-7 历年Malmquist指数及其分解结果

年份	技术效率 EC	技术效率增长率	纯技术效率 PTE	规模效率 SE	技术进步 TC	技术进步增长率	全要素 TFP	全要素增长率
2004~2005	0. 792	−0. 208	0. 861	0. 919	1. 239	0. 239	0. 981	−0. 019
2005~2006	1. 223	0. 223	0. 803	1. 523	0. 962	−0. 038	1. 176	0. 176
2006~2007	1. 011	0. 011	1. 112	0. 909	1. 026	0. 026	1. 037	0. 037
2007~2008	0. 979	−0. 021	0. 773	1. 265	0. 943	−0. 057	0. 923	−0. 077
2008~2009	0. 904	−0. 096	0. 966	0. 935	1. 331	0. 331	1. 203	0. 203
平均	0. 972	−0. 028	0. 895	1. 085	1. 089	0. 089	1. 058	0. 058

2004~2009年江西农户林业全要素生产率总体上呈正向增长，平均增长率为5. 8%，实现这一变化主要源于技术进步平均正向变动8. 5%，虽然技术效率有所下降，但下降的幅度也仅为2. 8%。从TFP的增长趋势来看，其波动幅度较大，呈现出“小幅下降—大幅增长—小幅下降—大幅增长”的态势，可见农户林业全要素生产率增长极其不稳定，有着明显的“∽”型波动。其中，TFP增长最快的是2008~2009年，增长率高达20. 3%，增长最小的是2007~2008年，TFP呈负向增长，增长率为−7. 7%。从表6-7可以看出技术效率阻碍全要素生产率的增长，全要素生产率增长的源泉主要源于技术进步，同时技术进步变化的显著性略高于技术效率。其可能原因是2004年江西省各地认真落实《中共江西省委、江西人民政府关于深化林业产权制度改革的意见》（赣发〔2004〕19号），全面推进林权改革，林农正处于经营方式的改变，须要经历

一段改革的适应期，可见制度的改革引起了农户生产行为的极大变化，影响其生产要素的合理配置。虽然技术效率整体上处于倒退的状态，但林权清晰界定使得林农拥有经营林业的自主性和灵活性，林农可以通过学习先进的科学管理技术，加大科技资源投入，降低生产成本，增加林业收入。

第三节　江西农户林业全要素生产率变动的四个阶段分析

从 TFP 增长变化的规律来看，其大致可以分解为四个阶段。第一，2004~2005 年 TFP 呈小幅度下降，其负向变动了 1.9%，源于这一期技术效率负向变动了 20.8%，虽然同期技术进步增长了 23.9%，但仍全要素生产率仍负向增长。可见，技术效率和技术进步同时作用于全要素生产率，两者之间必须协调发展，才能真正发挥作用。在技术效率中，由于纯技术效率和规模效率同时负向变动了 13.9%和 8.1%，说明了此时江西农户林业资源配置较为不合理，存在较为严重的资源浪费现象，主要由于当期正处改革的浪尖，农户对于林改的信心不足，担心林改会有变数。第二，2005~2006 年 TFP 大幅度上升，高达 17.6%，源于这一时期技术效率得以改善，正向变动了 22.3%，虽然技术进步指数有所下降，但下降的幅度也仅为 3.8%，保持了 TFP 的正向增长。从技术效率分变量来看，本期技术效率的增长得益于规模效率的大幅度增长，增长幅高达 52.3%，而纯技术效率进一步下降了 19.7%。究其原因，本期林改基本完成，政策的不稳定性逐渐削弱，进入改革的调整期。同时，由于林农拥有了林地的使用权和经营权，林地流转市场逐渐兴起，农户可以从其他人手中承包林地，扩大规模，降低生产成本。但以此同时，林地的经营投入无法跟上，要素配置不合理，未能充分发挥资源的优化配比，须在生产和管理上进行一定的调整。第三，2006~2008 年 TFP 趋于平稳，两个时期林业全要素生产率呈小幅变动，各自变动幅度为 3.7%和-7.7%。同时，技术效率和技术进步指数变化不大，徘徊在 2.1%~5.7%之间，可见农户已逐渐适应了改革，并在改革的过程中获取了成果，这主要体现在第四个阶段即稳定增长阶段。2008~2009 年，林业全要素生产率急剧增长，增长幅度高达 20.3%，其中，技术进步变化了 33.3%，技术效率变化-9.6%。说明本期农户林业经营水平大幅上升，但技术效率仍阻碍全要素生产率的增长。从技术效率的分变量看，规模效率和纯技术效率各变化了-3.4%和-6.5%，但从 2004~2009 年，纯技术效率年均变动-10.5%，而规模效率正向变动 8.5%，可见纯技术效率一直是阻碍全要素生产率增长的关键因素，可能原因是农户对于改善林业资源投入的优化配置未能科学化（图 6-4）。在调研的过程中，发现农户林业经营投入很少，只是偶尔看看山，除除草，对于化肥农药的投入更是少之又少。因此，应转变农户的经营观念和经营方式，将粗放型经营逐步向精细型转变。

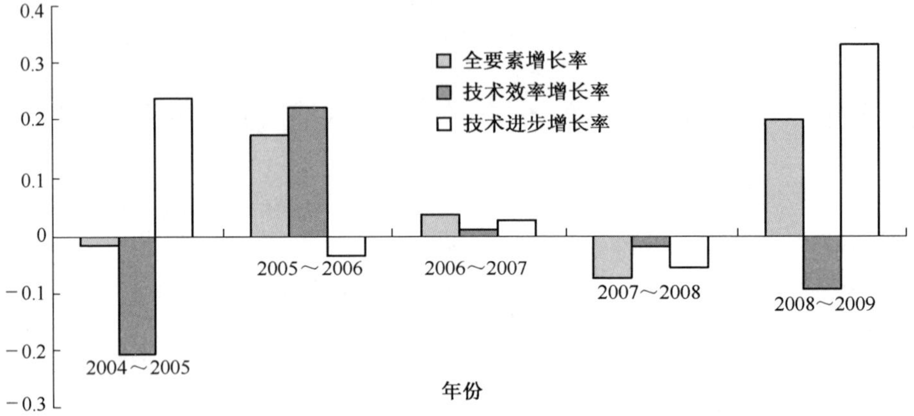

图 6-4 江西省农户林业生产率的增长状况

第四节 江西林业全要素生产率的个体差异分析

如图 6-5 所示，各个决策单元的林业全要素生产指数大小不一，波动幅度大，存在样本差异。为了方便分析农户差异，本文对图表数据进行统计，以 1 为划分标准，对各个决策单元的技术效率指数、技术进步指数、纯技术效率指数、规模效率指数以及全要素生产率指数进行归纳整合，见表 6-8。

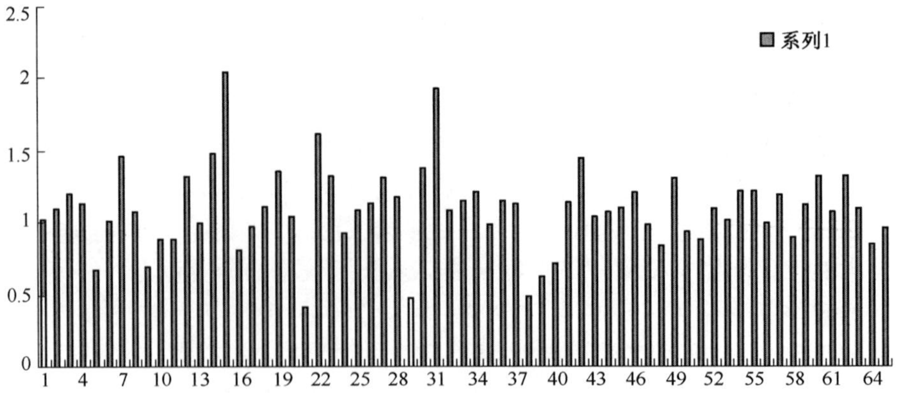

图 6-5 各个决策单元全要素生产指数的分布直方图

结合图 6-5 和表 6-8 可知，农户林业全要素生产率指数及其各个分量差异均很大。年均全要素生产指数最高的接近于 2，而最低的仅为 0.417，两者之间差距极大。一方面是农户个体之间存在偏好差异，且偏好受地域影响，比如林种选择。在调研中发现部分农户偏好收益见快的经济林，部分农户偏好管理简单的用材林。就如崇义县擅长经营毛竹，有“毛竹之乡”的美誉，其讲究精耕细作；而信封县由于外出务工人员比较多，劳动力不足，一般以经营用材林为主，且属于抛荒式的经营类型。从 TFP 指数的大小分布来看，67.7%的农户全要素生产率处于增长状态，也就是 32.3%的农户全要素生产率没有提高反而下降，但总体上全要素生产率处于增长状态。林业全要素生产率的各个分量分布也存在差异。技术效率变动指数小于 1 的，占 55.4%，其中纯技术效率指数和规模效率指数小于 1 的比例相当，各占 35.4%和 38.5%。但纯技术效率大于 1 的仅占 16.9%，而规模效率大于的 1 的占了 56.9%，可见阻碍技术效率增长的主要是纯技术效率的负向变动。技术进步指数小于 1 的比例仅占 18.5%，而大于 1 的高达 81.5%，说明农户之间林业技术水平逐步提高，个体之间差异也较小。

以上分析得出，全要素生产率指数小于 1 的 29 户农户，其阻碍力主要为技术效率，但指数大于 1 的 37 户农户，其改善的动力也主要源于技术效率，由此说明了技术效率指数的变化对于林业全要素的增长起着关键作用。而样本间 TFP 指数的差异，受人力因素、林地因素、管理因素以及制度因素的影响，这主要由于农户之间的要素禀赋不一样，个体之间的差异必然存在。

表 6-8　各个决策单元相关指数的归纳整合

	EC			TC			PTE			SE			TFP		
	<1	1	>1	<1	1	>1	<1	1	>1	<1	1	>1	<1	1	>1
户数	36	2	27	12	0	53	23	31	11	25	3	37	21	0	44
比重（%）	55.4	3.1	41.5	18.5	0	81.5	35.4	47.7	16.9	38.5	4.6	56.9	32.3	0.0	67.7

第五节　江西农户林业全要素生产率变动的影响因素分析

以 DEA-Malmquist 指数法中计算所得的 2009 年 TFP、TC、EC、PEC、SE 指数值为因变量，以 2009 年人力、资金、林地、管理、制度因素的各指标值为自变量，利用去常数项（注释：经计算，常数项对模型而言显著性极低，在模型无法起作用，因此将常数项去掉。）的 Tobit 模型进行分析，而且为了更加明确具体哪些因素对林业全要素生产率的影响程度，并防止在部分因素的干扰下，导致一些对于林业全要素生产率有显著影响的因素被排除在模型之外，本研究采取逐步回归的方法对模型进行了二次回归，具体结果如下。

1. 林业全要素生产率的影响因素分析

以 DEA-Malmquist 指数法中计算所得的 2009 年 TFP 指数值为因变量，以 2009 年人力、资金、林地、管理、制度因素的各指标值为自变量，利用去常数项（注释：经计算，常数项对模型而言显著性极低，在模型无法起作用，因此将常数项去掉）的 Tobit 模型进行分析的结果见表 6-9。

表 6-9 TFP 作为因变量的 Tobit 回归模型计算结果

Covariance matrix computed using second derivatives				
	Coefficient	Std. Error	z-Statistic	Prob.
X2（受教育程度）	0. 022018	0. 005087	4. 328112	0. 0000
X14（资金来源渠道）	0. 084385	0. 028031	3. 010459	0. 0026
X15（采伐限额制度）	0. 043147	0. 020316	2. 123836	0. 0337
Log likelihood	27. 82322	Akaike infocriterion		−0. 733022
Avg. log likelihood	0. 428050	Schwarz criterion		−0. 599214

模型回归结果显示，AIC 值为−0. 733，SC 值为−0. 599，它们的绝对值均小于 1，通过赤池信息准则和施瓦茨准则。同时，极大似然值为 27. 813，数值较大，由此说明模型拟合优良。本次模型共纳入 1 个因变量，18 个自变量。在逐步回归的过程中，根据影响因素的显著性，逐步逐个剔除显著性最低的影响因素，直至影响因素的显著性都小于 0. 1 为止。最后输出结果为 X2（受教育程度）、X14（资金来源渠道的畅通性）、X15（采伐限额制度）等 3 个变量，其 P 值分别为 0. 0000、0. 0026、0. 0337。可见，这三个变量对林业全要素生产率均显著影响，由此可构建林业全要素生产率影响因素模型：

Tobit（Y）= 0. 022018X2+0. 084385X14+0. 043147 X15

从模型回归的相关系数看，X2（受教育程度）、X14（资金来源渠道的畅通性）、X15（采伐限额制度）均为正数，说明 X2、X14、X15 与林业全要素生产率呈正向关系。从影响因素的分类看，X2（户主受教育程度）属于人力因素；X14（资金来源渠道的畅通性）属于资金因素，X15（采伐限额制度）属于制度因素。可见，林业全要素生产率受人力、资金、制度多方面的综合影响。

一般而言，受教育程度与知识水平呈正向关系，而林户知识水平的高低直接与学习能力强弱和掌握林业知识快慢有密切关系。从模型回归的结果显示，受教育程度这一因素的显著性为 0. 0000，说明受教育程度与林业全要素生产率密切相关。从影响因素作用看，受教育程度与林业全要素呈正向关系，即受教育程度越高，林业全要素生产率越高。源于林业知识对林业经营管理具有重要影响，而受教育程度越高，其相应的知识水平越高，有助于学习与总结林业管理经验，降低林业经营成本。但从调研中发现，样本农户教育水平一般处在初中阶段，且林户对农村基础教育与职业教育培训服务的需求程度只达到 1. 86 即处在可有可无的阶段。因此，应加强林户对教育的认知程度，提高林户的整体教育水平，有助于林业经济的发展。

资金来源渠道的畅通性的变量假设“0 = 畅通”“1 = 不太畅通”“3 = 不畅通”表明变量值越大，资金来源渠道越不畅通。从模型的回归结果看，资金来源渠道这一因素的显著性为 0. 0026，较为显著，说明该因素与林业规模效率呈正向关系，表明资金来源渠道越不畅通，反而促进林业全要素生产率的提高，与变量假设相反。这主要由于资金来源渠道的畅通性反映的是林农在林业的生产过程中资金流转或融资的难易。如果资金来源渠道越畅通，林农资金充裕，会盲目扩大林地规模，导致个人经营管理疲惫，未能合理配置生产要素的投入，反而降低林业全要素生产率。

采伐限额的变量假设“0 = 很严重”“1 = 不严重”和“2 = 无”，从回归的结果看，采伐限额与林业全要素生产率呈正向关系，说明农户受到采伐限额的约束越小，林业全要素生产率越高。从模型的回归结果显示，该因素的显著性为 0. 0337，说明其确实与林业全要素生产率存在一定的关系，且呈着正向的变动关系。这主要由于采伐限额一定程度上影响农户自主经营的积极性，放宽采伐限额对林农林业生产的约束，降低林农的交易费用，促进林业全要素生产率的提高。

2. 林业技术进步的影响因素分析

以 DEA-Malmquist 指数法中计算所得的 2009 年技术进步值为因变量，以人力、资金、林地、管理、制度因素的各指标值为自变量，利用去常数项的 Tobit 模型进行分析的结果见表 6-10。

表 6-10　技术进步指数作为因变量的 Tobit 回归模型计算结果

Covariance matrix computed using second derivatives				
	Coefficient	Std. Error	z-Statistic	Prob.
X1（户主年龄）	0. 005371	0. 001522	3. 528964	0. 0004
X2（受教育程度）	0. 031018	0. 007181	4. 319361	0. 0000

（续）

Covariance matrix computed using second derivatives				
	Coefficient	Std. Error	z-Statistic	Prob.
X11（施肥次数）	-0.178946	0.085062	-2.103718	0.0354
X14（资金来源渠道）	0.072599	0.031333	2.317026	0.0205
Log likelihood	20.78142	Akaike info criterion		-0.485582
Avg. log likelihood	0.319714	Schwarz criterion		-0.318321

从模型的回归来看 AIC 值为-0.4856，SC 值为-0.3183，绝对值均小于 1，通过赤池准则和施瓦茨准则；同时，模型的极大似然值 Log likelihood 为，20.78，数值相对较大，由此可知，模型拟合优良。从模型回归的具体结果来看，纳入 Tobit 模型的 18 个变量中，共输出 X1（户主年龄）、X2（受教育程度）、X11（施肥次数）、X14（资金来源渠道的畅通性）等 4 个变量，其 P 值分别为 0.0004、0.0000、0.0354、0.0205。可见，这 4 个变量对林业技术进步均显著影响，由此可构建林业技术进步影响因素模型为：

$$Tobit\ (Y) = 0.005371X1+0.031018X2-0.178946X11+0.072599X14$$

其中，年龄和受教育程度属于人力因素；施肥次数属于管理因素；资金来源渠道的畅通性属于资金因素；可见，林业技术进步受人力、管理、资金等多方面因素的影响。其中，年龄、受教育程度、采伐限额制度等与林业技术进步呈正向关系，而施肥次数与林业技术进步呈负向关系。

模型回归显示，户主年龄这一因素的显著性为 0.0004，说明这一因素对技术进步具有一定的影响。从影响因素的作用方向来看，户主年龄与林业技术效率呈正向关系，意味着年龄越大，林业的技术水平越高。主要表现在以下两个方面。①户主是林业经营的主要参与者，随着年龄的增长，户主积累了丰富林业经营管理，熟悉整个林业的生产运作。②样本数据显示最高年龄为 62，最低年龄为 31，平均年龄 46，且低于 55 岁的占了 82.5%，大部分处于非老年劳动力阶段，该类人群能够学习和借鉴成功的林业管理经验，以较少的投入，获得最大的产出。

户主是林业的主要参与者，受教育程度与林业的经营水平有着显著的相关关系。从模型的回归结果显示，户主受教育程度这一因素的显著性为 0.0000，极为显著，说明这一因素与林业技术进步密切相关。从影响因素的作用方向来看，受教育程度与林业技术进步呈正向关系，意味着受教育程度越高，技术进步指数越高。源于科技的创新与推广需要一定的知识水平作支撑，即户主受教育水平越高，对于吸收和消化新知识的能力强，能够第一时间解读林业科技信息，走在林业技术的前沿，将知识转化为生产力，推动林业经济的增长。

施肥次数的显著性相对较弱，仅为0.0354，但对林业技术进步水平仍有一定的影响。从影响因素的作用来看，其与林业技术进步呈负向关系。这与因素的变量假设不太一样。主要由于调查区以用材林为主，一般只在林木的抚育期施肥，林木的生长力主要依赖于林地的自然生产力即林地的肥沃力。施肥次数的增加在一定程度上反而会影响林地的自然生长力。

从模型的回归结果看，资金来源渠道的畅通性这一因素的显著性为0.0205，说明该因素对技术进步水平具有一定的影响。从影响因素的作用看，两者之间呈正向关系，即资金来源渠道越畅通，林业技术水平越低。主要表现在科技技术的投入需要依靠大量资金的投入，而资金来源渠道的畅通性则表示资金周转快，来源渠道广，容易融资，但这也容易造成农户没有根据自己经营林业的情况，盲目投资，造成经营成本增加。同时科技投入成果的转化具有时滞性，未能在短期内体现。因此，一定程度上降低了林业的技术进步效率。

3. 林业技术效率的影响因素分析

以DEA-Malmquist指数法中计算所得的2009年技术效率值为因变量，以人力、资金、林地、管理、制度因素的各指标值为自变量，利用去常数项的Tobit模型进行分析的结果见表6-11。

表6-11 技术效率指数值作为因变量的Tobit回归模型计算结果

Covariance matrix computed using second derivatives				
	Coefficient	Std. Error	z-Statistic	Prob.
X2（受教育程度）	0.039043	0.011521	3.389010	0.0007
X6（林地坡度）	0.043867	0.019100	2.296682	0.0216
X8（经营类型）	-0.038638	0.019853	-1.946165	0.0516
X14（资金来源渠道）	0.070491	0.020871	3.377516	0.0007
X15（采伐限额）	0.051523	0.012269	4.199311	0.0000
Log likelihood	39.44897	Akaike info criterion		-1.029199
Avg. log likelihood	0.606907	Schwarz criterion		-0.828487

从模型的回归来看AIC值为-1.0292，SC值为-0.828，它们的绝对值较小，通过赤池准则和施瓦茨准则，且模型的极大似然值Log likelihood为39.449，数值相对较大，由此说明模型拟合优良。本次模型共纳入1个因变量，18个自变量，在逐步回归的过程中，模型回归共输出X2（户主受教育程度）、X6（林地坡度）、X8（经营类型）、X14（资金来源渠道）、X15（采伐限额）等5个变量，其P值分别为0.0007、0.0216、0.0516、0.0007、

0.0000。可见，这5个变量对林业技术效率具有显著的影响，由此可构建林业技术效率影响因素模型为：

$$\text{Tobit}(Y) = 0.039043X2+0.043867X6-0.038638X8 +0.070491X14+0.051523X15$$

户主受教育程度属于人力因素，林地坡度属于林地因素，经营类型属于管理因素，资金来源渠道的畅通性属于资金因素，采伐限额属于制度因素。可见，林业技术效率受人力、林地、管理、资金、制度等五个方面因素的影响。其中，只有经营类型与技术效率呈负向关系。

受教育程度是影响技术效率的重要因素，受教育程度越高对于要素配比掌握越合理，能够充分发挥要素配比的效用，以最少的投入，获得最大的产出。主要表现在受教育程度高，其知识水平越丰富，善于总结生产生活中的经验。因此，受教育程度与技术效率呈正向关系。从模型的回归结果看，其对技术效率的显著性为0.0007，极为显著，与变量假设相符合。

模型回归的结果显示，林地坡度这一因素的显著性为0.0435，较为显著。从影响因素的作用方向看，林地坡度与技术效率呈正向关系，与变量假设相反。据统计87.5%的农户家里有林地坡度超过30°，但林地离公路的距离在1公里左右，交通方便，便于林地的经营管理，相应的技术效率也比较高。

经营类型对林业技术效率的影响主要表现在交易费用和经营规模两个方面。股份制经营的方式较之承包经营及自留山经营方式的交易费用相对较低，但股份制经营属于多头领导，在生产要素投入配置过程中容易出现多方意见，谈判成本高，效率低。股份制经营林地规模较大，虽然一定程度上可以实现规模经济，但如果管理不善，则会出现相反的结果，即技术效率指数下降。

资金来源渠道的畅通性反映了资金周转的灵活性，而技术效率反映的是生产要素投入的最优化程度。因此资金作为主要生产要素之一，发挥着关键的作用。模型回归结果显示，资金来源渠道的畅通性这一因素的显著值为0.0007，高度显著，说明资金来源渠道与林业技术效率具有密切关系，且呈负向作用，主要源于资金充裕使得农户盲目扩大林地规模，影响生产要素的合理配置，降低纯技术效率。

采伐限额制度这一因素的显著性为0.0000，完全显著，说明其会影响林业的技术效率，从影响作用方向看，采伐限额与林业技术效率呈正向关系，即采伐限额约束程度越小，其林业的要素配比性越好。林改之后，经营权和使用权归个人所有，采伐限额一定程度约束农户自主经营的权利，阻碍技术效率的提高。同时，林农在林业生产过程中，也不用担心采伐指标的限制，极大提高林农的经营的自主性。

4. 林业纯技术效率的影响因素分析

以 DEA-Malmquist 指数法中计算所得 2009 年的纯技术效率值为因变量，以人力、资金、林地、管理、制度因素的各指标值为自变量，利用去常数项的 Tobit 模型进行分析的结果见表 6-12。

表 6-12　纯技术效率指数值作为因变量的 Tobit 回归模型计算结果

Covariance matrix computed using second derivatives				
	Coefficient	Std. Error	z-Statistic	Prob.
X3（林地地块）	0.039043	0.011521	3.389010	0.0007
X5（土地肥沃程度）	0.043867	0.019100	2.296682	0.0216
X10（种苗质量）	−0.038638	0.019853	−1.946165	0.0516
X14（资金来源渠道）	0.070491	0.020871	3.377516	0.0007
X18（林业补贴）	0.051523	0.012269	4.199311	0.0000
Log likelihood	39.44897	Akaike info criterion		−1.029199
Avg. log likelihood	0.606907	Schwarz criterion		−0.828487

从模型的回归来看 AIC 值为−1.0292，SC 值为−0.8285，它们的值均比较小，通过赤池准则和施瓦茨准则；同时，模型的极大似然值 Log likelihood 为 39.4490，数值相对较大，表示模型拟合优良。本次模型共纳入 1 个因变量，18 个自变量。输出结果为 X3（林地地块）、X5（土地肥沃程度）、X10（种苗质量）、X14（资金来源渠道）、X18（林业补贴）等 5 变量，其 P 值分别为 0.0007、0.0216、0.0516、0.0007、0.0000。这 5 个变量均对林业纯技术效率产生显著影响，由此可构建林业纯技术效率影响因素：

$$\text{Tobit}(Y) = 0.039043X3+0.043867X5-0.03863X10$$
$$+0.070491X14+0.051523X18$$

林地地块、土地肥沃程度等属于林地因素，种苗质量属于管理因素，资金来源渠道属于资金因素，林业补贴属于制度因素。其中，除了种苗对林业纯技术效率产生负向作用，其余的都是产生正向作用。

模型回归结果显示，林地地块这一因素的显著性为 0.0007，较为显著，说明林地地块与林业纯技术效率有密切关系。从影响因素的作用方向看，林地地块与林业纯技术效率呈正向关系，说明林地地块数越多，农户的纯技术效率水平越低，这与模型的变量假设相反。主要由于林地地块数的增加相当于林地面积的增大，林地面积作为主要的投入要素之一，面积越大，林业纯技术效率越高。

土地肥沃程度这一因素的显著性为 0.0216，显著性相对较高，说明与林业纯技术效率具有密切关系。从影响因素的作用方向看，其与林业纯技术效率呈正向作用，即土地越肥沃，纯技术效率指数越高。因为土地越肥沃，毛竹，杉木长势越好，单位面积产量越高，资源要素禀赋存在比较优势，因此林业纯技术效率指数也越高。回收的样本数据显示，65 户农户林地的平均肥沃程度为 1.152，说明调查区内林地较为肥沃，促进林业纯技术效率指数的提高。

种苗质量对林业纯技术效率具有显著的负向作用，从回归结果看，种苗质量的系数为-0.3864，说明种苗质量越好，其纯技术效率水平越低。一般来说，种苗质量的优劣与林业生产水平具有密切关系。优质种苗，是林业发展技术攻关的第一步。但从调研的数据看，75%的农户在 2004~2009 年期间没有使用种苗，仅有 4 户人家有使用优质种苗，因此有使用优质种苗反而比未使用优质种苗的农户的纯技术效率低。

纯技术效率反映的是资源配置问题，而资金来源渠道的畅通性有利于资金的灵活配置。从模型的回归结果看，资金来源渠道与纯技术效率呈反向关系，说明了资金来源渠道越畅通，农户越难以对资金投入进行合理的配置，进而影响效率的提高。

林业补贴对于林业纯技术效率具有反向作用，即林业补贴越多，农户经营林业的积极性越低，林业纯技术效率指数越小。一般而言，林业补贴一定程度可以降低林业的生产成本，但林业的补贴额度看，林业补贴占林业生产投入的比例很小，对于调动林农林业生产的积极性不高。

5. 林业规模效率的影响因素分析

以 DEA-Malmquist 指数法中计算所得的 2009 年规模效率值为因变量，以人力、资金、林地、管理、制度因素的各指标值为自变量，利用去常数项的 Tobit 模型进行分析的结果见表 6-13。

表 6-13 规模效率指数值作为因变量的 Tobit 回归模型计算结果

Covariance matrix computed using second derivatives				
	Coefficient	Std. Error	z-Statistic	Prob.
X1（户主年龄）	0.005844	0.001411	4.141763	0.0000
X2（户主受教育程度）	0.016013	0.007130	2.245804	0.0247
X3（林地地块）	-0.037401	0.017279	-2.164543	0.0304
X4（林地离公路的距离）	0.034759	0.017228	2.017582	0.0436
X10（种苗质量）	0.127809	0.023855	5.357737	0.0000
X18（林业补贴）	-0.045563	0.016942	-2.689428	0.0072
Log likelihood	27.69833	Akaike info criterion		-0.636872
Avg. log likelihood	0.426128	Schwarz criterion		-0.402707

从模型的回归来看 AIC 值为-0.6369，SC 值为 0.4027，它们的值均比较小，通过赤池准则和施瓦茨准则。同时，模型的极大似然值 Log likelihood 为 27.70，数值相对较大，表示模型拟合优良。本次模型共纳入 1 个因变量，18 个自变量，共输出 X1（户主年龄）、X2（户主受教育程度）、X3（林地块数）、X4（林地离公路的距离）、X10（种苗质量）、X18（林业补贴）等 6 个变量，其 P 值分别为 0.0000、0.0247、0.0304、0.0436、0.0000、0.0072。可见，这 6 个变量对林业规模效率产生显著影响，由此可构建林业规模效率影响因素模型：

$$\text{Tobit (Y)} = 0.005844X1+0.016013X2-0.037401X3+0.034759X4+0.127809X10-0.045563X18$$

户主年龄、户主受教育程度属于人力因素，林地块数、林地离公路的距离属于林地因素，种苗质量属于管理因素，林业补贴属于制度因素。其中，林地地块和林业补贴与林业规模效率呈负向关系，其余的 4 个变量与林地地块呈正向关系。

户主年龄和户主受教育这两个因素对林业规模效率具有显著影响，显著性为 0.0000 和 0.0247，说明两者与林业规模效率的变化具有密切关系。首先户主年龄越大，其林业经营管理的经验越丰富，对自身所拥有的林地所需要投入的生产要素较为清晰，更能实现单位面积产值的增加。其次户主受教育程度越高，其相对的知识水平越高，越能掌握资源要素的投入比例。从样本数据分析，可知 65 个样本中高中以上学历的只占 21.5%，包括高中学历的占了 30.7%，可见农户总体受教育水平比较低。而林地规模越大，其要求户主的管理能力越高，管理能力包括林户的技能学习能力、信息处理能力以及风险预测能力等，这些能力受到教育水平的约束，因此户主的受教育程度与林业规模效率呈正向关系。

林地地块这一因素的显著值为 0.0304，较为显著，说明其对林业规模效率具有一定的影响。从其的影响作用方向来看，两者之间呈负向关系，即林地地块越多，林业规模效率越低。主要由于分散经营，增加成本，降低林业的规模效率。

林地离公路的距离的显著性为 0.0436，说明其对林业规模效益有一定影响。从其影响的作用方向来看，林地离公路的距离与规模效益呈正向关系，即离公路越远，林业规模效率反而越高。究其原因，主要表现在以下两点：①林地离公路的距离越远，越不受外在人为的影响，如盗伐、修路等造成林木自然生长的破坏。②离公路越远，表示林地处于较为偏僻的地方，能够保持原始的自然生长力，规模效益更高。

种苗质量的显著值为 0，即为完全显著，说明种苗质量与林业规模效率息息相关，且其影响系数远远高于其他因素。从影响因素的作用方向看，种苗质量与林业规模效率呈正向关系，说明种植优质的种苗能够给农户带来较大的效益，从而提高林业规模效率。主要由于优质的种苗，具有较强的生命力，存活率高，长势好。

由于造林初期成本大，林业周期长，对林业生产进行相关的补贴，既是调动林业经营者积极性的重要法宝，也是确保森林资源总量增长的基础。从林业补贴的变量假设“0=很大”“1=较大”“2=一般”，说明变量数值越大，林业补贴越不能调动农户的积极性。从模型回归的结果看，林业补贴这一因素的显著值为0.0072，较为显著。从影响因素的作用方向看，林业补贴越能促进林业规模效率的提高。这主要由于林业补贴一定程度上降低农户林业的经营成本，如抚育期的种苗补贴，减少农户的物质投入。

第六节 江西农户林业全要素生产率变动分析的政策含义

新一轮林权制度改革以来，江西赣州农户林业全要素生产率呈现波动增长态势。农户林业全要素生产率年均增幅达5.8%，变动呈现波浪形。一般来说，产权制度改革对生产经营的影响需要从适应期、调整期再到稳定期的变化。林改以来，江西赣州农户林业全要素生产率变化恰好与改革进程的变化相吻合，但波动型增长结果的应用还需要扩大样本量进行进一步的验证和分析，2009年以后是否就会进入平稳增长阶段，还需要更长期的跟踪观察与分析。

江西赣州农户林业全要素生产率增长的主要动力为技术进步和规模效率，主要制约因素为纯技术效率。2004~2009年期间，年平均技术进步增长8.9%，规模效率增长8.5%，纯技术效率降低10.5%。林业科技进步仍是林业生产力的第一动力，从长期来看，从农户林业生产经营的实际需求出发，加强林业科技创新和技术推广，实现创新驱动发展是林业配套体系改革的重点。由于赣州市林业经营者的营林经验、营林目的、营林重视程度、营林规模等差异较大，林业生产要素配置水平参差不齐，纯技术有效性较低，因此，推进林业经营体制改革，促进林业专业合作社发展，加强营林知识培育和林农之间的合作交流，对促进农户林业生产力发展来说，是一条成本低效益高见效快的途径。

农户林业全要素生产率的个体差异较大。受自然环境、个人社会经济条件、经营管理能力等因素的综合作用下，林改以来，赣州农户林业生产水平发展情况差异较大，1/3的农户林业生产水平、生产要素配置水平和适度规模经营水平下降，超过1/2的农户林业经营效率下降。因此，有必要在促进林农之间交流的基础上，对农户林业生产经营制定分类指导和服务政策，加大对生产要素配置水平下降农户的针对性服务，一方面提高林改成效的普惠性，另一方面通过帮扶滞后群体来提高林业的整体生产力水平。

第七章　闽浙赣农户林业全要素生产率变动的比较分析

第一节　闽浙赣农户林业全要素生产率总体变动情况比较

本文利用 DEAP2.1 软件分别测试 2004~2009 年闽浙赣农户林业全要素生产率的 Malmquist 指数，并进行分解，具体结果见表 7-1。

表 7-1　历年 Malmquist 指数及其分解结果

年份		2004~2005	2005~2006	2006~2007	2007~2008	2008~2009	2004~2009 平均值
全要素生产率（TFP）	福建	0.973	0.977	0.941	0.879	1.017	0.956
	浙江	1.18	1.019	1.075	0.955	1.251	1.091
	江西	0.981	1.176	1.037	0.923	1.203	1.058
技术进步（TE）	福建	0.993	0.975	0.93	0.861	1.034	0.957
	浙江	1.361	0.82	1.52	0.767	1.441	1.134
	江西	1.239	0.962	1.026	0.943	1.331	1.089
技术效率（EC）	福建	0.979	1.002	1.011	1.021	0.984	0.999
	浙江	0.867	1.243	0.707	1.245	0.868	0.962
	江西	0.792	1.223	1.011	0.979	0.904	0.972
纯技术效率（PEC）	福建	0.981	0.976	1.013	1.032	0.968	0.994
	浙江	0.855	1.259	0.701	1.284	0.938	0.981
	江西	0.861	0.803	1.112	0.773	0.966	0.895
规模效率（SE）	福建	0.998	1.027	0.998	0.989	1.016	1.005
	浙江	1.014	0.987	1.009	0.97	0.926	0.981
	江西	0.919	1.523	0.909	1.265	0.935	1.085

根据表 7-1 可知，2004~2009 年闽浙赣平均林业全要素生产率增长率分别为-4.4%、5.8%和 9.1%，这表明三省林业全要素生产率增长存在着显著的差异。浙江和江西均呈现出波动性的增长态势，其中浙江省除了 2008 年林业全要素生产率有所衰退外，其他年份均处于前沿面之上；江西省除了 2005 年和 2008 年有所衰退外，其他年份也均处于增长态势；福建省整体上呈现出了负

增长趋势，原因在于除了2009年该省林业全要素生产率有所提高之外，其他年份均呈现出负增长趋势。其中2008年和2009年三省的变动趋势相同：2008年闽浙赣均出现了负增长，其可能的原因是2008年南方冰雪灾害严重，大部分竹林和经济林更容易受冰雪灾害的影响，因而该年度减产严重；2009年闽浙赣三省林业全要素生产率均呈现出正增长，其可能的原因在于2008年遭受的损失太过严重，第二年只要恢复原来的生产活动，就能较轻松地提高林业全要素生产率。

总之，浙江和江西林业全要素生产率在新一轮林权制度改革后的近几年成效较好，呈现出了增长的态势，福建林业在新一轮林改的过程中发展的并不理想，不但没提高反而有点衰退，这表明福建在今后的林改要更加注重林业生产效率的提高，以达到提高林农收入水平的目标。

第二节 闽浙赣农户林业全要素生产率增长源泉比较分析

林业全要素生产率的差异主要归因于科学技术差异和资源配置效率差异两个方面，闽浙赣三省林业全要素生产率之所以存在显著的差异，其原因在于影响各省林业全要素生产率增长的原因不同。首先从技术进步来看，它在三省间表现出显著的差异性，六年来浙江和江西的技术进步整体上呈现出了快速增长的趋势，与福建所表现出的负增长态势形成了鲜明对比，这表明浙赣两省林业全要素生产率的增长主要来源于技术进步的贡献，而福建的技术进步则起到阻碍作用。一般而言，技术是依赖人来掌握和运用的，人员的更换和流动会直接影响到一个区域内技术的整体水平，若高水平的林业人员流失而又得不到及时补充，就会使得该区域的林业技术水平下降。浙江省自新一轮林权制度改革以来政府不断制定相关政策大力推广先进技术，不断鼓励各地培育示范户，建立科技特派员工作机制，提升林农林业科技水平，因此浙江林业技术进步速度最快；江西自2003年起为了缓解该省林业科技投入不足，不断加大林业投资，加强技术创新，林业厅以推广项目为依托，大力推广林业使用技术，提高林农整体科技水平，因此江西省整体上呈现出技术进步的态势，但是发展的速度比浙江慢。根据统计年鉴可知，福建在从事科技人员数量等方面的投入都是三省之中最少的，对技术进步的重视和推广还有待提高，这可能是导致福建技术衰退的一个原因之一。其中2008年三省的技术均发生了衰退现象，其可能的原因在于2008年自然灾害导致林业减产，在一定程度上可能会导致科技生产效率没有反映出较好的贡献作用。

从技术效率来看，闽浙赣均呈现出波动下降的趋势，其平均年增长率分别为-0.1%、-3.8%和-2.8%，这表明三省技术效率对林业全要素生产率的增长的贡献非常有限，其主要的原因在于纯技术效率和规模效率对其所产生的不同影响。就纯技术效率而言，闽浙赣同样呈现出负增长态势，其可能的原因在于各林业实际经营者的营林经验参差不齐，对林业经营的重视程度也不一样，导致在林业生产要素配置方面的差异较大，这表明纯技术效率的下降是导致技术效率衰退的主要原因；就规模效率而言，福建和江西呈现出波动上升的趋势，而浙江则表现出波动下降的态势，闽浙赣三省的年平均规模效率增长率分别为 0.5%，-1.9%和 8.5%，这表明福建和江西的规模效率对技术效率起到了促进的作用，而浙江的则起到了阻碍作用，其可能原因在于江西新一轮林改后，农户林地流转较为活跃，大部分农户的林地规模属于大规模或者超大规模，可以实现一定规模经营效益；福建的林地规模介于江西和浙江之间，个体农户之间的生产效率差异较小，土地流转现象相对较少，规模效率仅有小幅度增长；浙江从事林业的农户大部分属于兼业型，林地规模最小，要实现规模效率比较难。总之，三省技术效率的衰退主要是受到纯技术效率的下降而造成的，闽赣规模效率虽然对其各自的技术效率有一定的促进作用，但由于其影响力度弥补不了纯技术效率的负面贡献，因而最终还是导致技术效率的衰退，而浙江规模效率对技术效率也起到了阻碍作用，故浙江技术效率衰退的幅度最大。

综上所述，2004~2009 年闽浙赣的林业全要素生产率变动存在差异。浙江和江西林业全要素生产率呈现出增长的趋势，其增长源泉来自于技术进步的贡献，技术效率均表现出负面贡献作用，但是力度相对小于技术进步，而技术效率衰退的主要原因是纯技术效率所起到的阻碍作用，不过浙江技术效率还受到规模效率的阻碍作用，江西的规模效率对技术效率变动有一定的促进作用，但是力度比纯技术效率的负面影响小，进而导致两省的技术效率均呈现出衰退的趋势；福建林业全要素生产率呈现出下降的趋势，其下降的原因主要是由于技术进步和技术效率对其均产生了负面贡献作用，而该省技术效率的衰退主要是由于纯技术效率的退步造成的，虽然规模效率对技术效率有促进作用，但是力度不足以抵消纯技术效率带来的负面影响，最终导致福建技术效率的下降。不过林业技术进步和技术效率对林业全要素生产率都具有影响，如果只看重技术进步而忽略技术效率，会导致资源配置失调，最终造成生产的无效和资源的浪费，也不能最好地提高生产效率，甚至导致生产效率反向变动，因此，对于浙江和江西而言，当前更重要的是在保持技术进步的同时提高技术效率，而福建需要同时提高技术进步和技术效率，进而提高林业生产效率，增加林农收入。

第三节　闽浙赣农户林业全要素生产率变动个体差异比较分析

为了分析闽浙赣三个省市林业全要素生产率变动差异情况，首先要选择一个衡量差异的指标，本文选取普遍使用的变异系数（CV）来表示，变异系数的计算公式为：CV=SE/AV，其中AV为样本均值，SE为样本标准差，该值越大表明各省市间的全要素生产率增长变动的相对差异越大。根据以上公式计算得出的林业全要素生产率及其分量的变异系数见表7-2。

表7-2　历年林业全要素生产率增长及其构成的变异系数

		2004~2005	2005~2006	2006~2007	2007~2008	2008~2009
TFP增长变异系数	福建	0.112	0.166	0.342	0.292	0.216
	浙江	1.655	1.287	2.038	1.117	1.388
	江西	0.774	0.887	1.018	0.546	1.69
TE增长变异系数	福建	0.028	0.045	0.033	0.021	0.027
	浙江	0.279	0.307	0.286	0.458	0.381
	江西	0.215	0.352	0.339	0.321	0.472
EC增长变异系数	福建	0.117	0.161	0.349	0.291	0.213
	浙江	1.644	1.197	1.957	1.074	1.927
	江西	0.863	1.415	0.953	0.677	0.995
PEC增长变异系数	福建	0.098	0.147	0.347	0.308	0.206
	浙江	1.714	1.481	2.006	1.098	1.87
	江西	0.699	0.772	1.534	0.608	1.881
SE增长变异系数	福建	0.056	0.034	0.031	0.05	0.071
	浙江	0.237	0.256	0.259	0.31	0.276
	江西	0.927	1.396	2.275	2.17	3.588

一、闽浙赣林业全要素生产率变动的差异分析

从整体上看（图7-1），2004~2009年闽浙赣林业全要素生产率增长的差异比较显著，除了2009年三省的变异系数是赣>浙>闽之外，其他年度均是浙>赣>闽，这表明浙江林农个体间差异比较大，福建林农水平比较平均。2008年闽浙赣三省的变异系数均有所缩小，浙江跟江西下降的幅度比较大，福建的变动相对比较小，其可能的原因在于当年度自然灾害造成林农均遭受一定程度上的损失，缩小了林农之间的差距。2009年浙赣两省变异系数均有所回升，

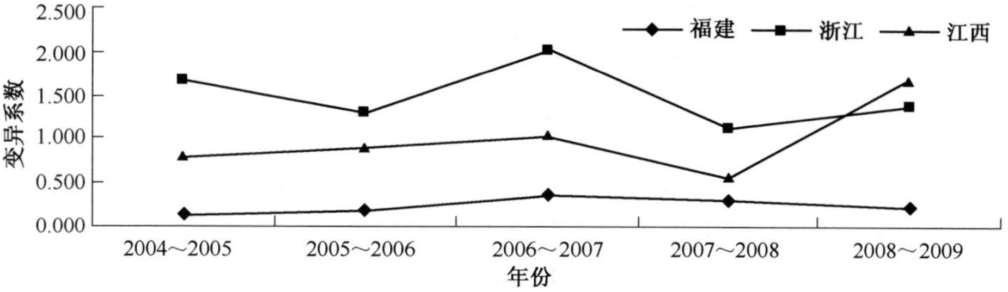

图 7-1　TFP 增长变异系数

江西反弹程度相对较大，超过浙江，可能的原因在于 2009 年林农恢复生产，江西林地规模较大，投资也大，部分林农可能因为 2008 年的减产会缩小投资力度，而部分林农则仍从事大规模林业生产，造成林农间的差异变动较大，浙江采用小规模精耕细作模式，林农自身要素禀赋等因素会造成一定的差异，因而差异与原来的差不多；福建林农的差距仍然保持平稳，变动幅度相对小，其可能的原因在于福建林农林地规模差异相对较小，经营的模式相对浙江比较粗放，因此林农之间的生产效率差异相对较小。从横向上看，2004~2008 年浙江省林业全要素生产率的变异系数几乎一直都处于最高的位置，这表明浙江省林业全要素生产率增长的差异非常大，不过整体上呈现出减少的趋势，其原因主要是该省林业技术效率和纯技术效率变动差异较大，各个年份的变异系数均大于 1，2007 年林农林业全要素生产率增长的差异达到最大，为 2. 038，这表明该省林农生产要素配置及管理水平方面差异较大。江西省除了 2008 年变异系数有所变小，其他年度均 0. 7 以上，并且呈现出扩大的趋势，至 2009 年该省变异系数值达到最大值，为 1. 690，超过浙江，成为三省中该年度林业全要素生产率差异最大的省份，其主要原因在于该省规模效率和纯技术效率变动差异很大，即林农间能否在适度规模上进行最优生产要素的配置水平差异较大，导致该省林业全要素生产率增长差异较大。福建省林业全要素生产率增长的变异系数变化幅度比较小，呈现出先升后降的趋势，变异系数仅限于（0. 1，0. 4）之间，是三省之中差异最小的省份，整体上该省的林业全要素生产率增长差异相对较小，并且呈现出小幅度缩小趋势，其可能的原因在于技术进步和技术效率及其分量的变异系数均很小，即福建林农林业技术水平、经营规模和生产要素配置等经营管理能力比较接近，故最终样本农户之间的林业全要素生产率的差异较小。总体而言，2004~2009 年闽浙赣的林业全要素生产率增长的变异系数都呈现出波动性变化的特征，但是浙江样本林农的波动性最为显著，林农间的差异非常大，而福建林农间的差异与其他两省相比波动相对较少，林农之间的分布比较均衡，江西则介于闽浙两省之间，而这可能是由于市场竞争促使各要素在不同产业间流动而导致效率差异变动的结果。

二、闽浙赣林业技术进步变动的差异分析

从图 7-2 可知，浙江和江西林业技术进步的变异系数值较大，远超过福建，同时二省在整体上均呈现出扩大的趋势，这表明浙赣两省林农在技术掌握和运用实施方面存在较大的差异，并且差异越来越大。对于浙江而言，其可能的原因在于有两个方面：一是林农对先进技术的接纳能力存在差异，浙江经济发展相对较快，竞争压力也比较大，林业经营的收入有限，因而浙江林农分为两类，一类是全职从事林业管理人员，另一类则是兼业型，只是投入部分的精力来从事林业经营，这在一定程度上会导致农户对林业新技术的接纳能力存在较大的差异；二是林农的风险偏好存在较大差异，林农对于新技术的引进与开发有不同的态度，部分林农特别是全职型勇于尝试接受新技术，积极参与培训，努力提高林业生产效率，但是部分林农特别是兼业型农户并不愿意花费精力和时间学习与采用新技术，因而对他们而言，时间成本相对较高，因而在一定程度上也会拉大林农之间的差距。江西林农技术进步之间的差异也很大，但是其主要的原因可能在于江西林地规模的个体差异大导致林农对先进技术的接受与采用之间的差异较大，即大规模经营的林农更愿意尝试采用先进技术以实现规模化经营来提高生产效益，小规模林农则不愿意提高生产成本，因为新技术所带来的收益增长并不足以吸引他们，又或者是他们一开始并不相信新技术所带来的效益，先观望其他林农尝试新技术后生产效益的变化情况再做决定，而这在一定程度上也会造成新技术在林农之间的使用存在差异性。相对而言，福建林农的技术进步之间变动差异很小，整体上保持稳定态势，这表明相比之下福建林农所掌握的技术水平较为平均，其可能的原因在于福建省对林业科技的投入是三省之中最少的，可见重视度不够高，在新技术的推广和传播方面还有待提高，而这在一定程度上阻碍了林农接受新技术的机会，此外福建林农经营规模相对也较小，大部分林农缺乏利用科技提高收益的意识，仍然停留于粗放式经营管理模式，因而林农在科技创新这方面的差异不大，同时科技水平均有待提高。此外，2004~2007 年浙江技术进步的变异系数几乎保持不变，2008 年突然增加达到最大值，为 0.458；江西则与浙江稍微有些不同，2005~2008 年江西技术进步变异系数呈现出小幅减少的态势，在 2009 年突然上升，变异系数值超过浙江成为三省之最，但是浙赣两省在 2004~2009 年期间技术进步的变异系数值均落在（0.2，0.5）之间；福建技术进步变异系数仅限于（0.02，0.05）之间，将近是浙赣两省的十分之一，这表明福建技术进步的差异相对较小。

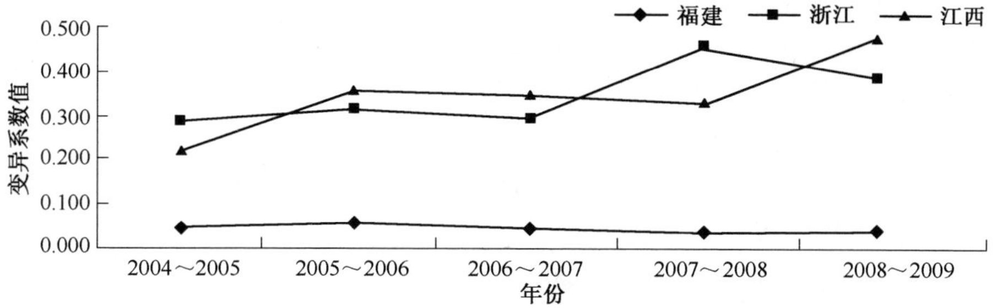

图 7-2 TE 变异系数

三、闽浙赣林业技术效率变动的差异分析

根据图 7-3 可知，浙江林业技术效率的变异系数除了 2006 年以外，其他年份均处于最高位，变异系数主要分布在（1，2）之间，这表明浙江林业技术效率变动的差异相对较大，同时变异系数呈现出扩大的趋势；从图 7-4 可知，福建林业规模效率指数的变异系数波动较小，技术效率指数的变异系数波动趋势与纯技术效率的趋势一样，这一结果与浙江的相似，说明规模效率对该省技术效率的贡献较小，主要是由纯技术效率起到促进作用。再根据图 7-5 可知，浙江林业技术效率变异系数波动趋势与纯技术效率波动的重合度非常高，规模效率变异系数的波动幅度非常小，说明浙江林业规模效率变化对技术效率增长的贡献有限，该省林业技术效率的提高主要是通过纯技术效率来实现。江西省林业技术效率变异系数主要分布在（0.5，1.5）之间，在 2006 年达到最大值，为 1.415，但是整体上呈现出缩小的趋势；从图 7-6 可知，江西林业纯技术效率和规模效率的变异系数波动较大，与林业技术效率的波动趋势不同，表明江西林业技术效率的增长受到纯技术效率和规模效率变动共同的影响。福建技术效率指数的变异系数波动性较小，而且值相对较小，主要集中在（0.0.5）之间，整体上呈现出小幅度扩大趋势。

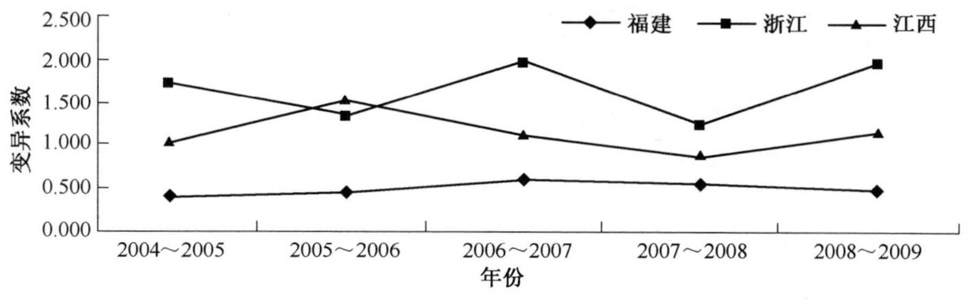

图 7-3 EC 变异系数

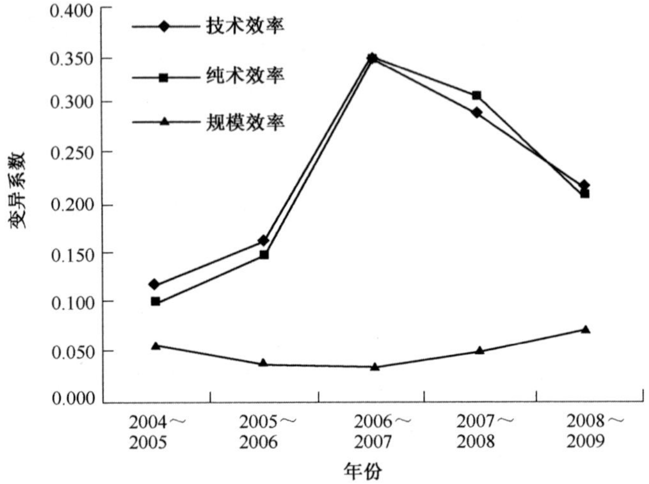

图 7-4 福建林业技术效率变异系数

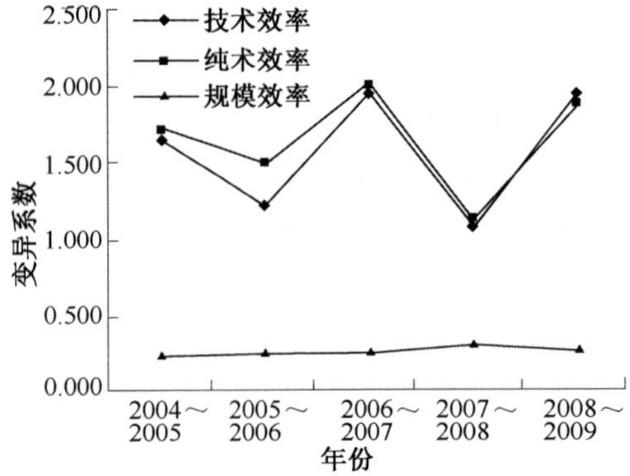

图 7-5 浙江林业技术效率变异指数

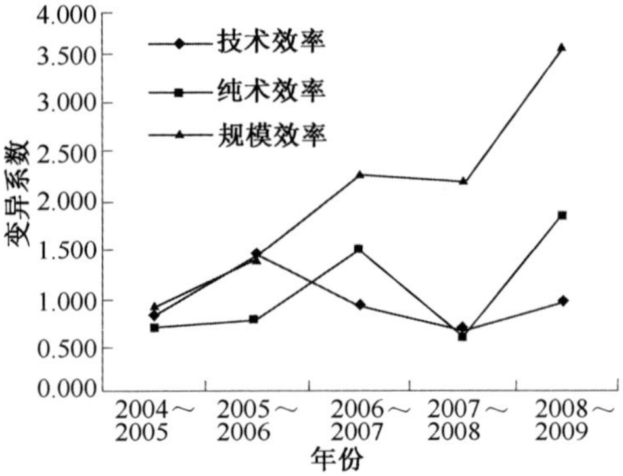

图 7-6 江西林业技术效率变异系数

第四节 闽浙赣农户林业全要素生产率变动影响因素比较分析

一、闽浙赣林业全要素生产率及其分量影响因素汇总

在对影响闽浙赣三省林业全要素生产率的因素进行差异性分析之前，先对三省林业全要素生产率及其分量影响显著的因素进行总结。

（一）影响三省林业全要素生产率的因素总结

模型回归结果表明，在 18 个影响因素中，户主年龄、受教育程度、林地离公路的距离、整地方式和伐区调查制度等 5 个因素对福建林业全要素生产率呈现出正显著影响；林地离公路的距离、资金来源渠道以及林业税费等 3 个因素对浙江林业全要素生产率有显著影响，其中仅有资金来源对其呈现出负显著影响，其他两个因素与其有正相关关系；受教育程度、资金来源和采伐限额制度等 3 个对江西林业全要素生产率呈现出正显著影响。没有一个因素对三省林业全要素生产率有共同的显著影响，但是户主受教育程度对福建和江西的林业全要素生产率有共同的显著影响，且均为正向，表明林农受教育程度对闽赣两省林业生产经营活动的影响较大；林地离公路的距离是影响福建和浙江的共同显著因素，表明闽浙两省的林农从事林业活动受到林地离公路的距离的影响较大；资金来源渠道的畅通性对浙江和江西林业全要素生产率有共同显著影响(表 7-3)。

表 7-3　闽浙赣林业全要素生产率影响因素汇总

影响因素	福建	TFP 浙江	江西
X1（户主年龄）	0.004＊＊＊		
X2（受教育程度）	0.009＊＊＊		0.022＊＊＊
X4（林地离公路距离）	0.03＊＊＊	0.014＊	
X12（整地方式）	0.03＊＊＊		
X14（资金来源）		−0.062＊	0.084＊＊＊
X15（采伐限额制度）			0.043＊＊
X16（伐区调查制度）	0.062＊＊＊		
X17（林业税费）		0.115＊＊＊	

＊：在 0.1 水平显著；＊＊：在 0.05 水平显著；＊＊＊在 0.01 水平显著。

(二) 影响三省林业技术进步的因素总结

模型回归结果表明，有 3 个因素对福建林业技术进步有显著影响，分别为户主年龄、受教育程度和整地方式，同时均与其呈现出正相关关系；有 6 个因素对浙江林业技术进步有正向显著影响，分别为户主年龄、林地离公路的距离、林地坡度、种苗质量、施肥次数和采伐限额制度；对江西林业技术进步有显著影响的因素共有四个，分别为户主年龄、受教育程度、施肥次数和资金来源，其中仅施肥次数与该省技术进步呈现出负相关关系，其他三个因素均与其呈现出正相关关系。综上所述，对闽浙赣三省技术进步有共同显著影响的因素是户主年龄，且均为正相关关系，表明户主年龄越大，林业技术进步越大；受教育程度对闽赣两省的林业技术进步都呈现出正相关关系，表明户主受教育程度越高，林业技术进步越大，因而加大这两省林农林业知识和技能的传播和培训有利于提高其林业技术水平；施肥次数对浙赣两省的技术进步有显著的影响，与浙江的呈现出正相关关系，与江西却呈现出负相关关系，表明浙江的林地进行林业生产经营活动的肥沃度还有待提高，而江西的林地肥沃度很好，不需要多加施肥（表 7-4）。

表 7-4 闽浙赣林业技术进步影响因素汇总

影响因素	福建	TE 浙江	江西
X1（户主年龄）	0.002＊＊＊	0.005＊＊＊	0.005＊＊＊
X2（受教育程度）	0.029＊＊＊		0.031＊＊＊
X4（林地离公路距离）		0.014＊＊	
X6（林地坡地）		0.134＊	
X10（种苗质量）		0.086＊	
X11（施肥次数）		0.092＊	−0.179＊＊
X12（整地方式）	0.03＊＊＊		
X14（资金来源）			0.073＊＊
X15（采伐限额制度）		0.109＊＊＊	

（三）影响三省林业技术效率的因素总结

模型回归结果表明，户主年龄、受教育程度、林地离公路的距离、整地方式和伐区调查制度等 5 个因素对福建林业技术效率有正向显著影响；林地离公路的距离、资金来源和林业税费等 3 个因素对浙江林业技术效率有显著的影响，其中资金来源与其呈现出负相关关系，另外两个因素与其呈现出正相关关系；受教育程度、林地坡度、经营类型、资金来源和采伐限额制度等 5 个因素对江西林业 技术效率有显著的影响，其中经营类型与其呈现出负相关关系，其他 4 个因素与其均为正相关关系。与三省林业全要素生产率影响因素对比情况类似，对福建和江西林业技术效率有共同正向显著影响的因素是受教育程度，这说明林农受教育程度越高，经营管理效率越高，因而应当加大对闽赣两省林农的教育培训力度，提高其经营管理水平；林地离公路的距离是同时影响闽浙两省技术效率的显著因素，且均为正向影响；资金来源对浙赣两省林业技术效率有出不同方向的显著影响，对浙江是呈现出负相关关系，对江西则呈现出正相关关系（表 7-5）。

表 7-5 闽浙赣林业技术效率影响因素汇总

影响因素	福建	TE 浙江	江西
X1（户主年龄）	0.004＊＊＊		
X2（受教育程度）	0.009＊＊＊		0.018＊＊＊
X4（林地离公路的距离）	0.032＊＊＊	0.011＊	

（续）

影响因素	福建	TE 浙江	江西
X6（林地坡地）			0. 089＊＊
X8（经营类型）			-0. 035＊
X12（整地方式）	0. 028＊＊＊		
X14（资金来源）		-0. 052＊	0. 097＊＊＊
X15（采伐限额制度）			0. 054＊＊＊
X16（伐区调查制度）	0. 063＊＊＊		
X17（林业税费）		0. 108＊＊＊	

（四）影响三省林业纯技术效率的因素总结

模型回归结果表明：有5个因素对福建林业纯技术效率有显著影响，分别为户主年龄、受教育程度、林地离公路距离、整地方式和伐区调查制度，且呈现出正相关关系；对浙江林业纯技术效率的显著影响因素仅林地离公路距离和伐区调查制度这两个因素，且也呈现出正相关关系；有5个因素对江西林业纯技术效率有显著影响，分别为林地块数、土地肥沃程度、种苗质量、资金来源渠道和林业补贴，其中种苗质量与该省林业纯技术效率呈现出负相关关系，其他4个因素均呈现出正相关关系。综述可知，林地离公路的距离对福建和浙江林业纯技术效率均有正向显著影响，其他的因素对三省的影响没有交叉（表7-6）。

表7-6 闽浙赣林业纯技术效率影响因素汇总

影响因素	福建	TE 浙江	江西
X1（户主年龄）	0. 004＊＊＊		
X2（受教育程度）	0. 009＊＊＊		
X3（林地块数）			0. 039＊＊＊
X4（林地离公路距离）	0. 031＊＊＊	0. 012＊	
X5（土地肥沃程度）			0. 044＊＊
X10（种苗质量）			-0. 039＊
X12（整地方式）	0. 029＊＊＊		
X14（资金来源）			0. 07＊＊＊
X16（伐区调查制度）	0. 061＊＊＊		
X17（林业税费）		0. 093＊＊＊	
X18（林业补贴）			0. 052＊＊＊

（五）影响三省林业规模效率的因素总结

模型回归结果表明，对福建省林业规模效率有正向显著影响的因素有2

个，分别为户主年龄和采伐限额制度；对浙江林业规模效率有正向显著影响的因素有3个，分别为受教育程度、整地方式和林业税费；对江西林业规模效率有显著影响的因素共有6个，分别为户主年龄、受教育程度、林地块数、林地离公路距离、种苗质量和林业补贴。仅受教育程度对浙江和江西有共同的显著影响，其他因素对三省没有共同影响（表7-7）。

表7-7 闽浙赣林业规模效率影响因素汇总

影响因素	福建	TE 浙江	江西
X1（户主年龄）	0.004***		
X1（户主年龄）	0.006***		0.006***
X2（受教育程度）		0.017***	0.016**
X3（林地块数）			-0.037**
X4（林地离公路距离）			0.035**
X10（种苗质量）			0.128***
X11（施肥次数）			
X12（整地方式）		0.028*	
X15（采伐限额制度）	0.101***		
X17（林业税费）		0.08***	
X18（林业补贴）			-0.046***

二、闽浙赣林业全要素生产率及其分量影响因素比较分析

闽浙赣三省所处地理位置、各自的经济实力等方面存在着差异，导致其对林农的林业生产效率的影响因素也表现出了较大的不同，现根据上文的结果对三省林业全要素生产率及其各分量的影响因素进行对比分析（表7-8、表7-9）。

（一）户主年龄

户主年龄对福建林业全要素生产率及其各个分量、浙江林业技术进步、江西林业技术进步和规模效率均呈现出显著的正相关关系，而与浙江和江西其他生产率并没有呈现出明显的正负关系，这表明户主年龄已经成为影响福建林业全要素生产率及其各分量的一个重要因素，对浙江和江西的林农的影响相对较小。不过该因素的系数均非常小，表明该因素的影响力度很小。一般而言，户主拥有家庭决策权，户主年龄能够反映其所具备的能力和经验，在一定程度上有助于林农更加积极和准确地做出决策，以提高林业生产效率。但是模型回归结果表明户主年龄对三省的技术进步均呈现出正相关关系，这表明户主年龄越大，林业技术进步越快。从人力资源对技术进步的吸纳能力上看，全国平均人力资本的追赶能力为0.016，其中15~24岁和55~64岁人力资本对技术吸纳能力为负值，对技术进步的追赶效应不足，其他年龄组的人力资本对技术进步

表 7-8　闽浙赣林业全要素生产率及其分量的影响因素汇总表（1）

影响因素	TFP			TE			EC		
	福建	浙江	江西	福建	浙江	江西	福建	浙江	江西
X1（户主年龄）	0.004 * * *			0.002 * * *	0.005 * * *	0.005 * * *	0.004 * * *		
X2（受教育程度）	0.009 * * *		0.022 * * *	0.029 * * *		0.031 * * *	0.009 * * *		0.018 * * *
X3（林地块数）									
X4（林地离公路的距离）	0.030 * * *	0.014 *			0.014 * *		0.032 * * *	0.011 *	
X5（土地肥沃程度）									
X6（林地坡度）					0.134 *				0.089 * *
X8（经营类型）									−0.035 *
X10（种苗质量）					0.086 *				
X11（施肥次数）					0.092 *	−0.179 * *			
X12（整地方式）	0.030 * * *			0.030 * * *			0.028 * * *		
X14（资金来源）		−0.062 *	0.084 * * *			0.073 * *		−0.052 *	0.097 * * *
X15（采伐限额制度）			0.043 * *		0.109 * * *				0.054 * * *
X16（伐区调查制度）	0.062 * * *						0.063 * * *		
X17（林业税费）		0.115 * * *						0.108 * * *	
X18（林业补贴）									

表 7-9 闽浙赣林业全要素生产率及其分量的影响因素汇总表（2）

影响因素	TFP			TE			EC		
	福建	浙江	江西	福建	浙江	江西	福建	浙江	江西
X1（户主年龄）	0.004***			0.004***			0.006***		0.006***
X2（受教育程度）	0.009***		0.018***	0.009***				0.017***	0.016**
X3（林地块数）						0.039***			-0.037**
X4（林地离公路的距离）	0.032***	0.011*		0.031***	0.012*				0.035**
X5（土地肥沃程度）						0.044**			
X6（林地坡度）			0.089**						
X8（经营类型）			-0.035*						
X10（种苗质量）						-0.039*			0.128***
X11（施肥次数）									
X12（整地方式）	0.028***			0.029***				0.028*	
X14（资金来源）		-0.052*	0.097***			0.070***			
X15（采伐限额制度）			0.054***				0.101***		
X16（伐区调查制度）	0.063***			0.061***					
X17（林业税费）		0.108***			0.093***			0.080***	
X18（林业补贴）						0.052***			-0.046***

的贡献值均为正值，且以34~45岁组的贡献最大（康建英，2010）。根据调研数据可知，年龄处于34~55之间的样本林农占福建总样本数的63.54%（61户）、占浙江的63.16%（48户）和占江西的87.46%（51户），其中处于34~45岁之间的分别有福建27户、浙江18户和江西23户，这表明三省大部分林农所处的年龄阶段对技术进步的吸纳能力和追赶能力为正，进而有助于促进林业技术的进步。

（二）户主受教育程度

户主受教育程度与福建和江西林业全要生产率、技术进步、技术效率，与浙江和江西规模效率以及与福建纯技术效率均呈现出显著的正相关关系，这表明户主受教育程度对三省均有一定的影响，特别是对福建和江西林业全要素生产率及部分分量的影响很显著。福建与江西林农受教育程度越高，林业全要素生产率就越高，其可能的原因在于教育是一种提升获取知识和信息能力的锻炼过程（Huffman，1985），劳动力受教育水平越高，相应的知识水平越高，接纳新信息的能力也越强，因而林农学习并接纳新技术的能力越强，同时能够总结出林业经营管理经验，促进林业效率提高，也进一步表明提升劳动力受教育水平有助于提升纯技术效率和规模效率进而提高技术效率（李志俊，郭建雄，2007）。不过该因素的系数仍相对较小，说明该因素的影响力度也比较小。

（三）林地块数

林地块数仅与江西纯技术效率和规模效率呈现出明显的相关性，即林地块数与江西林业纯技术效率呈现出正相关关系，而与规模效率呈现出负相关关系，同时影响的系数数值相近，因而该因素对技术效率没有表现出明显的相关性。一般而言，林地块数越多，林地面积越大，也越分散，江西的林地块数多于福建和浙江，林地面积也远大于其他两省，林地规模偏大，使得江西林地规模效率反而降低，但是林地面积作为林业投入要素之一，面积越大，纯技术效率值越高。而福建与浙江有不少林农经营毛竹林和茶叶，而毛竹林和茶叶并没有受到地块数的影响，同时经营毛竹林和茶叶一般是规模相对较小的林户，总面积和地块数对其效率的影响不明显。

（四）林地离公路的距离

林地离公路的距离与福建林业全要生产生产率、技术效率和纯技术效率、与浙江林业全要素生产率、技术进步、技术效率和纯技术效率以及与江西的规模效率均呈现出正相关关系，同时系数均较大，表明该因素的影响力度比较大。一般而言，林地离公路距离越远，农户对林地进行经营、管理和林产品的输送等方面越方便，林业生产效率就会越高。但是福建和浙江山林地比较多，林地离公路距离越远，意味着越靠近山，乱砍滥伐的现象相对就会减少，有助于提高林业生产效率；但是江西山林相对比较少，林地离公路的距离仅对规模效率呈现出显著性，对其他生产效率却没有明显的相关性，其可能的原因在于林地离公路距离越远，越有利于进行土地流转，实现规模化生产模式。

（五）土地肥沃程度

林地肥沃程度是林木生长的立地条件之一，林地质量的好坏也会影响到林木的产出。土地较为肥沃的林地，林木长势越好，林产品的质量也越高。江西林地土壤相对浙江和福建而言较为肥沃，因而土地肥沃程度对江西林业生产要素的配置的影响相对较大，但是对福建和浙江而言影响则不明显。

（六）林地坡度

浙江林农技术进步和江西的技术效率受到林地坡度的影响较大，且均为正影响，而对浙赣其他生产效率与福建的林业全要素生产率及其分量的影响则不明显。林地坡度也是造林的立地条件之一，坡度越小，林地越平坦，越能提高林农进行林业生产经营管理的积极性。浙江林业技术发展一直处于全国前列，林地越平坦，越能促进林农采用新技术，实行机械化生产；而江西林农原本对林业生产经营就比较上心，立地条件越好，越能促使林农提高林业生产经营管理水平，技术效率也有所提升。但是该因素对福建没有显著的影响，其可能的原因在于福建多为山林区，且坡度较大，坡度较大以用材林经营为主，坡度较小的一般经营毛竹，经营模式较为成熟，因而该因素对福建林业全要素生产的影响不明显。

（七）经营类型

经营类型仅与江西林农技术效率呈现出显著的负向关系，与闽浙林业全要素生产率则没有呈现出显著的相关性。其可能的原因在于江西林农林地规模较大，主要从事用材林生产经营，经营周期相对较长，故不少林农采用股份制经营类型，该种经营模式属于多头领导，在生产要素投入配置过程中容易出现多方意见，谈判成本高，效率低，因而该因素对江西省林业技术效率的影响较大。但是闽浙两省林地规模普遍较小，部分林农主要经营毛竹林和经济林，经营周期较短，故多数选用自留山经营类型，完全由林农自己决定，因此该因素对闽浙两省的林农林业全要素生产率的影响不显著。

（八）种苗质量

种苗质量与浙江技术进步、江西规模效率呈现出正相关关系，与江西纯技术效率呈现出负相关关系，但是与福建林业全要素生产率及浙赣其他生产效率并没有呈现出明显的正负关系。在调研过程中发现该省林农多数较为愿意选购新种苗，这表明浙江林农观念较为先进，比较愿意冒险和尝试新技术，再加上浙江在林业科技方面的投资与宣传一向比较到位，因此种苗质量对浙江林农技术进步的影响较为显著。对于江西林农而言，他们对林业经营的积极性最高，林地利用率也是最高的，所选用的种苗质量越好，越能促使林农扩大林地规模，但是不利于林农准确地掌握好要素间的最优配置比例，因此该因素对江西的纯技术效率和规模效率呈现出显著的相关性。福建对林业科技的投入是三省之中最低的，种苗质量相对而言比较差，对林农的林业生产效率的影响还未能够体现出来。

（九）施肥次数

国内外研究表明林地施肥是提高土壤肥力、加快林木生长的主要技术措施之一，但是施肥应当因地制宜、因树制宜，否则可能既达不到目的又加大成本，造成更大的损失。模型回归结果表明施肥次数仅与浙江和江西林农技术进步呈现出显著的相关性，其中该因素与浙江林农技术进步是呈正相关关系，而与江西的则呈现出负相关关系。其可能的原因在于江西林地相对比较肥沃，继续对林地进行施肥反而不利于林木的生长，也就更不利于林农加大林业生产投资，引入新技术，因此该因素对江西而言反而是呈现出不利的影响；浙江林地虽然也比较肥沃，但是仍需要增加肥沃程度，因而施肥次数越多，林地土壤就越肥沃，林业长势也较好，林农对林业的生长发展也很满意，更能促进林农引进和推广新化肥品种以提高生产率，进而促进了林业技术进步。福建各地林地立地条件差异比较大，不同地段进行施肥次数不相同，对林业全要素生产率的影响也可能有所不同，综合而言对该省林农林业全要素生产率的影响反而变得不显著。

（十）整地方式

造林整地是造林过程中最费力且投资最大的技术环节，整地方式的选择对新造幼林的成活以及生长均有一定的影响，同时也直接关系到造林的经济效益。模型回归结果表明整地方式对福建林农的林业全要素生产率的影响较大，并对浙江林农规模效率产生显著的正向影响，对江西林农林业全要素生产率则无显著的影响。浙江林业的整地方式很精细，这表明该省林地越平坦，越能提高造林的成活率，改善幼林生长情况，同时还能提高造林质量，有利于提高规模效率变动指数。同时由于本研究时间较短，仅六年期间的情况，加上整地方式对林木生长具有一定的滞后性，所以整地方式这一因素对林业全要素生产率的影响呈现出负相关性或者甚至不显著。

（十一）资金来源的畅通性

模型回归结果表明资金来源渠道的畅通性对浙江林业全要素生产率和技术效率呈现出显著的负相关关系，与江西的林业全要素生产率、技术进步和技术效率呈现出显著的正相关关系。传统观点认为资金来源渠道越通畅，表明林农在各大生产要素和林地规模方面的投入将更加得心应手，也能够投入足够的流动要素，促进林木更好地生长，进而提高林业全要素生产率和技术效率的提高，这可能是浙江林农资金来源畅通性对林业全要素生产率增长的主要原因；

不过江西的情况有所不同，江西林农的资金并不顺畅，但是却能促进林业全要素生产率的增长，其可能的原因在于江西林地规模普遍较大，林农需要投入大量的资金引进新技术等以维持和扩大林业经营，因此江西林农资金越不畅通，表明该省林农林业生产效益越高，林农对林业经营越积极，林业全要素生产率也越高。

（十二）采伐限额制度

采伐限额制度本身是为了约束林农的经营行为而存在的，它使得农户的经营行为处于一种非完全竞争的市场，约束力越强，市场竞争性就越弱，效率就越低下。模型回归结果表明采伐限额制度与福建规模效率、与浙江技术进步和与江西的林业全要素生产率和技术效率均呈现出显著的正相关关系，其可能的原因在于采伐限额制度对林农的约束越小，越能提高林农进行林业经营的积极性，林业生产效率也会越高。江西林农主要经营用材林，受到采伐限额制度的影响相对较大，故当江西林农受到采伐限额制度的影响越小，越能促进林业全要素生产率的提高。浙江大部分林农主要从事毛竹林和经济林经营，受到采伐限额制度的约束相对比较小，越能促使林农加大先进技术的投入，进而有助于提高技术进步。此外，采伐限额制度的存在拉长林业经营周期，经营成本亦随之增加，间接减少林业的产出效益，因此，采伐限额制度越严重，林业规模效率指数越低。

（十三）伐区调查制度

伐区调查制度仅与福建林业全要素生产率、技术效率和纯技术效率呈现出显著的正相关关系，与浙江和江西并没有呈现出明显的正负关系，这表明伐区调查制度对福建林农有显著影响，对浙江和江西的林农则没有显著影响。伐区调查设计制度主要通过农户认为伐区调查设计制度对其影响程度进行衡量，一般而言，农户若认为伐区调查设计制度对其影响越小，说明其对受到的制度约束越小，对林地经营的意愿也就大。林地影响越大的农户往往对林地经营投入的精力和时间也就越多，所以其林地经营的全要素生产率也就越高。对福建林农而言，可能相比于浙赣林农更注重伐区调查制度对其自身的约束，同时在林业生产经营过程中把该因素看得很重，因此该因素对福建林农林业生产效率的影响比较明显，但是浙江和江西的林农在林业生产过程中还未把该因素看得过重，因而该因素的显著性还未显现出来。

（十四）林业税费

模型回归结果表明林业税费仅与浙江林业全要素生产率、技术效率、纯技术效率和规模效率均呈现出显著的正相关关系，而与福建和江西林农却没有表现出显著的正负关系。闽浙赣三省在新一轮林权制度改革过程中把林业税费改革提到了重要位置，浙江林业税费改革力度最大，免征一切税费，实现林业

"零税费"，浙江林农受林业税费优惠的激励提高林业生产效率，因而该因素对浙江林农的林业全要素生产率影响显著。福建与江西对林业税费也进行调整，做出了适当地减少，但是对该两省林农而言该因素可能还未明显地影响到林业生产效率。

（十五）林业补贴

模型回归结果表明林业补贴仅与江西纯技术效率和规模效率呈现出明显的相关关系，即林业补贴与江西纯技术效率呈现出正相关关系，与规模效率呈现出负相关关系，但是与福建和浙江林农林业全要素生产率则无明显相关关系。闽浙赣三省在新一轮林改后，生态公益林补贴金额均以不同的幅度增长，其中福建增长幅度最大，浙江次之，江西增长幅度最小。不过闽浙两省对林业生产经营的积极性越没有江西高，大部分林农虽然有山林地，但是并不愿意多加投资，仅是在砍伐期稍微有些劳力投入之外，很少有其他方面的投资，因而即使有林业补贴，但是补贴金额对闽浙两省林农的吸引力还不够，因而该因素的影响还未显现出来。江西有不少林农属于大规模经营，总体林业补贴额相对较高，进而加大了林农从事林业生产经营的积极性，故该因素对江西样本林农的影响较为显著。

第三篇

农户林业经营效率实证分析

第八章　福建省农户林业经营效率实证分析

第一节　分析方法

数据包络分析方法（DEA）是运筹学、管理科学与数理经济学交叉研究的一个新领域，它根据多项投入和产出指标将各个决策单元投影到生产前沿面上，然后依据其偏离前沿程度测算是否有利用，该方法是目前最为常用的效率评价方法。农户林业经营效率研究是一种多投入多产出的生产率分析，必须结合采用多输入模型针对性分析投入产出效率，故本研究应用 DEA 中的 BCC 模型分析福建农户的林业经营效率。DEA-BCC 模型如下：

$$\sum U_r Y_{rj} - \sum V_i X_{ij} - V_{j0} \leqslant 0$$

$$\mathrm{Minz_{i0}} = \sum \mathrm{V_i X_{ij0}} + \mathrm{V_{j0}} \tag{8-1}$$

$$\mathrm{s.\ t.} \sum U_r Y_{ryj} = 1$$

$V_i \geqslant 0$，$U_r \geqslant 0$，$r = 1, 2, \cdots, s$；$i = 1, 2, \cdots, a$；$j = 1, 2, \cdots n$

式中，a 为多种投入；s 是多种产出；Yrj 为第 j 个 DEU 的第 r 项产出；Xij 为第 j 个 DMU 的第 i 项投入；Ui 为第 i 个产出项权重；Vj 为第 j 个投入项的权重；$V0$ 为规模报酬指标。

第二节　福建省农户林业经营效率分析

根据表 8-1 可以看出，2004~2009 年福建省 96 个样本农户各年的经营效率均值在 0.85 左右，其与最优值 1 的差距较小，而且均值的波动幅度较小。这表明福建省农户的林业经营水平达到了一个中高水平，并且呈现出一个相对稳定的状态。在 96 个样本中，经营效率为 DEA 有效且纯技术效率和规模效率达到最优的样本所占比重较低，最高比例为 8.33%，最小比例仅为 4.17%。这表明只有小部分林农是通过投入的土地、资金和用工数等生产要素的最优配置以及规模的最优化而实现了林业收益的最大化，投入产出比达到最优，进而表明福建省农户的林业经营效率水平还有待进一步提高。在纯技术效率方面，在 2004~2009 年间，每年均有超过 75%的样本农户未能实现 DEA 有效，即该

表 8-1　2004~2009 年经营效率及其分量的 DEA 有效比重及各效率均值

年份	经营效率			纯技术效率			规模效率		
	DEA 有效比重（%）	DEA 无效比重（%）	效率均值	DEA 有效比重（%）	DEA 无效比重（%）	效率均值	DEA 有效比重（%）	DEA 无效比重（%）	效率均值
2004	8.33	91.67	0.866	23.96	76.04	0.894	15.625	84.375	0.966
2005	4.17	95.83	0.842	14.58	85.42	0.875	8.49	91.51	0.963
2006	6.25	93.75	0.853	14.58	85.42	0.863	10.42	89.58	0.989
2007	8.33	91.67	0.858	21.875	78.125	0.87	17.71	82.29	0.987
2008	5.21	94.79	0.866	21.875	78.125	0.887	17.71	82.29	0.977
2009	5.21	94.79	0.86	20.83	79.17	0.868	16.67	83.33	0.991

部分林农在生产经营过程中未能实现生产投入要素配置的最优化，从而使得大部分农户的林业经营效率偏离最优值1，这可以说明福建省林业生产的技术有效性偏低。在规模效率方面，每年都有超过80%的样本农户未达到DEA有效，即该部分林农在生产经营过程中未达到生产规模最优状态，因此需要适当调整其林地规模。

表8-2反映了2004~2009年经营效率值概率分布情况。总而言之，2004~2009年农户林业经营效率值呈现小幅度的变动，但整体变化不大。六年间经营效率值的分布情况基本保持不变，处于0.8以上的样本农户占多数。经营效率处于0.5以上的样本农户的比例除2007年略低于90%外，其余五年的比例均超过90%。大部分样本林农的林业经营效率集中在0.8~1之间，只有小部分处于0.8以下，并且样本的经营效率值的标准差及其变异系数数值均较小，这表明大部分样本农户的经营水平还是相对较高，少数林农的经营水平偏低。此外，经营效率值的最小值仅为0.1左右，说明福建省个别农户的林业经营效率偏低，迫切需要提升其林业经营水平。

表8-2 2004~2009年经营效率值概率分布表

年份 值	2004	2005	2006	2007	2008	2009
(0，0.5]	7（7.29%）	7（7.29%）	9（9.375%）	10（10.42%）	6（6.25%）	8(8.33%)
(0.5，0.8]	8（8.33%）	16（16.67%）	12（12.50%）	8（8.33%）	9（9.37%）	10(10.42%)
(0.8，0.9]	18（18.75%）	21（21.87%）	12（12.50%）	22（22.92%）	22（22.92%）	11(11.46%)
(0.9，1.0]	63（65.63%）	52（54.17%）	63（65.625%）	56（58.33%）	59（61.46%）	67(69.79%)
最大值	1	1	1	1	1	1
最小值	0.046	0.05	0.063	0.105	0.139	0.099
平均值	0.866	0.842	0.853	0.858	0.866	0.86
标准差	0.216	0.202	0.227	0.228	0.209	0.227
变异系数	0.250	0.239	0.266	0.266	0.242	0.264

第三节 福建省农户林业纯技术效率总体情况

经营效率可继续细分为纯技术效率和规模效率。纯技术效率是指短期内技术效率扣除规模因素的影响之后的经营绩效，旨在发现生产部门的要素投入是否存在冗余现象。从表8-1可知，2004~2009年样本农户纯技术效率的平均值略高于其经营效率，其6年的波动也较小，其中2004年林农纯技术效率的平均值最大，为0.894，离DEA测算的最优值1的距离较小，表明该年农户生产要素配置相对较为合理。六年内这96个农户纯技术效率有效的样本所占的比例均高于经营效率有效的比例，但其所占的比重仍然偏低，约为20%，而且在纯技术效率达到 1 的样本农户中，仍有部分农户因为其经营规模与要素投入比例不协调而导致其处于规模报酬递增或递减阶段，综合以上情况可以说明大部分样本农户的林业生产要素配比状况不能完全符合林地经营规模的需要。在 DEA 无效的样本中，未能达到纯技术效率 DEA 有效的农户占有较大比重，以至于经营效率最优的样本农户数较少，因此应该注意加强对林农林业专业知识的传播，促进其经验的积累，以提高其林地经营的纯技术效率有效性。

根据表 8-3，总体而言，样本农户在 2004~2009 年的纯技术效率值变动趋势为："降低—提高—降低"，其中 2004 年的林业纯技术效率值最大，与经营效率值的变动趋势相似。而六年间样本农户的林业纯技术效率值变异系数介于 0.23 到 0.27 之间，数值相对较小，说明样本农户在林业纯技术效率上的差异性较小。从数值上看，超过 80%的农户林业纯技术效率值集中在 0.8 到 1 之间；而纯技术效率值小于 0.5 的比例较低，普遍低于 10%，只有 2007 年的比例高于 10%，为 10.42%。综上可得，六年间样本农户的纯技术效率值主要分布在 0.8~0.9 和 0.9~1.0 之间，六年中纯技术效率值为 0.9~1.0 之间的样本农户的比重较为接近，年平均比例为 62.5%，这表明大部分林农的林业生产要素配置较为合理，但仍然有部分林农的存在生产要素投入冗余的情况，生产要素的配置需要进一步的优化。因此应当向生产要素配置最优的农户学习，充分汲取其林业经营的经验、教训，进而提升福建省农户林业生产要素配比水平。

表 8-3　2004~2009 年纯技术效率值概率分布表

年份 / 值	2004	2005	2006	2007	2008	2009
(0, 0.5]	6 (6.25%)	6 (6.25%)	9 (9.38%)	10 (10.42%)	6 (6.25%)	8 (8.33%)
(0.5, 0.8]	7 (7.29%)	11 (11.46%)	8 (8.33%)	8 (8.33%)	8 (8.33%)	9 (9.38%)
(0.8, 0.9]	8 (8.33%)	16 (16.67%)	14 (14.58%)	14 (14.58%)	14 (14.58%)	10(10.42%)
(0.9, 1.0]	75 (78.13%)	63 (65.62%)	65 (67.71%)	64 (66.67%)	68 (70.83%)	69(71.87%)
最大值	1	1	1	1	1	1
最小值	0.048	0.051	0.064	0.106	0.139	0.101
平均值	0.894	0.875	0.863	0.87	0.887	0.868
标准差	0.213	0.208	0.228	0.230	0.211	0.229
变异系数	0.239	0.238	0.264	0.264	0.237	0.264

第四节　福建省农户林业规模效率

林业规模效率是用来判断农户的林业经营规模是否处于最优状态。2004~2009 年林农的林业规模效率值均高于 0.96，相对于经营效率和纯技术效率较接近最优值 1，表明大部分林农只要稍微调整经营规模即可达到最优规模。在

96个样本林农中，其中年平均约有17.36%的林农生产规模处于规模报酬不变阶段，即林地经营规模较为合理，其中年平均约有6.25%的林农不仅生产要素达到最优配置，同时也处于最优的经营规模状态下，即处于经营最优状态。当前已经处于最优的经营规模的林农大部分未达到经营最优状态，主要是由于生产要素配置比例不协调，未能符合现有林业规模要求，导致了其经营效率未能达到最优。同时，林地规模效率DEA有效占的比例偏低，每年平均有接近80%的样本农户经营处于规模报酬递增或者递减阶段。

由表8-4，我们知道2004~2009年农户的林业规模效率的区间分布较为相似，大部分样本农户的规模效率值处于0.95~1区间。这与经营规模效率和纯技术效率的分布情况略有差异。此外各年份的变异系数值普遍相对较低，除2008年为0.054外，其他年份均低于0.05，表明各年份林农之间的规模效率

表8-4 2004~2009年规模效率值概率分布表

值＼年份	2004	2005	2006	2007	2008	2009
(0, 0.8]	0 (0.00%)	0 (0.00%)	0 (0.00%)	0 (0.00%)	1 (1.04%)	1 (1.04%)
(0.8, 0.85]	1 (1.04%)	1 (1.04%)	0 (0.00%)	0 (0.00%)	1 (1.04%)	0 (0.00%)
(0.85, 0.9]	10 (10.42%)	2 (2.08%)	0 (0.00%)	3 (3.125%)	4 (4.17%)	0 (0.00%)
(0.9, 0.95]	14 (14.58%)	29 (30.21%)	5 (5.21%)	3 (3.125%)	5 (5.21%)	3 (3.13%)
(0.95, 1]	71 (73.96%)	64 (66.67%)	91 (94.79%)	90 (93.75%)	85 (88.54%)	92 (95.83%)
最大值	1	1	1	1	1	1
最小值	0.815	0.848	0.911	0.852	0.564	0.792
平均值	0.966	0.963	0.989	0.987	0.977	0.991
标准差	0.043	0.030	0.017	0.025	0.052	0.024
变异系数	0.044	0.031	0.017	0.026	0.054	0.025

值差异较小。而六年间除个别农户的规模效率值低于0.85外，其余农户均高于0.85。规模效率的区间分布上呈现出较大的年际差异。在0.85~0.9区间内，2004年的样本农户最多，约占总量的10.42%，其他年份的比例均小于5%；在0.9~0.95区间内，2004年为14户，2009年为29户，其他年份的样本农户均未高于5户；在0.95~1区间内，2005年的样本农户最少，约占总量的66.67%，2009年的样本农户为92户，约占95.83%。这表明大部分林农的经营规模还是接近最优规模，规模只需进行一定的调整，便可达到最优林业经营规模。而对于林业规模效率值低的农户可以通过进行土地流转等形式以提高

整体林业的经营规模效率。

第五节　不同经营规模下林农所处规模报酬阶段分析

由表8-5可知，2004~2009年不同经营规模下林农所处规模报酬阶段的分布情况。每年平均有82.64%（79户）的农户处于林地规模无效，其中约有22.40%（21户）处于规模报酬递增阶段，60.24%（58户）处于规模报酬递减阶段。通过表9-5我们可知，林地规模在10亩以下的样本农户数量基本上未发生变化。2007~2009年各年均为31户，2005年与2006年为32户，2004年为33户，其中年平均有14户左右的林农处于规模报酬递增阶段，占该林地规模林农总数的43.75%，最多可有24户处于规模报酬递增阶段，最少的只有2户，年际差异较大；年平均有7户左右的林农处于规模不变阶段，最多可达11户林农处于规模报酬不变阶段，如2008年，最少有4户林农处于规模报酬不变阶段；年平均有10户处于规模报酬递减阶段，最多可达24户，最少为0户，年际差异较为明显。在［0，10）亩规模内大部分林农处于规模报酬递增或规模报酬递减阶段，对于处于规模报酬递增阶段的农户应适当加大林业生产要素的投入，提高要素的边际收益，进而达到最优经营规模。对处于规模报酬递减阶段的农户可以通过某些形式缩小其经营规模，以使其生产要素配比更趋合理化。

2004~2009年林地规模区域在［10，50］内的农户的规模报酬阶段没有明显变化，其中2004年为42户，2005和2006年为43户，2007~2009年均为44户，［10，50］是三个林地规模区域中比重最高的。2004~2008年均有超过70%的林农处于规模报酬递减阶段，其原因可能是林农自身经营能力与当前所经营规模不相适应，适得其反造成规模报酬递减。2009年的规模报酬阶段分布情况与之前的五年存在较大差异，在该区域内处于规模报酬递减阶段的样本农户有9户，占20.455%；林地规模报酬不变的农户为15户，该林地规模林农总数的34.09%；处于林地规模报酬递增阶段的林农户数最多，为20户，占总数的45.455%。说明该年林地规模报酬递增的农户所占比例有较大幅度的提升，这可能是由于随着经营年限的增加，农户不断积累的管理经验和提升经营水平。对于这部分农户可以适当增加林地经营规模。同时，可以说明当林地规模在［10，50］区间时，由于林地规模适中，林农较易进行经营管理。而这个规模水平也利于其生产经营管理水平和要素的配置能力的提高。

2004~2009年均有21.875%（21户）样本农户的林地规模超过50亩，六年间在此规模报酬阶段的分布上基本没有变化。在这个林地规模区域内，各年均有超过85%的农户处于规模报酬递减阶段。其中，2008年处于规模报酬递

表 8-5 2004~2009 年林农所处规模报酬阶段的分布情况

年份		2004	2005	2006	2007	2008	2009
10 亩以下	irs	2（6.06%）	15（46.875%）	8（25.00%）	19（61.29%）	18（58.07%）	24（77.42%）
	-	7（21.21%）	7（21.875%）	4（12.50%）	9（29.03%）	11（35.48%）	7（22.58%）
	drs	24（72.73%）	10（31.25%）	20（62.50%）	3（9.68%）	2（6.45%）	0（0.00%）
小计		33	32	32	31	31	31
[10，50]	irs	1（2.38%）	5（11.63%）	8（18.60%）	3（6.82%）	5（11.36%）	20（45.455%）
	-	6（14.29%）	2（4.65%）	5（11.63%）	10（22.73%）	7（15.91%）	15（34.09%）
	drs	35（83.33%）	36（83.72%）	30（69.77%）	31（70.45%）	32（72.73%）	9（20.455%）
小计		42	43	43	44	44	44
50 亩以上	irs	0（0.00%）	0（0.00%）	1（4.76%）	0（0.00%）	0（0.00%）	0（0.00%）
	-	2（9.52%）	1（4.76%）	2（9.52%）	2（9.52%）	0（0.00%）	3（14.29%）
	drs	19（90.48%）	20（95.24%）	18（85.72%）	19（90.48%）	21（100.00%）	18（85.71%）
小计		21	21	21	21	21	21
规模报酬递增（irs）		3（3.125%）	20（20.83%）	17（17.71%）	22（22.92%）	23（23.96%）	44（45.83%）
规模报酬不变（-）		15（15.625%）	10（10.42%）	11（11.46%）	21（21.87%）	18（18.75%）	25（26.04%）
规模报酬递减（drs）		78（81.25%）	66（68.75%）	68（70.83%）	53（55.21%）	55（57.29%）	27（28.13%）
合计		96（100%）	96（100%）	96（100%）	96（100%）	96（100%）	76（100%）

减阶段的农户所占比例最大，为 100%（21 户），最少的年份也有 85.71%（18 户）；处于规模报酬不变的农户较少，2008 年最少，为 0 户，2009 年最多，为 3 户；处于规模报酬递增阶段的农户几乎没有，2006 年只有一户农户处于规模报酬递增阶段，其他年份为 0 户。这表明该经营规模区域内大部分林农的经营规模过大，应当适当减小所经营规模。这是因为林农自身所具备的经营管理水平和要素配置能力未能与当前经营规模相适应，因此该区域内的农户可以通过减小经营规模以实现其规模效益的提高。

综上所述，虽然 2004~2009 年福建农户所处的规模报酬阶段分布情况比较均衡，但是通过对规模报酬阶段和林地规模的分析可知，大部分林农是处于规模报酬递减阶段，特别是林地面积在 50 亩以上的农户，表明这部分林农应当适当地缩小经营规模以提高林业经营效益。但是也有部分林农处于规模报酬递增阶段，特别是林地规模处于 10 亩以下的林农，这表明该部分林农可以通过土地流转等形式来提升其林地经营规模，以实现林业地规模化经营。

第六节 福建农户林业经营效率影响因素分析

以 DEA-BCC 测算所得的 VRSTE 和 SE 指数值为因变量，以 2004~2009 年人力、资金、林地、管理、制度因素的各指标值为自变量，采用面板数据，利用去常数项的 Tobit 模型进行分析，最终利用 Tobit 模型对 18 个影响因素进行分析。同时为明确各因素对林业规模效率的影响程度，并且为防止由于部分因素的干扰导致的一些对于林业规模效率有显著影响的因素被排除在模型之外，本研究采取逐步回归的方法对模型进行了二次回归，具体结果如下。

一、林业技术效率的影响因素分析

以 DEA-BCC 测算所得的 VRSTE 指数值为因变量，以 2004~2009 年人力、资金、林地、管理、制度因素的各指标值为自变量，利用去常数项（注释：经计算，常数项对模型而言显著性极低，在模型无法起作用，因此将常数项去掉）的 Tobit 模型进行分析，结果见表 8-6。

表 8-6 CRSTE 作为因变量的 Tobit 回归模型计算结果

Covariance matrix computed using second derivatives				
	Coefficient	Std. Error	z-Statistic	Prob.
X1（户主年龄）	0.005574	0.000524	10.63716	0.0000
X2（户主受教育程度）	0.006159	0.001965	3.134100	0.0017
X3（林地块数）	−0.019885	0.007387	−2.691870	0.0071

（续）

Covariance matrix computed using second derivatives				
X4（林地离公路的距离）	−0. 050295	0. 008038	−6. 256787	0. 0000
X6（林地坡度）	0. 099903	0. 017633	5. 665750	0. 0000
X8（经营类型）	0. 025226	0. 007945	3. 175218	0. 0015
X9（经营主体类型）	0. 233063	0. 026998	8. 632674	0. 0000
X10（种苗质量）	−0. 073023	0. 012446	−5. 867298	0. 0000
X11（施肥次数）	−0. 345752	0. 024384	−14. 17965	0. 0000
X12（整地方式）	0. 036645	0. 004737	7. 735343	0. 0000
X13（林业收入占家庭收入比重）	0. 094595	0. 027891	3. 391543	0. 0007
X14（资金来源渠道的畅通性）	0. 047558	0. 009140	5. 203450	0. 0000
X16（伐区调查设计制度）	0. 036224	0. 009730	3. 722871	0. 0002
X17（林业税费）	0. 034547	0. 006317	5. 468792	0. 0000
Log likelihood	236. 6532	Akaike infocriterion		−0. 769629
Avg. log likelihood	0. 410856	Schwarz criterion		−0. 656189

模型回归结果显示，AIC=−0. 769629 和 SC=−0. 656189 两者的绝对值都小于 1，表明模型也都分别通过赤池准则和施瓦茨准则。同时模型的极大似然值 Log likelihood=236. 6523，数值较大，由此可知，模型整体显著性强。从模型二次回归结果的具体结果上看，在将全部 18 个因素纳入模型之时，有 14 个因素对林业技术效率有显著影响，分别为 X1（户主年龄）、X2（户主受教育程度）、X3（林地块数）、X4（林地离公路距离）、X6（林地坡度）、X8（经营类型）、X9（经营主体类型）、X10（种苗质量）、X11（施肥次数）、X12（整地方式）、X13（林业收入占家庭收入的比重）、X14（资金来源渠道的畅通性）、X16（伐区调查设计制度）和 X17（林业税费），这些影响因素的显著性系数全都通过了 99%置信水平的检验，由此可构建出福建省农户林业技术效率的影响因素模型为：

Tobit（Y）= 0. 005574X1+0. 006159X2−0. 019885X3−0. 050295X4
+0. 099903X6+0. 025226X8+0. 233063X9−0. 073023X10
−0. 345752X11+0. 036645X12+0. 094595X13+0. 047558X14
+0. 036224X16+0. 034547X17

即：Tobit（经营规模效率）= 0. 005574 ×户主年龄+0. 006159 ×户主受教育程度−0. 019885 ×林地块数−0. 050295 ×林地离公路的距离+0. 099903 ×林地坡度+0. 025226 ×经营类型+0. 233063 ×经营主体类型−0. 073023 ×种苗质量−0. 345752 ×施肥次数+0. 036645 ×整地方式+0. 094595 ×林业收入占家庭收入比

重+0.047558 ×资金来源渠道的畅通性+0.036224 ×伐区调查设计制度+0.034547 ×林业税费

回归结果显示，户主年龄与经营效率呈现出正相关关系，这表明户主年龄越大，农户家庭经营规模效率越大。主要是因为户主作为家庭中决策权最大的一人，是林业经营的主要决策者。一般来说，户主的年纪越大，其林业经营的年限也就越大，积累的林业经营经验也就越丰富，经营效率也就越高。该影响因素的显著性系数通过了99%置信水平的检验。由此可见户主年龄这一影响因素对农户经营规模效率的影响非常显著。从影响的力度上看，在其他影响因素不变的条件下，户主年龄每增加一岁，经营效率就要提升0.005574，是所有影响因素中作用力度最小的一个。这是因为林业经营经验的积累虽然和户主年龄存在一定的联系，但也并非绝对，林业经营规模效率的影响是多方面的，户主的年龄只是其中很小的一方面。

从表8-6可知，户主的受教育年限与经营效率呈现弱正相关，这表明户主的受教育年限越大，农户家庭经营效率越大。而该影响因素的显著性系数为0.0017<0.01，通过99%置信水平检验。由此可知，户主受教育年限这一影响因素对于农户经营效率的影响较为显著。从影响的力度上看，每提高一单位的户主受教育年限，农户经营效率就要提升0.006159，比户主年龄的影响系数稍高，但总体影响水平还是相对较弱。这是因为户主一般为家庭中的长辈，其受教育年限一般较低，且户与户之间差距较小，虽然受教育程度越高，其自身的经营素质会相对较高，但总体上的相对平均使户主受教育年限对农户经营效率的影响系数相对较低。

模型回归结果显示：农户经营林地块数也对经营效率有所影响。从作用的方向上看，它与经营效率呈反向关系，表明林地面积块数越多，经营效率越小。这与传统观念相吻合，林地块数越多一般来说农户经营也就越分散，林农在林地经营过程中所花费的时间和精力也会越多，同时，经营成本的增加也会导致效率低下。从作用的力度上看，其影响系数为0.019885，数值非常小，这表明农户经营的林地块数虽然对于经营规模效率有影响，但影响力度是有限的。

林地离公路距离也是经营效率的因素之一。从该因素作用的方向上看，与传统观念认为林地与公路距离越远，经营效率越低这一结论相同。这是因为林地离公路的距离越远，林农的交通成本、时间成本等都会有所增加，进而导致总成本的增加，最终致使其效率降低。从其显著性上看，显著系数为0.0000<0.01，通过了99%置信水平的检验，由此可见该因素对经营规模效率的影响也很显著。从影响的力度上看，在其他影响因素不变的情况下，家庭每增加一单位的林地与公路距离，其经营规模效率就会减少0.050295个单位。这一影

响因素的影响系数的数值大小在 14 个影响因素属于适中水平。林地距离公路越远，那么农户进行林业种植、养护等生产活动也就越不便利，特别是一些公路没有遍及的地方，林业生产就会愈加困难。这会从两个方面影响农户的林业经营效率：一方面是由于交通不便，会较低农户进行林业生产的积极性，从而使农户在林业管理上的时间和精力减少，造成效率低下；另一方面，由于距离的增加，会使农户在经营过程中的经营成本大幅度增加，从而使农户的经营效率降低。

模型回归结果表明，林地坡度也是影响经营效率的一个重要因素。从作用的方向上看，它与经营规模效率呈现出正相关关系，即林地坡度越大，经营规模效率越高，这一结论与传统观念的结论不一样，传统观念认为林地坡度越大，林农的生产活动会更加困难，进而导致总成本的增加，最终致使其效率降低。然而林地坡度除了有这方面的影响之外，还有另一方面的作用，即林地坡度越大，表明林地的采伐难度也就越大，林木的采伐也就越合理，盗伐等现象会减少，在一定程度上提升了林业最终产量，在投入水平不变的基础上，相应的效率也就有所提高。从作用的力度上看，林地坡度这一因素的显著性系数为 0. 0000，通过了 99%的置信区间，影响系数为 0. 099903，作用力度一般。

经营类型与经营主体类型作为管理变量中的影响因素在一定程度上也对经营规模效率有影响。从二者的显著性系数看，经营类型为 0. 0015，经营主体类型为 0. 0000，均通过了 99%的置信区间，显著性程度较高。从二者的作用方向来看，二者都对经营规模效率产生正向促进的作用，这与传统观念相同。即自留山经营、承包经营及股份制经营三种经营类型相较而言，一般认为，股份制经营效率最高，承包经营效率其次，自留山经营效率最低。因此，经营类型与林业全要素生产率呈正比关系。从制度经济学角度看，单户经营的交易费用较高，效率提升的空间相对较小，而联户经营能够降低交易成本，扩大效率提升空间。也即与单户经营相比，联户经营的林业全要素生产率较高。因此，经营主体类型与林业全要素生产率呈正比关系。从作用力度上看，经营类型的影响系数为 0. 025226，其对经营效率的影响程度相对较小。经营主体类型的影响系数为 0. 233063，这是所有影响因素中作用力度较大的一个。这表明，经营主体类型是影响林农经营效率的显著要素之一。

从表 8-6 可知，种苗质量与农户经营效率呈现负相关，表明种苗质量越高，林农经营效率越低。其显著性系数为 0. 0000，通过了 99%的置信区间。从作用力度上看，其影响系数为-0. 073023，数值较小，这表明农户所用种苗质量虽然对于经营效率有所影响，但影响的力度是有限的。从二者的作用方向上看，种苗质量与经营效率呈现负相关关系，与传统观念认为的种苗质量越好，农户的经营效率越高相反。这是因为在实地调查过程中，样本农户中所用优质种苗的农户数量非常少，只有 5 户农户使用，所以这在一定程度上会影响分析结果。同时可能由于农户在使用优质种苗的过程中加大了资金投入，但并未收到较好的效果，从而使经营效率不升反降。

模型回归结果显示，施肥次数与经营效率呈现负密切相关，这表明农户施肥次数越多，其经营规模效率越低。该影响因素的显著性系数为 0.0000，通过 99%的置信水平检验。由此可知，农户施肥次数这一影响因素对于农户经营效率的影响较为显著。从影响的力度上看，每提高一单位的施肥次数，经营规模效率就会较低 0.345752，这是所有影响因素作用力度最大的一个。从影响的方向上看，施肥次数与经营效率反向变动，这是因为肥次数与林业经营效率呈到 U 型关系，按照边际效益递减规律可知，当施肥次数超过一定量后，再继续增加施肥次数，则林业经营效率开始下降。从样本农户的林业经营效率值可以看出，福建省样本农户林业经营效率值相对较高，说明 2004~2009 年期间，林地生产要素配置较为合理，而不必要的施肥会在加大投入的同时，影响林木的正常生长，从而使林地经营效率下降。可以看出施肥次数作为管理变量之一，对经营规模效率发挥着重要作用。所以，农户在生产经营过程中对林地生产的合理管理至关重要。

整地方式对林业经营效率也具有显著影响，二者呈现正相关关系。整地方式中“1”代表炼山、“2”代表全垦，“3”代表带状整地或块状整地，“4”代表其他整地方式（主要是劈山）。传统观念认为整地方式从 1~4，数值越大，说明管理越粗放，数值越小则管理越精细。林农对林地的管理越精细，林业全要素生产率越高。因此，整地方式与林业全要素生产率呈反比关系。但实际结果显示，整地方式越粗放，经营效率越高。这是由于本文研究的是 2004~2009 年的林业全要素生产率的变动情况，时间跨度较短。从短期来看，林农采用精细的整地方式较之不整地与采用粗放整地方式需要花费较多时间和精力，经营林业的成本增加，不利于林业全经营效率的提高。精细的整地方式对林业经营效率的积极作用具有时滞性，即精细的整地方式对林业经营效率的积极作用需要在一段较长的时间内才能体现。这一点与我们前文对全要素生产率影响因素的分析相吻合。从作用力度上看，整地方式的影响系数为 0.036645，数值相对较低。可以看出其对经营效率的影响程度相对较小。

模型回归的结果显示，林业收入占家庭总收入的比重与经营效率存在正相关的关系。从显著性分析，该因素的显著系数为 0.0000，表明经营效率受该因素影响较为显著。从影响的力度上看，该因素的系数为 0.094595，即在其他影响因素不变的条件下，每增加一单位的林业收入占家庭收入的比重，林农家庭经营效率就增加 0.094595 个单位，影响系数接近 0.1，在 14 个影响因素中影响系数值相对较高，表明该因素是经营效率的重要影响因素之一。从影响的方向上看，该因素与经营效率呈现出正相关关系，即林业收入占家庭收入比重越大，经营效率越高。林业收入占家庭收入的比重是反映林农家庭对林业的依赖程度，比重越大，表明林农对林业的依赖性越强，那么林农家庭在林业经营上所花费的精力就越大，积极性越高，对林业生产经营管理就越上心，产出就越高，效率值也就越高。

资金来源渠道的畅通性也是影响经营效率的一个重要影响因素。该因素的显著系数为 0.0000，通过了 99%置信水平的检验，表明该因素对经营效率的影响较为显著。从影响的力度上看，该因素的系数为 0.047558，表明该因素对经营效率的作用力度一般。从影响的方向上看，该因素与经营效率呈现出正相关关系，即资金来源渠道越不畅通，效率值越高。资金来源渠道的畅通性能够反映出林农进行林业生产经营活动的积极性，一般认为资金来源渠道越不畅通，农户扩大生产规模的经营意愿也就越强烈。而在农户扩大其生产规模时，其生产要素配置水平一般相对较高，所以感觉资金来源渠道不畅通的农户其林地经营效率一般较高。

伐区调查设计制度在一定程度上也对经营效率有影响。从影响方向上看，伐区调查设计制度对农户的约束力度与经营效率呈现出正相关关系，即伐区调查设计制度对林农的约束力越弱，经营效率值越高。伐区调查设计制度和采伐限额制度一样，在一定时期内的主要目标一方面是为了控制砍伐量过多，破坏生态平衡，另一方面是为了规范林农砍伐行为，提高林产品质量。从作用力度上看，伐区调查设计制度的影响系数为 0.036224，数值相对较小，所以其对经营规模效率的影响也相对有限。

林业经营规模效率还受到林业税费的影响，该因素的显著系数为 0.0000，通过了 99%置信水平的检验，表明该因素对经营效率的影响非常显著。从影响的方向上看，林业税费与林业经营效率呈现出正相关关系，即林农对林业税费的接受程度越高，其效率值越高。传统观念认为的林业税费越高，对林农经营林业收益的危害越低，并阻碍林农进行林业经营的积极性，本文得出的结果与传统观念相一致。农户对林业税费的接受程度越高说明林业税费给其造成的生产不利影响越小，那么林农的生产经营活动也就越顺畅，其经营的积极性也就越高，从而其生产经营效率也就越高。从影响的力度上分析，该因素的系数为 0.034547，数值相对较小，表明该因素对经营效率的作用力度较小。

二、林业规模效率的影响因素分析

以 DEA-BCC 测算所得的 SE 指数值为因变量，以 2004~2009 年人力、资金、林地、管理、制度因素的各指标值为自变量，利用去常数项的 Tobit 模型进行分析，结果见表 8-7。

表 8-7　SE 作为因变量的 Tobit 回归模型计算结果

Covariance matrix computed using second derivatives				
	Coefficient	Std. Error	z-Statistic	Prob.
X1（户主年龄）	0. 008087	0. 000354	22. 87186	0. 0000
X2（户主受教育程度）	0. 010658	0. 001013	10. 52268	0. 0000
X4（林地离公路的距离）	0. 015786	0. 003749	4. 211163	0. 0000
X6（林地坡度）	0. 069852	0. 009010	7. 752873	0. 0000
X7（经营年限）	−0. 002053	0. 000521	−3. 937777	0. 0001
X8（经营类型）	0. 022847	0. 004013	5. 692904	0. 0000
X9（经营主体类型）	0. 202997	0. 015159	13. 39096	0. 0000
X12（整地方式）	0. 032175	0. 002500	12. 87070	0. 0000
X14（资金来源渠道的畅通性）	0. 042332	0. 004375	9. 676181	0. 0000
X15（采伐限额制度）	0. 012174	0. 005853	2. 079747	0. 0375
X16（伐区调查设计制度）	0. 035072	0. 005118	6. 852257	0. 0000
X17（林业税费）	0. 020519	0. 003354	6. 118319	0. 0000
X18（林业补贴）	−0. 010232	0. 005454	−1. 875916	0. 0607
Log likelihood	621. 4912	Akaike infocriterion		−2. 109344
Avg. log likelihood	1. 078978	Schwarz criterion		−2. 003467

模型回归结果显示，AIC = −2. 109344 和 SC = −2. 003467 两者的绝对值相对较小，表明模型也都分别通过赤池准则和施瓦茨准则。同时模型的极大似然值 Log likelihood = 621. 4912，数值较大，由此可知，模型整体显著性强。从模型二次回归结果的具体结果上看，在将全部 18 个因素纳入模型之时，有 13 个因素对林业全要素生产率有显著影响，分别为 X1（户主年龄）、X2（户主受教育程度）、X4（林地离公路的距离）、X6（林地坡度）、X7（经营年限）、X8（经营类型）、X9（经营主体类型）、X12（整地方式）、X14（资金来源渠道的畅通性）、X15（采伐限额制度）、X16（伐区调查设计制度）、X17（林业税费）和 X18（林业补贴），这些影响因素的显著性系数全都通过了 99% 置信水平的检验，由此可构建出福建省林业规模效率的影响因素模型为：

$$
\begin{aligned}
\text{Tobit}(Y) = {} & 0.008087X1 + 0.010658X2 + 0.015786X4 + 0.069852X6 \\
& - 0.002053X7 + 0.022847X8 + 0.202997X9 + 0.032175X12 \\
& + 0.042332X14 + 0.012174X15 + 0.035072X16 + 0.020519X17
\end{aligned}
$$

-0.010232X18

即：

Tobit（规模效率）= 0.008087 ×户主年龄+0.010658 ×户主受教育程度
+0.015786 ×林地离公路的距离+0.069852 ×林地坡度
-0.002053 ×经营年限+ 0.022847 ×经营类型
+0.202997 ×经营主体类型+0.032175 ×整地方式
+0.042332 ×资金来源渠道的畅通性
+0.012174 ×采伐限额制度
+0.035072 ×伐区调查设计制度
+0.020519 ×林业税费-0.010232 ×林业补贴

模型回归结果表明，户主年龄与林业规模效率呈现出正相关关系，即户主年龄越大，林业规模效率越高。与林业经营规模效率的结果相同，这是因为户主年龄大的，通常有较长的林业经营年限，因而其掌握的林业生产经验也就越丰富，那么在其生产经营过程中，对规模的掌控也就越精准，因而林地的经营规模也就越合理。从影响的力度上分析，该因素的系数为 0.008087，数值相对较小，表明该因素对规模效率的作用力度很小。此外，该因素的显著系数为 0.0000，通过 99%置信水平的检验，说明其对林地规模效率的影响较为显著。但由于户主的年龄与林地经营的经验与能力并非存在必然联系，所以户主年龄对林地规模效率的影响是极为有限的。

受教育程度在一定程度上对林业规模效率有影响。该因素的显著系数为 0，通过了 99%置信水平的检验，表明该因素对规模效率的影响非常显著。从影响的方向上看，该因素与规模效率呈现出正相关关系，即受教育水平越高，规模效率越高。一般而言，林农受教育程度越高，则文化素质水平也越高，学习和掌握新事物的能力越强，也越能通过利用先进技术实现规模化经营。从影响的力度上分析，该因素的系数为 0.010658，表明该因素对规模效率的作用力度相对较小。

林业规模效率还受到林地离公路距离的影响。从影响的方向上看，林地块数与林业规模效率呈现出正相关关系，即林地离公路距离越远，规模效率越高，其可能的原因在于林地离公路距离越远，意味着林农对林地规模的考量会更多，其对经营规模的处理也会跟价合理，所以林地规模效率也就越高。从影响的力度上看，该因素的系数为 0.015786，这表明在其他影响不变的条件下，每增加一单位的林地与公路距离，林业规模效率就会增加 0.015786 个单位。此外，该因素的显著系数为 0，通过了 99%置信水平的检验，表明该影响因素对林业规模效率的影响非常显著，但是作用力度一般。

从表 8-2 中可知，林地坡度与林地规模效率呈现正密切相关，这表明林地坡度越大，农户规模效率越大。该影响因素为0，通过99%置信水平的检验。由此可知，林地坡度这一影响因素对于农户规模效率的影响非常显著。从影响的力度上看，每提高一单位的林地坡度，林地规模效率就要提升0.069852，该影响系数的值在13个影响因素中排名第二。林地坡度越大，农户感受到的林地经营难度也就越大，那么在同等条件下，其贸然扩大林地规模的几率也就越小，同时其在林地经营上也就会更加用心，林地规模效率也就更高。

模型回归结果表明，经营类型在一定程度上也会对林业规模效率产生影响。该因素的显著系数为0，通过了99%置信水平的检验，表明该因素对规模效率的影响很显著。从影响的力度上看，其影响系数为0.022847，影响力度一般。从影响的方向上看，该因素与规模效率呈现出正相关关系，与传统观念相吻合，即股份制经营的林农规模效率相对而言是最高的，其次是承包经营，而自留山经营的林业规模效率是最低的。这可以反映出自林权改革以来，林业经营的变化，自留山经营是林改之前林农的主要经营类型，而承包经营与股份制经营是林改后的经营类型，说明林改后林农依靠自身的经验结合制度因素，林地规模效率有所提高。股份制经营之所以最高是因为股份制经营可以充分发挥林农集体的智慧，而且股份制经营可以充分没利用自身资金与经验的实力，对林地规模更好的掌控，所以股份制经营类型的林地规模效率最高。

经营年限也是影响林地规模效率的一个重要因素。从作用的方向上看，该因素与林地规模效率呈现出负相关关系，即经营年限越大，林地规模效率越低。此结果与传统观念不一致。传统观念认为林农经营年限越大，其规模效率也就越大。这可能是由于林农随着经营年限的增加，其资源配置水平已经达到了一定的水平，但并未从土地流转中继续扩大林地规模，从而导致林地规模报酬递增的趋势，从而导致其自身规模效率的降低。从作用的力度上看，该因素的系数为-0.002053，数值相对较小，此外该因素的显著系数为0.0001，通过了99%置信水平的检验，表明该因素对规模效率的影响很显著，但影响的力度相对有限。

模型回归结果表明，经营主体类型与林地规模效率关系密切。该因素的显著系数为0，通过了99%置信水平的检验，表明该因素对林地规模效率的影响较显著。从作用的方向上看，该因素与林地规模效率呈现出正相关关系，这表明联户生产的林地，规模效率越高。因为联户经营在劳动力、资金以及土地上的投入更加充沛，不存在生产要素投入不足的现象，而且农户间的交流也可以保证农户对林地规模较好的控制，从而其规模效率也就越高。从影响的力度上看，该因素的系数为0.202997，数值在所有影响因素的比较中最大，表明该因素对林地规模效率起着至关重要的作用。

林地规模效率还受到整地方式的影响。该因素的显著系数为0，通过了

99%置信水平的检验，表明该因素对规模效率的影响很显著。从影响的方向上看，该因素与林地规模效率呈现出正相关关系，即整地方式越精细，规模效率越高。不同的整地方式对林木的生长影响很大，一般而言整地方式越精细，林木长势越好，质量也越高，越有利于促进林农实行规模化生产经营模式，促使其效率提高。从影响的力度上看，该因素的系数为 0. 032175，表明该因素对林地规模效率的影响程度一般。

从表 8-2 中可知，资金来源渠道的畅通性也是影响规模效率的一个重要影响因素。该因素的显著系数为 0. 0000，通过了 99%置信水平的检验，表明该因素对规模效率的影响较为显著。从影响的力度上看，该因素的系数为 0. 042332，表明该因素对经营效率的作用力度一般。从影响的方向上看，该因素与规模效率呈现出正相关关系，即资金来源渠道越不畅通，效率值越高。资金来源渠道的畅通性能够反映出林农进行林业生产经营活动的积极性，一般认为资金来源渠道越不畅通，对林地规模变动的意愿也就越强烈，在其意愿的驱使下其对林地规模的考虑也会更加慎重，所以感觉资金来源渠道不畅通的农户其林地规模效率一般较高。

采伐限额制度在一定程度上也对规模效率有影响。其显著性系数为 0. 0375，通过了 95%置信水平的检验，表明该因素对规模效率的影响较为显著。从影响方向上看，采伐限额制度对农户的约束力度与规模效率呈现出正相关关系，即采伐限额制度对林农的约束力越弱，规模效率值越高。所谓的采伐限额制度是指在一定时期内的森林采伐量限制在一定数量范围内的制度，对林农设置采伐限额制度的主要目标一方面是为了控制砍伐量过多，破坏生态平衡，另一方面是为了规范林农砍伐行为，提高林产品质量。采伐限额制度对林农的约束程度越小，林农对林地规模的调整也就越方便，配合自身林业经营能力与经验对林地规模的调整也就越合理，其规模效率也就越高。

模型回归结果表明，伐区调查制度也是影响林地规模的一个重要因素。该因素的显著系数为 0，通过了 99%置信水平的检验，表明该因素对林地规模效率的影响非常显著。从影响的方向上看，该因素与林地规模效率呈现出正相关关系，这表明伐区调查制度对林农木材砍伐的影响越小，规模效率越高。所谓伐区调查制度是指根据一个伐区内的森林资源和生产状况等情况来确定砍伐、抚育、改造等措施所进行的作用调查，其目的在于合理提高潜在的生产力，因而伐区调查制度对林农木材砍伐的影响越大，表明林农受其约束力越大，可砍伐的木材量受到限制，林农的生产规模越难控制，导致出现规模效率递减或规模效率递增现象的几率增加，不易达到林地经营的最优规模。从影响的力度上看，该因素的系数为 0. 035072，数值相对较小，表明该因素对规模效率的影响相对有限。

实证分析表明，林业税费与规模效率正密切相关，显著系数为 0，通过了 99%置信水平的检验，表明该因素对规模效率的影响非常显著。从影响的力度上看，该因素的系数为 0. 020519，数值相对较小，这表明林业税费对规模效率的影响程度较小。该结果显示，林农越难接受林业税费，规模效率越低。林农作为一个理性的经济主体，其目的是为了追求利益最大化，林农越难接受林业税费，对林业经营的积极性就越低，花费的精力就会越小，有的甚至会选择放弃林地，致使林地生产规模偏离适度规模的距离越大。

林业补贴也是影响规模效率的一个重要影响因素。该因素的显著系数为 0. 0607，通过了 90%置信水平的检验，表明该因素对规模效率的影响比较显著。从影响的方向上看，该因素与规模效率呈现出负相关关系，这表明政府林业补贴对林农的积极性的调动越大，规模效率越高。传统观念认为林业补贴将会提高农户经营林业的积极性，投入的精力也会越大，这与林业税费正好相反，林业补贴对林农的影响越大说明林农的投入也就越大，因而其对林地的关注程度也就越高，对林地规模的考量也会更合理，因而林业补贴能够促使规模效率的提升。但从影响的力度上看，该因素的系数为-0. 010232，数值相对较小，表明该因素对林地规模效率的影响力度也较小。

第七节　福建农户林业经营效率的政策含义

一、继续深化集体林权制度改革

总体而言，福建农户的林业经营效率与最优效率值 1 仍有一定的距离，这说明集体林权制度改革还需要进一步的深化。通过 Tobit 回归分析可知林地离公路距离、林地坡度对农户林业经营效率具有显著的影响，说明基础林业设施建设对于农户林业经营效率的提升具有较大的提升空间。其次，前文的分析发现资金来源渠道的畅通性与农户经营效率是一种正向的促进关系。加大对农户的资金扶持，有利于提升农户在林业生产经营过程中的积极性。以林权抵押贷款制度的不断完善改善农户从事林业过程中容易碰到的融资难的状况，进而提升其林业经营效率。规范林业政策的执行，以合理有效的政策执行来推动林权制度改革的进一步深化。这主要是回应伐区调查设计制度、林业税费对农户的林业经营效率产生的影响。

二、坚持林业适度规模经营

从农户所处规模报酬阶段分析，发现处于 10 亩以下的大多数农户处于规模报酬递增或递减阶段，50 亩以上的农户主要处于规模报酬递减阶段，而林业经营规模 10~50 亩的农户以规模报酬递减阶段为主，说明福建农户的林业经营规模相对较小。而农户的林业规模效率则显示出其与最优规模效率值较为接近。因而如何实现林业的适度规模经营仍有待进一步的探索。

三、完善林地的流转制度，鼓励多种经营方式共同发展

经营类型和经营主体类型对农户林业技术效率、规模效率均具有显著正向的影响，说明联户经营、股份制经营对福建农户林业技术效率、规模效率的提升有较大的促进作用。自 2003 年集体林权制度改革以来，农户的林地流转制度的确立推动林业经营水平的提升。以林业合作组织为代表的新型林业经营主体在林业经营规模化程度上达到更高的水平，林业合作组织的发展有利于减少个体农户的碎片化经营产生的规模效率较低情况，最终实现林业的整体经营效率的增加。其次，林业合作组织的资金来源渠道较为广泛，而且具有风险共担的优势，能够更好实现林业的规模效益。而在实现林业的多种经营方式共同发展之前，必须进一步完善林业经营用地的流转制度。并通过林地流转制度的切实执行，来推动林业的产业化发展。

四、培育新型林农，完善林业科技成果推广机制

纯技术效率较规模效率值低，说明林业科技推广体系不够完善，农户的林业生产经营经验有待进一步提高。第六节的回归分析显示户主年龄、户主受教育程度对农户林业技术效率的影响具有显著性，说明随着农户的年龄增加，其林业经验不断积累使得其在林业经营显得更加的得心应手。相对而言，户主的受教育程度对于农户的林业经营效率具有更大的影响。因此应积极引导具有更高教育程度的青年扎根农村，通过林业知识培训、短期学历教育，推动林农的整体经营水平的提高。在林业科技成果的应用、推广上，应注意其与农户的林业科技的对接，促进科技成果转化为实际生产力的机制完善，进而促进林业科技推广体系的不断完善。

第九章 浙江省农户林业经营效率实证分析

第一节 浙江省农户林业经营效率分析

本文选取 76 个样本，利用 DEAP2.1 软件分别测算出 2004~2009 年六个年度浙江省林农家庭经营效率、纯技术效率和规模效率的 BCC 指数值。具体结果见表 9-1。

表 9-1 2004~2009 年经营效率及其分量的 DEA 有效比重及各效率均值

年份	经营效率			纯技术效率			规模效率		
	DEA有效比重(%)	DEA无效比重(%)	效率均值	DEA有效比重(%)	DEA无效比重(%)	效率均值	DEA有效比重(%)	DEA无效比重(%)	效率均值
2004	13.16	86.84	0.38	15.79	84.21	0.441	31.58	68.42	0.874
2005	17.11	82.29	0.374	22.37	77.63	0.433	30.26	69.74	0.862
2006	13.16	86.84	0.395	17.11	82.29	0.46	30.26	69.74	0.849
2007	10.53	89.47	0.331	15.79	84.21	0.393	25.00	75.00	0.848
2008	7.89	92.11	0.369	13.16	86.84	0.44	27.63	72.37	0.837
2009	7.89	92.11	0.338	14.47	85.53	0.425	23.68	76.32	0.806

由表 9-1 可知，从整体上看，2004~2009 年浙江省 76 个样本农户的林业经营效率平均值介于 0.3~0.4 之间，处于中下水平，与运用 DEA 测算的最优值 1 相比还有一定的距离，这表明浙江省农户的林业经营水平提升的潜力较大。76 个样本农户中，基于纯技术效率和规模效率均为 DEA 有效的前提下而实现经营效率有效的样本所占比重，除 2005 年有所提高外，整体上呈现出递减的趋势。这表明越来越少的林农是在生产经营中所投入的土地、资金和用工数等生产要素和规模实现了林业收益的最大化。对于这部分林农应该保持其生产要素的投入和规模。而且从经营效率 DEA 有效的样本比重上看，实现经营有效的样本所占的比重依然偏低，说明浙江省农户的林业经营状况很不乐观，进而说明当前大部分农户的林业经营效率还有待进一步的提高。经营效率的 DEA 无效，主要源于农户的纯技术效率值未达到最优值 1，即该部分农户在生

产经营过程中未能实现生产投入要素优化配置，最终导致了大量林农的林业经营效率偏离最优值。这也说明了浙江省林业生产的技术有效性偏低。

表 9-2 说明了 2004~2009 年经营效率值概率分布情况。总体而言，六年间农户林业经营效率呈现出递减的趋势，经营效率低于 0.3 的样本量呈波动性的增加便可以说明。同时六年间农户经营效率的变异系数均大于 0.8，这表明农户林业经营效率的分布较为分散，林农的经营效率差异较大。从横向上分析，2004~2005 年经营效率值主要分布在 0~0.4 和 0.9~1.0 这几个区域内，分别共计占总样本数的 69.75%、74.99%，其中处于 0~0.2 区域内的林农所占的比重均超过 35%，居于 0.9~1.0 的样本比重则分别为 13.16%和 18.42%；2006~2009 年的经营效率值主要分布在 0~0.3 和 0.9~1.0 这几个区域，该部分林农占比均超过 60%，其中处于 0.9~1.0 之间的林农所占的比重均未达到 15%。综上所述，大部分样本农户的林业经营效率主要集中在 0~0.4，这表明大部分样本农户的经营水平相对较低。也可以说明林农的经营效率偏离最优值的距离还很大。从纵向上分析，2004~2009 年样本农户在 0~0.4 和 0.9~1.0 区间上分布的差异较大，在 0.3~0.5 之间所占的比重几乎逐年递减，而在其他区间的分布上较为均衡，差异较小。

表 9-2　2004~2009 年经营效率值概率分布表

值 \ 年份	2004	2005	2006	2007	2008	2009
(0, 0.1]	15 (19.74%)	21 (27.63%)	13 (17.11%)	22 (28.95%)	15 (19.74%)	19 (25%)
(0.1, 0.2]	15 (19.74%)	11 (14.47%)	12 (15.79%)	16 (21.05%)	17 (22.37%)	13 (17.11%)
(0.2, 0.3]	6 (7.89%)	7 (9.21%)	13 (17.11%)	9 (11.84%)	11 (14.47%)	15 (19.74%)
(0.3, 0.4]	13 (17.11%)	11 (14.47%)	9 (11.84%)	6 (7.89%)	5 (6.58%)	7 (9.21%)
(0.4, 0.5]	7 (9.21%)	7 (9.21%)	5 (6.58%)	4 (5.26%)	4 (5.26%)	3 (3.95%)
(0.5, 0.6]	4 (5.26%)	3 (3.95%)	4 (5.26%)	2 (2.63%)	5 (6.58%)	2 (2.63%)
(0.6, 0.7]	2 (2.63%)	1 (1.32%)	5 (6.58%)	4 (5.26%)	6 (9.21%)	3 (3.95%)
(0.7, 0.8]	4 (5.26%)	0 (0%)	4 (5.26%)	1 (1.32%)	4 (5.26%)	4 (5.26%)
(0.8, 0.9]	0 (0%)	1 (1.32%)	1 (1.32%)	4 (5.26%)	0 (0%)	1 (1.32%)
(0.9, 1.0]	10 (13.16%)	14 (18.42%)	10 (13.16%)	8 (10.53%)	9 (11.84%)	9 (11.84%)
最大值	1	1	1	1	1	1
最小值	0.01	0.009	0.01	0.008	0.01	0.008
平均值	0.38	0.374	0.395	0.331	0.369	0.338
标准差	0.312	0.343	0.317	0.323	0.311	0.314
变异系数	0.822	0.917	0.801	0.975	0.843	0.930

第二节　浙江省农户林业纯技术效率分析

林农经营规模效率可细分为纯技术效率和规模效率。从表 9-1 可知，2004～2009 年农户林业纯技术效率的各年均值略高于其经营效率值，取值为（0.39，0.47），其中 2006 年林农纯技术效率的平均值最大，为 0.46，但与 DEA 最优值 1 的距离还较大，说明农户林业生产要素配置能力还有待进一步的提高。六年内 76 个农户纯技术效率有效样本所占的比重略高于经营效率，但其比重仍偏低，六年平均占比仅为 16.44%，这说明仅有部分林农在当前的经营过程中实现了生产投入要素的优化配置，充分发挥了生产投入要素的效用。而在纯技术效率达到 1 的样本农户中，有部分林农由于其经营规模与要素投入比例不协调而处于规模报酬递增或递减阶段，这说明大部分农户林业生产要素配置能力仍处于中下水平，亟须接受进一步培训或经验传授，以提升其生产要素配置能力。

从表 9-3 可知，整体上样本农户在 2004～2009 年纯技术效率呈下降的趋势，与经营效率的变动趋势相似。六年内样本农户的林业纯技术效率变异系数

表 9-3　2004～2009 年纯技术效率值概率分布表

值＼年份	2004	2005	2006	2007	2008	2009
(0, 0.1]	14 (18.42%)	19 (25%)	13 (17.11%)	21 (27.63%)	14 (18.42%)	15 (19.74%)
(0.1, 0.2]	8 (10.53%)	8 (10.53%)	8 (10.53%)	9 (11.84%)	9 (11.84%)	10 (13.16%)
(0.2, 0.3]	8 (10.53%)	6 (7.89%)	9 (11.84%)	10 (13.16%)	13 (17.11%)	11 (14.47%)
(0.3, 0.4]	8 (10.53%)	7 (9.21%)	6 (7.89%)	7 (9.21%)	4 (5.26%)	10 (13.16%)
(0.4, 0.5]	10 (13.16%)	11 (14.47%)	12 (15.79%)	5 (6.58%)	5 (6.58%)	5 (6.58%)
(0.5, 0.6]	8 (10.53%)	3 (3.95%)	4 (5.26%)	2 (2.63%)	6 (7.89%)	1 (1.32%)
(0.6, 0.7]	2 (2.63%)	3 (3.95%)	4 (5.26%)	5 (6.58%)	6 (7.89%)	4 (5.26%)
(0.7, 0.8]	4 (5.26%)	2 (2.63%)	5 (6.58%)	2 (2.63%)	4 (5.26%)	4 (5.26%)
(0.8, 0.9]	1 (1.32%)	0 (0.00%)	1 (1.32%)	2 (2.63%)	3 (3.95%)	2 (2.63%)
(0.9, 1.0]	13 (17.11%)	17 (22.37%)	14 (18.42%)	13 (17.11%)	12 (15.79%)	14 (18.42%)
最大值	1	1	1	1	1	1
最小值	0.011	0.011	0.011	0.01	0.012	0.008
平均值	0.441	0.433	0.46	0.393	0.44	0.425
标准差	0.326	0.358	0.329	0.349	0.334	0.343
变异系数	0.739	0.826	0.716	0.889	0.758	0.807

处于（0.7，0.9]，表明整体样本农户之间的差异较大。从横向上看，2004~2006年纯技术效率值主要分布在0~0.5和0.9~1.0之间，样本农户所占比重均超过69%；2007~2009年纯技术效率值主要分布在0~0.3和0.9~1.0之间，所占比重均超过63%。综上可得，这六年间样本农户的林业纯技术效率值主要分布在0~0.3和0.9~1.0之间，纯技术效率值为（0.9，1.0]的样本农户所占的比重各年间较为接近，年平均所占比重为18.2%，这表明大部分林农的林业生产配置能力较低，因此应当充分向高要素配置能力的农户学习经验，进而实现农户林业生产要素配置能力的整体提升。从纵向上分析，2004~2009年样本农户的纯技术效率在0~0.1，0.2~0.6和0.9~1.0区间上的分布差异较大，其他水平上的分布比较平均，其中0.1~0.2水平上样本农户所占的比重呈现出小幅度增长态势。这六年间农户在2005年和2007年的林业纯技术效率的波动性较大，2007年的纯技术效率的变异系数高达0.889，说明该年度农户的生产要素配置水平差异最大。

第三节 浙江省农户林业规模效率分析

林业规模效率主要说明农户的林业经营规模是否处于最优状态。2004~2009年林农的林地规模效率年平均值为0.842，较接近于1，表明当年大部分林农只要稍微调整经营规模即可达到最优规模。在76个样本林农中，平均有31.58%（24户）林农的生产规模处于规模报酬不变阶段，其中年平均有8户林农在生产要素配置和经营规模均达到最优。其他农户虽然处于最优的经营规模，但是由于生产要素配置未与当前的经营规模协调，导致其经营效率偏离最优值1。总体而言，农户林业规模效率DEA有效所占比例偏低，年均有超过70%的样本农户处于规模报酬递增或者递减阶段。

从表9-4可知，2004~2009年样本农户的林业规模效率整体上呈增长态势，这与经营效率和纯技术效率的变动趋势有所不同。而各年规模效率的变异系数值也相对较低，六年均值为0.235，表明各年份农户间的经营规模差异较小。规模效率值居于0和0.5之间的样本农户所占的比重差距较小，分布比较平均。农户的规模效率值主要分布在0.9~1.0之间，各年份所占比重均超过55%，而且规模效率居于该区间的差异较小。部分林农的规模效率值居于0.5~0.9之间，此区域的农户规模效率年际差异较大，但其所占比重较小，因而76个样本农户在六年间的规模效率值相对较小，这表明大部分林农的经营规模只要稍微进行适当的调整，即可实现规模效益最大化。

表 9-4　2004~2009 年规模效率值概率分布表

值＼年份	2004	2005	2006	2007	2008	2009
(0, 0.1]	0 (0.00%)	0 (0.00%)	0 (0.00%)	0 (0.00%)	0 (0.00%)	0 (0.00%)
(0.1, 0.2]	0 (0.00%)	0 (0.00%)	0 (0.01%)	1 (1.32%)	0 (0.00%)	2 (2.63%)
(0.2, 0.3]	0 (0.00%)	0 (0.00%)	0 (0.00%)	0 (0.00%)	2 (2.63%)	2 (2.63%)
(0.3, 0.4]	0 (0.00%)	2 (2.63%)	2 (2.63%)	3 (3.95%)	1 (1.32%)	3 (3.95%)
(0.4, 0.5]	4 (5.26%)	3 (3.95%)	2 (2.63%)	5 (6.58%)	2 (2.63%)	3 (3.95%)
(0.5, 0.6]	7 (9.21%)	4 (5.26%)	6 (7.89%)	2 (2.63%)	4 (5.26%)	5 (6.58%)
(0.6, 0.7]	9 (11.84%)	6 (7.89%)	6 (7.89%)	2 (2.63%)	10 (13.16%)	6 (7.89%)
(0.7, 0.8]	8 (10.53%)	10 (13.16%)	10 (13.16%)	9 (11.84%)	6 (7.89%)	5 (6.58%)
(0.8, 0.9]	4 (5.26%)	6 (7.89%)	7 (9.21%)	10 (13.16%)	9 (11.84%)	8 (10.53%)
(0.9, 1.0]	44 (57.89%)	45 (59.21%)	43 (56.58%)	44 (57.89%)	42 (55.26%)	42 (55.26%)
最大值	1	1	1	1	1	1
最小值	0.413	0.308	0.306	0.349	0.226	0.14
平均值	0.847	0.862	0.849	0.848	0.837	0.806
标准差	0.182	0.183	0.179	0.199	0.195	0.245
变异系数	0.214	0.212	0.211	0.234	0.233	0.303

第四节　浙江省不同经营规模下农户所处规模报酬阶段分析

表 9-5 显示了 2004~2009 年不同经营规模下农户所处规模报酬阶段的分布情况。从表 9-5 可知六年间平均有 68.42%（52 户）的农户处于规模报酬无效阶段，其中有 27.63%（21 户）处于规模报酬递增阶段，40.79%（31 户）处于规模报酬递减阶段。通过分析规模报酬阶段与林地规模的关系可知，林地规模在 20 亩以下的农户平均为 27 户，其中年均有 14 户的农户处于规模报酬递增阶段，占该规模农户总数的 51.85%，该林业经营规模处于规模报酬递增阶段的农户数量居于 12 到 18 户间；年平均有 7 户左右的林农处于规模不变阶段，最多可达 9 户林农处于规模报酬不变阶段，如 2004 年和 2006 年，最少也有 4 户林农处于规模报酬不变阶段；年平均有 6 户处于规模报酬递减阶段，最多可达 7 户，最少也有 4 户。综上可知，在此经营规模内大部分农户还处于规模报酬递增阶段，可适当加大生产要素的投入规模，提高要素的边际收益，进而达到最优经营规模。

表 9-5 2004~2009 年林农所处规模报酬阶段的分布情况

年份		2004	2005	2006	2007	2008	2009
20 亩以下	irs	12（44.45%）	13（46.43%）	13（48.15%）	15（55.56%）	14（51.85%）	18（66.67%）
	—	9（33.33%）	8（28.57%）	9（33.33%）	8（29.63%）	6（22.22%）	4（14.81%）
	drs	6（22.22%）	7（25%）	5（18.52%）	4（14.81%）	7（25.93%）	5（18.52%）
小计		27	28	27	27	27	27
[20，50)	irs	1（4%）	3（12%）	4（16%）	8（32%）	4（16%）	7（28%）
	—	7（28%）	13（52%）	4（16%）	9（36%）	6（24%）	6（24%）
	drs	17（68%）	9（36%）	17（68%）	8（32%）	15（60%）	12（48%）
小计		25	25	25	25	25	25
[50，100]	irs	1（5.56%）	1（5.56%）	1（5.56%）	2（11.76%）	1（5.88%）	1（5.88%）
	—	8（44.44%）	7（38.88%）	8（44.44%）	5（29.41%）	7（41.18%）	7（41.18%）
	drs	9（50%）	10（55.56%）	9（50%）	10（58.82%）	9（52.94%）	9（52.94%）
小计		18	18	18	17	17	17
100 亩以上	irs	1（16.67%）	1（16.67%）	1（16.67%）	1（14.29%）	1（14.29%）	0（0.00%）
	—	2（33.33%）	2（33.33%）	2（33.33%）	2（28.57%）	2（28.57%）	4（57.14%）
	drs	3（50%）	3（50%）	3（50%）	4（57.14%）	4（57.14%）	3（42.86%）
小计		6	6	6	7	7	7
规模报酬递增（irs）		15（19.74%）	18（23.68%）	19（25.00%）	26（34.21%）	20（26.32%）	26（34.21%）
规模报酬不变（-）		26（34.21%）	30（39.47%）	23（30.26%）	24（31.58%）	21（27.63%）	21（27.63%）
规模报酬递减（drs）		35（46.05%）	28（36.84%）	34（44.74%）	26（34.21%）	35（46.05%）	29（38.16%）
合计		76（100%）	76（100%）	76（100%）	76（100%）	76（100%）	76（100%）

林地面积在［20，50）亩的农户每年平均有 25 户，占总体的 32.89%，其中除 2005 年和 2007 年有较多农户处于规模报酬不变阶段，其他年份大部分农户处于规模报酬递减阶段，这表明在 2005 年和 2007 年林地面积在［20，50）亩的农户大部分生产规模较为合理，不需要扩大或缩小林地面积即可实现规模收益，而其他四个年份的大部分林农应适当地缩小林地经营规模，其原因可能是这部分林农自身经营能力偏低，难以应付当前经营规模，从而处于规模报酬递减阶段。而 2007 年是较为特殊的一年，在［20，50）亩的经营规模内处于规模报酬递增阶段和规模报酬递减阶段的农户均为 8 户，而处于规模报酬不变阶段的农户有 9 户，这说明该年度林农的经营管理水平和要素配置能力

等方面存在较大差异。

林地规模处于 50~100 亩的农户前三年均有 18 户，后三年为 17 户，各占样本总数的 23.68%和 22.37%，变动较小。六年来农户的规模报酬阶段分布结构并没有发生显著变化。六年来平均有超过 50%林农处于规模报酬递减阶段，有是处于规模报酬不变阶段，仅有 6%的林农处于规模报酬递增阶段，这表明大部分农户无法适应 50~100 亩的林地经营规模，应缩小其所经营规模。这主要由于林农自身所具备的经营管理水平和要素配置能力未能达到当前经营规模的要求，因此该区域内的农户应当考虑通过缩减林业经营规模以提高规模效益。

2004~2009 年均有 7 户左右的农户林地经营规模超过 100 亩，其中除了 2009 年外，其他年份均有 50%的农户处于规模报酬递减阶段，这表明在 2004~2008 年期间林农的经营规模变动不大，且经营规模与其实际经营管理水平的不相适应。2009 年的处于该区域内的样本农户有 51.43%处于规模报酬不变阶段，表明当年度该区域内的部分林农实现了大规模有效的管理模式。同时有将近 50%的林农处于规模报酬递减阶段，因此该区域内仍有众多林农由于经营规模过大而导致其在经营管理上的应接不暇，进而导致规模不经济现象。

综上所述，通过对规模报酬阶段和林地规模的关系分析可知，大部分农户处于规模报酬递减阶段，特别是林地经营面积在 50 亩以上的，表明这部分林农应适当缩小经营规模以提高林业经营效益。但有部分林农处于规模报酬递增阶段，特别是林地规模处于 20 亩以下的林农，这表明该部分林农需要适当提高林地经营规模，进而提高林业经济效益。

第五节　浙江省农户林业规模效率的影响因素分析

以 DEA-BCC 测算所得的 VRSTE 和 SE 指数值为因变量，以 2004~2009 年人力、资金、林地、管理、制度因素的各指标值为自变量，采用面板数据，利用去常数项的 Tobit 模型进行分析，但是由于 76 个样本农户中的林地经营主体类型皆是单户经营，因此在测算影响因素时将此因素剔除，最终只对 17 个影响因素利用 Tobit 模型进行分析。同时为了更加明确具体哪些因素对林业全要素生产率的影响程度，并防止在部分因素的干扰下，导致一些对于林业全要素生产率有显著影响的因素被排除在模型之外，本研究采取逐步回归的方法对模型进行了二次回归，具体结果如下。

一、林业经营效率的影响因素分析

以 DEA-BCC 测算所得的 RVSTE 指数值为因变量，以 2004~2009 年人力、资金、林地、管理、制度因素的各指标值为自变量，利用去常数项的 Tobit 模型进行分析，结果见表 9-6。

表 9-6 VRSTE 作为因变量的 Tobit 回归模型计算结果

Covariance matrix computed using second derivatives				
	Coefficient	Std. Error	z-Statistic	Prob.
X1（户主年龄）	0.0165	0.0042	3.9529	0.0001
X3（林地块数）	-0.1162	0.0439	-2.6492	0.0081
X4（林地离公路的距离）	0.0665	0.0164	4.0489	0.0001
X5（土地肥沃程度）	0.2935	0.1099	2.6700	0.0076
X6（林地坡度）	-0.3250	0.1383	-2.3498	0.0188
X9（种苗质量）	0.3675	0.1120	3.2813	0.0010
X12（林业收入占家庭收入比重）	0.7793	0.1871	4.1647	0.0000
X13（资金来源渠道的畅通性）	-0.1713	0.0638	-2.6851	0.0073
X14（采伐限额制度）	0.2669	0.0688	3.8779	0.0001
X16（林业税费）	-0.3570	0.0971	-3.6761	0.0002
X17（林业补贴）	0.0688	0.0345	1.9923	0.0463
Log likelihood	5.4866	Akaike infocriterion		0.0286
Avg. log likelihood	0.0120	Schwarz criterion		0.1371

模型回归结果显示，AIC＝0.0286 和 SC＝0.1371 两者的绝对值都小于 1，表明模型也都分别通过赤池准则和施瓦茨准则。同时模型的极大似然值 Log likelihood＝5.4866，由此可知，模型整体显著性强。从模型二次回归结果的具体结果上看，有 11 个因素对林业全要素生产率有显著影响，分别为 X1（户主年龄）、X3（林地块数）、X4（林地离公路距离）、X5（土地肥沃程度）、X6（林地坡度）、X9（种苗质量）、X12（林业收入占家庭收入的比重）、X13（资金来源渠道的畅通性）、X14（采伐限额制度）、X16（林业税费）和 X17（林业补贴），这些影响因素的显著性系数全都通过了 95%置信水平的检验，由此可构建出浙江省农户经营规模效率的影响因素模型为：

$$\begin{aligned}\text{Tobit}(Y) = {} & 0.0165X1-0.1162X3+0.0665X4+0.2935X5-0.3250X6 \\ & +0.3675X9+0.7793X12-0.1713X13+0.2669X14 \\ & -0.3570X16+0.0688X17\end{aligned}$$

即：Tobit（经营规模效率）＝0.0165×户主年龄－0.1162×林地块数
+0.0665×林地离公路的距离+0.2935×土地肥沃程度
－0.3250×林地坡度+0.3675×种苗质量

+0. 7793×林业收入占家庭收入比重

−0. 1713×资金来源渠道的畅通性

+0. 2669×采伐限额制度

−0. 3570×林业税费+0. 0688×林业补贴

模型回归结果表明，户主年龄与经营规模效率呈现出正相关关系，这表明户主年龄越大，农户家庭经营规模效率越大。该影响因素的显著性系数为0. 0001<0. 01，通过了99%置信水平的检验。由此可见户主年龄这一影响因素对农户经营规模效率的影响非常显著。从影响的力度上看，在其他影响因素不变的条件下，户主年龄每增加一岁，经营规模效率就要提升0. 0165，是所有影响因素中作用力度最小的一个。调研结果表明大部分从事林业生产经营活动的劳动力为户主，因而其对种植、抚育和管护等方面上都会更加用心，林木也会相对生长较好。但是由于该因素影响力度很小，因此对农户而言年龄的优势影响不会太大。

林地块数与经营规模效率呈现出负相关关系，表明家庭经营的地块数越多，经营规模效率反而越低。从其显著性上看，显著系数为0. 0081<0. 01，通过了99%置信水平的检验，由此可见该因素对经营规模效率的影响也很显著。从影响的力度上看，在其他影响因素不变的情况下，家庭每增加一块林地块数，其经营规模效率就会减少0. 1162个单位。一般而言，林地块数越多，林农可用以林业生产经营活动的林地投入就越大，但是最终会导致经营规模效率的降低，其可能的原因在于：一是大部分样本林农属于兼业型，且林业经营属于精耕细作型，对林业生产经营活动的要求比较高，而林地块数越多，即林地面积越大，林农需要投入的精力就越多，对林农生产经营管理能力的要求就越高，甚至超出了林农自身所能承受或掌控的范围，进而导致了经营效率的降低；二是由于林地块数越多，其土地就越分散，林农就需要对不同的立地条件投入进行不同生产要素的配置，同时也会加大林农经营的成本，进而导致其效率低下。

模型回归结果表明，林地离公路的距离也是影响经营规模效率的一个重要因素。从作用的方向上看，它与经营规模效率呈现出正相关关系，即林地离公路的距离越远，经营规模效率越高，这一结论与传统观念的结论不一样，传统观念认为林地离公路的距离越远，林农的交通成本、时间成本等都会有所增加，进而导致总成本的增加，最终致使其效率降低。然而林地离公路的距离除了有这方面的影响之外，还有另一方面的作用，即林地离公路的距离越远，表明林地越靠近山里，盗伐等现象会减少，在一定程度上提升了林业最终产量，在投入水平不变的基础上，相应的效率也就有所提高。从作用的力度上看，离公路距离这一因素的系数为0. 0665，作用力度不大。

土地肥沃程度与经营规模效率关系密切，其显著系数为 0. 0076<0. 01，通过了 99%置信水平的检验，这表明林地肥沃程度对经营规模效率的影响很显著。从影响的方向上看，该因素与经营规模效率呈现出正相关关系，即土地越肥沃，其效率越低，这一结论也有悖常理。一般认为土地越肥沃，林木长势越好，产出越高，最终的效率也较高。本文产生这一结论的可能原因在于虽然林农认为自家拥有的林地很肥沃，但是由于多年的林业生产经营管理，疏于对土地管理，造成水土流失，土壤的肥沃程度减低，又或者是由于林地土壤原本就很肥沃，足够林木的生长，但是由于林农投入了化肥等要素提高了土壤的肥沃程度，过肥反而不利于林木的生长，最终导致其效率的降低。从影响的力度上看，该因素的系数为 0. 2935，这表明虽然土地肥沃程度对经营规模效率的影响很显著，但是作用力度一般。

林地坡地是林业地块的立地条件之一，主要是通过是否超过 30°来衡量的。该因素的显著性为 0. 0188<0. 05，通过了 95%置信水平的检验，表明对经营效率有显著的影响。从影响的作用方向上看，林地坡度与经营规模效率呈现出负相关关系，即林地坡度未超过 30°，表明林地越平坦，其经营规模效率越高，其可能的原因在于林地越平坦，林农种植、看管和砍伐等活动都比较容易进行，减轻林农的体力劳作负担，进而提高经营效率。从作用的力度上看，该因素的系数为-0. 3250，说明其作用力还是比较大的，这说明林业对林地坡度的要求还是比较高的。

模型回归结果表明，种苗质量与经营规模效率呈现出正密切关系，这表明种苗质量越好，经营规模效率越高，这与传统观念相同，即种苗质量越好，林木长势越好，产出越大，经营效率越高。该因素的显著系数为 0. 0010，刚好通过 99%置信水平的检验，表明该因素对经营效率的影响非常显著。从作用的力度上看，该因素的系数为 0. 3675，作用力度较大。

模型回归的结果表明，林业收入占家庭收入的比重与经营效率有着密切的关系。从显著性分析，该因素的显著系数为 0. 0000，是所有影响因素中最为显著的影响，表明经营效率受该影响的影响最大。从影响的力度上看，该因素的系数为 0. 7793，即在其他影响因素不变的条件下，每增加一单位的林业收入占家庭收入的比重，林农家庭经营效率就增加 0. 7793 个单位，是 11 个影响因素中系数最大的一个影响，表明该因素对经营效率的作用力度最大。从影响的方向上看，该因素与经营效率呈现出正相关关系，即林业收入占家庭收入比重越大，经营效率越高。林业收入占家庭收入的比重是反映林农家庭对林业的依赖程度，比重越大，表明林农对林业的依赖性越强，那么林农家庭在林业经营上所花费的精力就越大，积极性越高，对林业生产经营管理就越上心，产出就越高，效率值也就越高。

资金来源渠道的畅通性也是影响经营效率的一个重要影响因素。该因素的显著系数为 0.0073，通过了 95%置信水平的检验，表明该因素对经营效率的影响较为显著。从影响的力度上看，该因素的系数为-0.1713，表明该因素对经营效率的作用力度一般。从影响的方向上看，该因素与经营效率呈现出负相关关系，即资金来源渠道越畅通，效率值越高。资金来源渠道的畅通性能够反映出林农进行林业生产经营活动的积极性，一般认为资金来源渠道越畅通，农户就越能有足够的资金投入到各大生产要素上，以充分发挥要素的生产潜力，进而使得生产效率提高。此外资金来源渠道越畅通，表明林农从事林业生产经营活动越得心应手，收益回报率较高，资金流动性较强，林业产值越高，进而其效率值也越高。

采伐限额制度在一定程度上也对经营效率有影响。从影响方向上看，采伐限额制度对农户的约束力度与经营效率呈现出正相关关系，即采伐限额制度对林农的约束力越弱，经营效率值越高。所谓的采伐限额制度是指在一定时期内的森林采伐量限制在一定数量范围内的制度，对林农设置采伐限额制度的主要目标一方面是为了控制砍伐量过多，破坏生态平衡，另一方面是为了规范林农砍伐行为，提高林产品质量。一般而言采伐限额制度只对用材林管理的影响较大，对毛竹和经济林的影响较小，而大部分样本农户主要经营毛竹和经济林，因此该影响因素对林农的约束力相对较小，毛竹与经济林低投入、高回报等特点促使林农进行林业生产，进而导致其经营效率值的提高。

林业经营规模效率还受到林业税费的影响，该因素的显著系数为 0.0002，通过了 99%置信水平的检验，表明该因素对经营效率的影响非常显著。从影响的方向上看，林业税费与林业经营效率呈现出负相关关系，即林农越难接受林业税费，其效率值越高。传统观念认为林业税费越高，对林农经营林业收益的危害越低，并阻碍林农进行林业经营的积极性。本文得出的结果与传统观念不同，本文认为林农越容易接受林业税费，表明在他们看来，林业税费对其进行林产品销售的负面影响较小，进而导致林农盲目大量砍伐林木，导致林产品质量不高，经营效率不高。又或者是林业税费相对于其他经营成本而言，对农户进行林业经营的影响较小，因而林农需要投入大量的精力来缩减其他方面的成本，不利于其有效地进行林业经营，导致效率值降低。从影响的力度上分析，该因素的系数为-0.3570，数值相对较大，表明该因素对经营效率的作用力度很大。

林业补贴也是影响林业经营效率的一个重要因素。从显著性看，该因素的显著系数为 0.0463，通过了 95%置信水平的检验，表明林业经营效率受该因素的影响较大。从影响的方向上看，该因素与林业经营效率呈现出正相关关系，即林业补贴对林农积极性调动越大，经营效率反而越低。传统观念认为林业补贴越能提高林农经营林业的积极性，能进而提高林业经营效率。但是本文得出的结果与传统观念仍然不相符，其可能的原因在于林业补贴对林农进行林业经营的积极性的调动性越大，在一定程度上会导致部分林农为了补贴而从事林业经营，但是因为其自身能力水平有限以及对林业生产要素配置比例不了解，反而会导致林业经营效率的减低。从影响的力度上看，该因素的系数为 0.0688，数值相对较小，表明该因素对林业经营效率的作用力度有限。

二、林业规模效率的影响因素分析

以 DEA-BCC 测算所得的 SE 指数值为因变量，以 2004~2009 年人力、资金、林地、管理、制度因素的各指标值为自变量，利用去常数项的 Tobit 模型进行分析，结果见表 9-7。

表 9-7 SE 作为因变量的 Tobit 回归模型计算结果

Covariance matrix computed using second derivatives				
	Coefficient	Std. Error	z-Statistic	Prob.
X1（户主年龄）	-0.0040	0.0023	-1.7307	0.0835
X2（受教育程度）	0.0370	0.0081	4.5684	0.0000
X3（林地块数）	-0.0445	0.0234	-1.8995	0.0575
X8（经营类型）	0.0747	0.0253	2.9545	0.0031
X9（种苗质量）	-0.1318	0.0472	-2.7921	0.0052
X10（施肥次数）	-0.1155	0.0587	-1.9667	0.0492
X11（整地方式）	0.1560	0.0283	5.5071	0.0000
X15（伐区调查制度）	0.1303	0.0375	3.4708	0.0005
X16（林业税费）	0.1315	0.0394	3.3383	0.0008
X17（林业补贴）	-0.1164	0.0240	-4.8465	0.0000
Log likelihood	218.3198	Akaike infocriterion		-0.9093
Avg. log likelihood	0.4788	Schwarz criterion		-0.8099

模型回归结果显示，AIC=-0.9093 和 SC=-0.8099 两者的绝对值都小于 1，表明模型也都分别通过赤池准则和施瓦茨准则。同时模型的极大似然值 Log likelihood=218.3198，数值较大，由此可知，模型整体显著性强。从模型二次回归结果的具体结果上看，有 10 个因素对林业全要素生产率有显著影响，分别为 X1（户主年龄）、X2（受教育程度）、X3（林地块数）、X8（经营类型）、X9（种苗质量）、X10（施肥次数）、X11（整地方式）、X15（伐区调查

制度）、X16（林业税费）和 X17（林业补贴），这些影响因素的显著性系数全都通过了95%置信水平的检验，由此可构建出浙江省林业全要素生产率的影响因素模型为：

Tobit（Y）＝-0.0040X1+0.0370X2-0.0445X3+0.0747X8-0.1318X9
-0.1155X10+0.1560X11+0.1303X15+0.1315X16-0.1164X17

即：Tobit（规模效率）＝-0.0040×户主年龄+0.0370×受教育程度
-0.0445×林地块数+0.0747×经营类型
-0.1318×种苗质量-0.1155×施肥次数
+0.1560×整地方式
+0.1303×采伐调查制度
+0.1315×林业税费-0.1164×林业补贴

模型回归结果表明，户主年龄与林业规模效率呈现出负相关关系，即户主年龄越大，林业规模效率越低。其可能的原因一方面是由于户主随着年龄的增加，体力逐渐下降，劳动效率相对降低；另一方面是由于大多数人年纪越大就越缺少冒险精神，做事比较谨慎，对新事物的学习和接受能力也变弱，因而对林业生产中新技术的传播与推广有所抵触，学习并掌握所需要的时间也较长，可能会影响到林产品品质的提高和产量的增加，进而对林业种植规模效率产生负面影响。（张宏永，刘伟平，2011）从影响的力度上分析，该因素的系数为-0.0040，数值相对较小，是十个影响因素作用力度最小的，表明该因素对规模效率的作用力度很小。此外，该因素的显著系数为0.0835，通过90%置信水平的检验，不过是十个影响因素中显著性最差的。综述可知户主年龄对林业规模效率的显著性最差，同时影响力度也是最小的。

受教育程度在一定程度上对林业规模效率有影响。该因素的显著系数为0，通过了99%置信水平的检验，表明该因素对规模效率的影响非常显著。从影响的方向上看，该因素与规模效率呈现出正相关关系，即受教育水平越高，规模效率越高。一般而言，林农受教育程度越高，则文化素质水平也越高，学习和掌握新事物的能力越强，也越能通过利用先进技术实现规模化经营。从影响的力度上分析，该因素的系数为0.0370，表明该因素对规模效率的作用力度一般。

林业规模效率还受到林地块数的影响。从影响的方向上看，林地块数与林业规模效率呈现出负相关关系，即林地块数越多，规模效率越低，其可能的原因在于林地块数越多，意味着林地越分散，越不利于进行规模化经营模式，因而规模效率相对较低。从影响的力度上看，该因素的系数为-0.0445，这表明在其他影响不变的条件下，每增加一块林地，林业规模效率就会减少0.0445个单位。此外，该因素的显著系数为0.0575，通过了90%置信水平的检验，表明该影响因素对林业规模效率的影响还挺显著，但是作用力度一般。

模型回归结果表明，经营类型在一定程度上也会对林业规模效率产生影响。该因素的显著系数为0.0031，通过了99%置信水平的检验，表明该因素对规模效率的影响很显著。从影响的方向上看，该因素与规模效率呈现出正相关关系，这表明承包经营的林农规模效率相对而言是最低的，其次是股份制经营，而自留山经营的林业规模效率反而是最高的。其可能的原因在于林农实行承包经营，承包经营期限一般相对较长，同时林地面积比较大，受到时间期限的限制，林地面积过大可能反而会导致规模效率的降低，虽然可以适当地荒废部分林地以提高单位面积的效率，但是对于承包户而言荒废土地更不划算，因此承包经营反而不利于林地规模的变动，规模效率相对较低。而所谓的股份制经营是指分散的个体所有者以资产入股的方式将经营要素基础起来，实行统一经营管理，虽然该经营方式有助于充分发挥生产要素的效用，但是个体的自主决策权减弱，个体农户受到股份制制度的限制，比较难以自主扩大或缩小林地规模以使其达到最优规模状态。林农采用自留山经营时自主决策力较强，可以随时根据实际情况变化林地规模，最终提高规模效率。

种苗质量也是影响林地规模效率的一个重要因素。从作用的方向上看，该因素与林地规模效率呈现出负相关关系，即种苗质量越好，林地规模效率越高。种苗是营造林的基础，它不仅决定着当代林分的质量，还会通过繁殖影响到后世林分的质量，因此种苗质量越好，林木长势也越好，产量和质量也有所提高，越能激发林农从事林业经营的积极性，并能促使其实现规模化生产，其效率也会有所提高。从作用的力度上看，该因素的系数为-0.1318，数值相对较大，此外该因素的显著系数为0.0052，通过了99%置信水平的检验，表明该因素对规模效率的影响很显著，作用力度也挺大的。

模型回归结果表明，施肥次数与林地规模效率关系密切。该因素的显著系数为0.0492，通过了95%置信水平的检验，表明该因素对林地规模效率的影响较显著。从作用的方向上看，该因素与林地规模效率呈现出负相关关系，这表明施肥次数越多，林地规模效率反而越低。其可能的原因是可能原本林地已经属于肥沃地，再对其进行施肥，可能会导致土地过肥，或者是施肥次数过多，导致林地过肥，致使林木长势反而变差，效益递减，对于林农而言当前的经营规模偏离适度规模较大，进而导致林地规模效率的降低。从影响的力度上看，该因素的系数为-0.1155，数值相对较大，表明该因素对林地规模效率的影响力度较大。

林地规模效率还受到整地方式的影响。该因素的显著系数为0，通过了99%置信水平的检验，表明该因素对规模效率的影响很显著。从影响的方向上看，该因素与林地规模效率呈现出正相关关系，即整地方式越精细，规模效率越高。不同的整地方式对林木的生长影响很大，一般而言整地方式越精细，林木长势越好，质量也越高，越有利于促进林农实行规模化生产经营模式，促使其效率提高。从影响的力度上看，该因素的系数为 0.1560，是十个影响因素中数值最大的，表明该因素对林地规模效率的影响力最大。

模型回归结果表明，伐区调查制度也是影响林地规模的一个重要因素。该因素的显著系数为 0.0005，通过了 99%置信水平的检验，表明该因素对林地规模效率的影响非常显著。从影响的方向上看，该因素与林地规模效率呈现出正相关关系，这表明伐区调查制度对林农木材砍伐的影响越小，规模效率越高。所谓伐区调查制度是指根据一个伐区内的森林资源和生产状况等情况来确定砍伐、抚育、改造等措施所进行的作用调查，其目的在于合理提高潜在的生产力，因而伐区调查制度对林农木材砍伐的影响越大，表明林农受其约束力越大，可砍伐的木材量受到限制，不利于林农进行规模化生产，在生产要素不变的情况下，不断缩小规模反而会降低规模效率。从影响的力度上看，该因素的系数为 0.1303，数值相对较大，表明该因素对规模效率的影响还是很大的。

实证分析表明，林业税费与规模效率正相关关系。表明林农越难接受林业税费，规模效率越低。林农作为一个理性的经济主体，其目的是为了追求利益最大化，林农越难接受林业税费，对林业经营的积极性就越低，花费的精力就会越小，有的甚至会选择放弃林地，致使林地生产规模偏离适度规模的距离越大。从影响的力度上看，该因素的系数为 0.1315，显著系数为 0.0008，通过了 99%置信水平的检验，表明该因素对规模效率的影响很大，且非常显著。

林业补贴也是影响规模效率的一个重要影响因素。该因素的显著系数为 0，通过了 99%置信水平的检验，表明该因素对规模效率的影响非常显著。从影响的方向上看，该因素与规模效率呈现出负相关关系，这表明政府林业补贴对林农的积极性的调动越大，规模效率越高。传统观念认为林业补贴将会提高农户经营林业的积极性，花费的精力也会越大，这与林业税费正好相反，因而林业补贴能够促使规模效率的提升。从影响的力度上看，该因素的系数为 -0.1164，数值相对较大，表明该因素对林地规模效率的影响力度也较大。

第六节　浙江农户林业经营效率的政策含义

一、始终坚定不移地推行集体林权制度改革

研究表明，农户林业纯技术效率是农户林业经营效率处于中低水平的主要制约因素。说明浙江农户林业经营效率的低水平与其生产要素配置能力和经营决策行为有密切关系。因此应通过提高农户的林业生产要素配置能力、完善林

业科技推广体系，促进其林业生产经营效率的提升。其次，引导和规范农户的林权流转行为，促使林地和林木资源向高效率方向流动。农户应根据自身拥有的要素资源、所处社会环境背景及管理水平，合理选择经营规模和经营方式，力求将资源要素的生产潜力充分发挥出来。

二、强化集体林权制度改革的普惠性，完善相应的改革配套措施

集体林权制度改革旨在使广大林农获得林改的普惠性成果，提升林农的生产积极性。因此应该切实落实分林到户的林改举措，通过明确山林地界，明晰山林产权归属，做好林权证制定和发放工作，做到“一地一证、地证不分”，从根本上消除林权纠纷，保障广大普通林农的基本权益。其次，完善相应的林业补贴制度。与传统观念相反，林业补贴制度并没有使农户的林业经营效率获得提升，因此应该注意把握好林业补贴与林农经营效率之间的特殊联系，通过在林业补贴与农户林业经营效率之间建立一个平衡机制，进而实现农户林业经营效率的提升。最后，要建立健全林权抵押贷款政策。实证分析表明，资金投入对林业生产的贡献最大，且林业资金的畅通性对林业生产效率的影响显著。因此，应当在完善林权登记管理和健全林权资产评估体的基础上，鼓励各类银行业金融机构积极开展林权抵押贷款业务，适度放宽林权抵押贷款条件，优化审贷程序，快速有效地解决农户资金问题。

三、提升农户的林业生产经营管理水平

模型估计结果表明，户主的年龄、户主受教育程度及其林业经营行为均对林业经营效率产生显著性影响，而且浙江农户林业经营效率的个体差异较大，因此，为了提升浙江农户的林业经营效率，应当提高其林业生产经营管理水平。具体从以下几方面入手：一是不断强化对农户的林业技术培训，以提升其林业生产经营水平。例如可以开展一系列的技术培训讲座以及典型经验交流会，推动农户对于林业技术的学习，促进其经验积累。二是培养有文化、懂技术、会经营的新型农民。在加强农村基础教育的基础上，大力发展农民成人教育和职业教育，重点培养种养大户、农业专业合作组织和农业产业化龙头企业等新型农业经营主体，努力提高农民的科技文化素质，尽快实现农民的现代化。

第十章　江西省农户林业经营效率实证分析

第一节　江西省农户林业经营效率

本文选取 65 个样本，利用 DEAP2. 1 软件分别测算出 2004 ~ 2009 年六个年度江西省农户林业经营效率、纯技术效率和规模效率的 BCC 指数值。具体结果见表 10-1。

表 10-1　2004 ~ 2009 年江西省农户林业经营效率比较情况

效率值	2004	2005	2006	2007	2008	2009
经营效率值	0. 24	0. 212	0. 259	0. 258	0. 254	0. 223
纯技术效率	0. 336	0. 309	0. 366	0. 343	0. 307	0. 309
规模效率	0. 804	0. 781	0. 706	0. 784	0. 815	0. 789
经营有效样本农户比重（%）	9. 23	9. 23	10. 77	7. 69	9. 23	7. 69

由表 10-1 可知，2004 ~ 2009 年江西省农户的林业经营效率年际变化较小，整体水平较低，其经营效率有待进一步提高。具体而言，2005 年江西省农户的林业经营效率值最低（仅为 0. 212），2006 年的农户林业经营效率值最高，为 0. 259，这说明江西省农户的林业经营效率整体处于在一个较低的水平。从经营有效的样本农户的比重上看，2006 年经营有效的样本农户比重相对较高，为 10. 77%，2007 年、2009 年相对较低，仅为 7. 69%，而其余的都为 9. 23%。综上所述，说明总体而言六年来江西省农户的林业经营水平处于一个低水平的徘徊，其离最优经营效率值 1 仍有较大距离。

表 10-2 显示了江西省 2004 ~ 2009 经营效率的概率分布情况。总体而言，2004 年的经营效率在各个区域内分布不均，农户的林业经营水平集中在两端，主要为 0 ~ 0. 15 和 0. 95 ~ 1 两个区间。从概率分布的峰值看，0 ~ 0. 05，0. 05 ~ 0. 1，0. 1 ~ 0. 15、0. 15 ~ 0. 2 和 0. 95 ~ 1 这五个区域的样本农户比重相对较高，2004 年农户经营效率落在这个五个区域的概率均为 6. 15% 以上，其中 0. 05 ~ 0. 1 和 0. 1 ~ 0. 15 这两个区域最高，分别占 18. 46% 和 13. 85%。从概率分布的谷值看，0. 7 ~ 0. 75，0. 80 ~ 0. 85，0. 85 ~ 0. 90 和 0. 90 ~ 0. 95 这四个区域是 2004

表 10-2 江西省 2004~2009 年经营效率的概率分布表

效率值	2004	2005	2006	2007	2008	2009
(0.00, 0.05]	9.23%	36.92%	30.77%	30.77%	32.31%	27.69%
(0.05, 0.10]	18.46%	18.46%	18.46%	16.92%	10.77%	23.08%
(0.10, 0.15]	13.85%	10.77%	10.77%	6.15%	13.85%	12.31%
(0.15, 0.20]	6.15%	4.62%	4.62%	7.69%	6.15%	9.23%
(0.20, 0.25]	4.62%	4.62%	0.00%	9.23%	7.69%	1.54%
(0.25, 0.30]	1.54%	3.08%	7.69%	3.08%	0.00%	1.54%
(0.30, 0.35]	1.54%	3.08%	3.08%	3.08%	6.15%	1.54%
(0.35, 0.40]	3.08%	0.00%	1.54%	0.00%	4.62%	3.08%
(0.40, 0.45]	3.08%	3.08%	3.08%	0.00%	1.54%	3.08%
(0.45, 0.50]	1.54%	3.08%	3.08%	4.62%	0.00%	1.54%
(0.50, 0.55]	1.54%	1.54%	1.54%	1.54%	1.54%	3.08%
(0.55, 0.60]	1.54%	0.00%	0.00%	0.00%	1.54%	1.54%
(0.60, 0.65]	1.54%	0.00%	1.54%	0.00%	0.00%	0.00%
(0.65, 0.70]	1.54%	0.00%	0.00%	1.54%	1.54%	0.00%
(0.70, 0.75]	0.00%	0.00%	1.54%	1.54%	0.00%	1.54%
(0.75, 0.80]	1.54%	0.00%	0.00%	4.62%	0.00%	0.00%
(0.80, 0.85]	0.00%	1.54%	0.00%	0.00%	0.00%	0.00%
(0.85, 0.90]	0.00%	0.00%	0.00%	1.54%	1.54%	1.54%
(0.90, 0.95]	0.00%	0.00%	1.54%	0.00%	0.00%	0.00%
(0.95, 1.00]	9.23%	9.23%	10.77%	7.69%	10.77%	7.69%
最大值	1.00	1.00	1.00	1.00	1.00	1.00
最小值	0.009	0.003	0.001	0.001	0.001	0.001
平均值	0.24	0.212	0.259	0.258	0.254	0.223

年经营规模效率概率分布的谷值，无农户落在此区域内。从 2005 年经营效率的分布上看，经营效率的分布起伏较大，0~0.05 区间内可高达 36.92%，而在 0.35~0.4，0.55~0.8 和 0.85~0.95 等多个区间内，则其经营效率为 0。从 2006~2009 年经营效率分布上看，经营效率分布在与 2004~2005 年一致，主要分布在四个区域，即 0~0.05，0.05~0.1，0.1~0.15 和 0.95~1，分布在这个四个区域的概率均超过 6%。2004~2009 年，各年的经营效率均集中在 0~0.15 和 0.95~1 两个区间上，其中 0~0.15 区域内的农户均占了 60% 以上，

0.95~1 区域内的农户年仅为 9%左右。这说明 2004~2009 年大部分江西省农户的林业经营水平相对较低，林业经营效率值有很大的潜在提升空间。而 0.15~0.95 区域内的农户分布比例不到 30%，说明了江西省农户的林业经营水平呈现两极分化的趋势。

第二节　2004~2009 年江西省农户林业纯技术效率

从表 10-1 所示，2004~2009 年中各年的农户林业纯技术效率略高于经营效率，取值在 0.307 和 0.366 间波动，其中 2006 年的纯技术效率值最高，为 0.366，但其与最优水平有较大差距，表明农户的林业生产要素配置还不够合理，生产要素投入冗余现象较为突出。这可能是由于江西省属于劳务输出大省，许多人以外出打工为主，无暇经营林地，其林业的经营主要表现为抛荒的方式。其次，林改后林农拥有林地的使用权，因而资金充足的农户通过从其他农户手中承包林地，导致林地规模扩大与农户林业经营管理能力不相协调，进而出现林业生产要素配置的不合理。

由表 10-3 可见，2004~2009 年江西省农户的林业纯技术效率分布在0.25~0.95 这 14 个区域内的比重均未超过 30%，每个区域平均 2.14%，而林业纯技术效率在 0~0.25 这两个区域内农户的比重相对较高，均超过 35%，这表明大

表 10-3　江西省农户林业纯技术效率的概率分布

值＼年份	2004	2005	2006	2007	2008	2009
(0.00, 0.05]	20.00%	26.15%	16.92%	21.54%	26.15%	20.00%
(0.05, 0.10]	15.38%	18.46%	18.46%	20.00%	9.23%	18.46%
(0.10, 0.15]	16.92%	10.77%	9.23%	4.62%	15.38%	9.23%
(0.15, 0.20]	4.62%	4.62%	9.23%	7.69%	6.15%	10.77%
(0.20, 0.25]	4.62%	3.08%	6.15%	4.62%	4.62%	4.62%
(0.25, 0.30]	1.54%	4.62%	3.08%	4.62%	1.54%	4.62%
(0.30, 0.35]	3.08%	1.54%	0.00%	4.62%	4.62%	3.08%
(0.35, 0.40]	1.54%	3.08%	3.08%	0.00%	3.08%	1.54%
(0.40, 0.45]	3.08%	3.08%	4.62%	3.08%	4.62%	4.62%
(0.45, 0.50]	1.54%	1.54%	0.00%	3.08%	1.54%	0.00%
(0.50, 0.55]	3.08%	1.54%	3.08%	1.54%	4.62%	3.08%

（续）

值＼年份	2004	2005	2006	2007	2008	2009
(0.55, 0.60]	4.62%	1.54%	0.00%	1.54%	1.54%	1.54%
(0.60, 0.65]	1.54%	0.00%	0.00%	0.00%	0.00%	0.00%
(0.65, 0.70]	1.54%	0.00%	0.00%	0.00%	1.54%	0.00%
(0.70, 0.75]	0.00%	0.00%	1.54%	0.00%	0.00%	0.00%
(0.75, 0.80]	0.00%	1.54%	0.00%	1.54%	0.00%	1.54%
(0.80, 0.85]	0.00%	0.00%	1.54%	1.54%	0.00%	0.00%
(0.85, 0.90]	0.00%	0.00%	1.54%	3.08%	1.54%	1.54%
(0.90, 0.95]	0.00%	1.54%	1.54%	1.54%	1.54%	1.54%
(0.95, 1.00]	16.92%	16.92%	20.00%	15.38%	12.31%	13.85%
最大值	1.00	1.00	1.00	1.00	1.00	1.00
最小值	0.009	0.003	0.003	0.001	0.002	0.006
平均值	0.336	0.309	0.366	0.343	0.307	0.309

部分农户在林业生产经营过程出现生产要素配置不合理的情况。六年间每年平均有15.89%的农户的纯技术效率落在0.95～1区域内，表明2004～2009年有部分农户生产要素投入较为合理，但比重相对较低，因此进一步提高生产要素配置水平的空间较大。

第三节 2004～2009年江西省规模效率比较分析

2004～2009年江西省农户林业规模效率的平均值为0.78左右，较为接近最优规模效率值1，表明当前大部分林农只需稍微调整林业经营规模即可达到最优规模。在65个样本林农中，年平均有33.84%（22户）林农的生产规模处于规模报酬不变阶段，其中年平均有9%（6户）林农不仅生产要素达到最优配置，同时其经营规模实现最优化。而生产要素配置比例不合理的，即规模报酬处于递增或递减阶段，所占的比例将近70%，说明2004～2009年规模效率处于DEA无效的比重相对较大，因此农户应根据其林业实际生产经营情况，适当缩小或扩大林地，以实现林地的规模效应。

从表10-4可见，2004～2009年江西省农户林业规模效率的概率分布与经营规模效率和纯技术效率的概率分布有所不同。从概率分布的峰值上看，除2006年外，林业规模效率处于0.90～1区域的农户各年均50%，表明江西省大

表 10-4　江西省 2004~2009 年规模效率的概率分布

值 \ 年份	2004	2005	2006	2007	2008	2009
(0.00, 0.05]	0.00%	3.08%	0.00%	0.00%	0.00%	0.00%
(0.05, 0.10]	1.54%	0.00%	1.54%	0.00%	1.54%	3.08%
(0.10, 0.15]	9.23%	1.54%	1.54%	1.54%	0.00%	4.62%
(0.15, 0.20]	6.15%	4.62%	4.62%	6.15%	0.00%	4.62%
(0.20, 0.25]	0.00%	3.08%	6.15%	4.62%	1.54%	3.08%
(0.25, 0.30]	1.54%	3.08%	4.62%	0.00%	1.54%	1.54%
(0.30, 0.35]	0.00%	3.08%	3.08%	0.00%	1.54%	0.00%
(0.35, 0.40]	3.08%	1.54%	0.00%	3.08%	3.08%	1.54%
(0.40, 0.45]	1.54%	3.08%	1.54%	1.54%	3.08%	0.00%
(0.45, 0.50]	0.00%	0.00%	0.00%	3.08%	1.54%	0.00%
(0.50, 0.55]	0.00%	1.54%	3.08%	1.54%	3.08%	0.00%
(0.55, 0.60]	0.00%	1.54%	1.54%	1.54%	1.54%	1.54%
(0.60, 0.65]	1.54%	1.54%	7.69%	1.54%	3.08%	6.15%
(0.65, 0.70]	0.00%	0.00%	7.69%	1.54%	9.23%	0.00%
(0.70, 0.75]	0.00%	1.54%	1.54%	3.08%	4.62%	1.54%
(0.75, 0.80]	1.54%	0.00%	6.15%	3.08%	4.62%	1.54%
(0.80, 0.85]	0.00%	4.62%	7.69%	6.15%	0.00%	1.54%
(0.85, 0.90]	1.54%	1.54%	1.54%	7.69%	3.08%	4.62%
(0.90, 0.95]	0.00%	12.31%	9.23%	9.23%	1.54%	12.31%
(0.95, 1.00]	72.31%	52.31%	30.77%	44.62%	55.38%	52.31%
最大值	1.00	1.00	1.00	1.00	1.00	1.00
最小值	0.071	0.018	0.088	0.106	0.072	0.077
平均值	0.804	0.781	0.706	0.784	0.815	0.789

部分农户只要稍微调整其经营规模即可实现林业经营规模的最优化。由表 10-4 可以看出，林业规模效率介于 0~0.5 之间的样本农户所占的比重相对较小，年均约为 20%，这说明 2004~2009 年江西省仍有小部分农户的林业规模效率与最优效率值差距较大，需要进行林业经营规模的大幅度调整。

第四节　2004~2009 年江西省规模报酬阶段的比较分析

表 10-5 说明了江西省 2004~2009 年农户所处规模报酬阶段的情况。六年间约有 42.8%（27 户）的农户处于规模报酬不变阶段，而有 43.1%（28 户）的农户处于规模报酬递增阶段，仅有 13.6%（9 户）处于规模报酬递增阶段，说明这 37 户农户的经营规模偏小或偏大导致经营效率低下。通过分析规模报

酬阶段与林地规模的关系可知，林地规模在 15 亩以下的样本农户每年约为 10 户，其中约有 5 户左右的林农处于规模报酬递增阶段，4 户处于规模报酬不变阶段，仅有 1 户处于规模报酬递减阶段。表明在此规模区域内的农户大部分处于规模偏小，生产要素投入过多的阶段，应适当扩大林地规模，提高要素的边际收益，进而实现最优经营规模。

表 10-5 江西省 2004~2009 年农户规模报酬阶段情况

年份		2004	2005	2006	2007	2008	2009
15 亩以下	irs	4（40%）	9（90%）	6（60%）	0（0%）	2（22.22%）	6（66.67%）
	—	4（40%）	1（10%）	3（30%）	9（100%）	5（55.56%）	2（22.22%）
	drs	2（20%）	0（0%）	1（10%）	0（0%）	2（22.22%）	1（11.11%）
小计		10	10	10	9	9	9
[16，45]	irs	0（0%）	5（25%）	3（15.79%）	4（22.22%）	0（0%）	5（27.78%）
	—	21（100%）	13（65%）	7（36.84%）	8（44.44%）	14（77.78%）	11（61.11%）
	drs	0（0%）	2（10%）	9（47.37%）	6（33.33%）	4（22.22%）	2（11.11%）
小计		21	20	19	18	18	18
[46，100]	irs	0（0%）	0（0%）	0（0%）	3（30%）	0（0%）	4（44.44%）
	-	7（77.78%）	6（66.67%）	1（11.11%）	2（20%）	6（60%）	0（0%）
	drs	2（22.2%）	3（33.33%）	8（88.89%）	5（50%）	4（40%）	5（55.56%）
小计		9	9	9	10	10	9
[101，200]	irs	0（0%）	0（0%）	0（0%）	1（11.11%）	0（0%）	0（0.00%）
	-	9（90%）	8（100%）	2（22.22%）	4（44.44%）	6（66.6%）	5（50.00%）
	drs	1（10%）	0（0%）	7（77.78%）	4（44.44%）	3（33.33%）	5（50.00%）
小计		10	8	9	9	9	10
200 亩以上	irs	0（0%）	0（0%）	0（0%）	1（5.26%）	0（0%）	0（0.00%）
	-	3（20%）	3（16.67%）	1（5.56%）	2（10.53%）	3（15.79%）	1（5.26%）
	drs	12（80%）	15（83.33%）	17（94.44%）	16（84.2%）	16（84.21%）	18（94.74%）
小计		15	18	18	19	19	19
规模报酬递增（irs）		4（6.15%）	14（21.54%）	9（13.85%）	9（13.85%）	2（3.07%）	15（23.08%）
规模报酬不变（—）		44（67.69%）	31（47.59%）	14（21.54%）	25（38.5%）	34（52.31%）	19（29.23%）
规模报酬递减（drs）		15（23.08%）	20（30.77%）	42（64.62%）	31（47.7%）	29（44.61%）	31（47.69%）
合计		65（100%）	65（100%）	65（100%）	65（100%）	65（100%）	65（100%）

2004~2009 年林地规模区域在［16，45］内的林农每年均有 19 户，占样本总数的 29.2%。2004~2009 年处于规模报酬不变阶段的农户依次有 21，13，7，8，14，11 户，表明在此区域内处于适度规模区，大部分林农的生产规模较为合理。2006 年有 47.37%（9 户）处于规模报酬递减，但随着时间的推移，处于规模递减的农户逐渐减少，说明农户在 2007~2009 年期间进行了适当调整使得林地规模接近适度规模。

2004~2009 年林地规模处于［46，100］亩之间的林农基本为 9 户，除了 2007 年、2008 年，年度之间变化不大。年平均有 3.67 的农户处于规模报酬不变，4.5 农户处于规模报酬递减，仅有 1.17 农户处于规模报酬递增，说明随着林地规模的不断扩大，农户的原有经营状态逐步受到改变，其由于人力、管理、物质等因素的限制，使得规模报酬收益逐步递减。因此，林农应根据自身情况适当增加或减少林业经营规模范围，以使其与自身所具备的经营管理水平和要素配置能力相符合。

2004~2009 年林地规模处于［101，200］亩之间的农户年平均有 9 户，在此区域内有 61.83%处于规模报酬不变阶段，36.31%处于规模报酬递减阶段，而仅有 1.8%处于规模报酬递增，表明林地规模进一步扩大，达到了林业适度规模经营阶段，规模效益没有递减反而提高。细分到每个年度，2005 年此区域内的农户全部处于适度规模经营，规模效益达到最大。相反在 2006 年 9 户农户中有 7 户农户处于规模效率递减，但之后适度规模经营的农户逐步增多。说明在此区域内农户由于林地规模偏大，起初阶段未能适应大规模经营，未能合理配置要素投入，规模效益递减，但随着时间的推移，农户逐步适应并进行要素的调整，提升效益。

林地规模在 200 亩以上的农户年平均有 18 户，87.06%（16 户）左右的农户处于规模报酬递减阶段，仅有 12.1%处于规模报酬不变阶段，说明林地规模过大，将导致林业边际收益的递减。从各个年度上看，此区域内的农户所处规模报酬阶段以及分布情况变动较小。这可能是 200 亩以上的农户资金充裕，生产要素投入条件满足，但限于个人精力有限，未能对生产过程中进行合理决策，以致规模效益大幅度下降。

综上所述，2004~2009 年江西林农的规模报酬阶段分布呈现以下规律：一是规模有效区域，即 45 亩以下，45~100 亩之间以及 101~200 亩；二是规模无效区，即 46~100 亩以及 200 亩以上。三是样本农户在各个年度规模报酬所处阶段分布在呈现两个平衡，即 16~45 亩之间与 200 亩以上样本数分布相似，基本在 18 户以上；15 亩以下、46~100 亩之间以及 101~200 亩之间样本数基本为 9 或 10 户。

第五节 林业规模效率的影响因素分析

以 DEA-BCC 测算所得的 VRSTE 和 SE 指数值为因变量，以 2004~2009 年人力、资金、林地、管理、制度因素的各指标值为自变量，采用面板数据，利用去常数项（注释：经计算，常数项对模型而言显著性极低，在模型无法起作用，因此将常数项去掉）的 Tobit 模型进行分析，同时为了更加明确具体因素对林业全要素生产率的影响程度，并防止在部分因素的干扰下，导致一些对于林业全要素生产率有显著影响的因素被排除在模型之外，本研究采取逐步回归的方法对模型进行了二次回归，具体结果如下。

一、林业经营效率的影响因素分析

以 DEA-BCC 测算所得的 RVSTE 指数值为因变量，以 2004~2009 年人力、资金、林地、管理、制度因素的各指标值为自变量，利用去常数项（注释：经计算，常数项对模型而言显著性极低，在模型无法起作用，因此将常数项去掉）的 Tobit 模型进行分析，结果见表 10-6。

表 10-6 经营效率指数值作为因变量的 Tobit 回归模型计算结果

Covariance matrix computed using second derivatives				
	Coefficient	Std. Error	z-Statistic	Prob.
X1（户主年龄）	0. 003634	0. 001418	2. 562809	0. 0104
X2（户主受教育程度）	0. 016876	0. 004973	3. 393171	0. 0007
X3（林地块数）	-0. 059708	0. 014339	-4. 163901	0. 0000
X5（土地肥沃程度）	-0. 088039	0. 036780	-2. 393693	0. 0167
X7（经营年限）	0. 002694	0. 001505	1. 789691	0. 0735
X8（经营类型）	0. 037190	0. 014489	2. 566875	0. 0103
X10（种苗质量）	-0. 060892	0. 021501	-2. 832023	0. 0046
X11（施肥次数）	0. 070815	0. 042334	1. 672769	0. 0944
X13（林收比重）	0. 300505	0. 043916	6. 842655	0. 0000
X15（采伐限额）	-0. 070949	0. 017257	-4. 111217	0. 0000
X17（林业税费）	-0. 030999	0. 013020	-2. 380818	0. 0173
X18（林业补贴）	0. 048312	0. 012423	3. 889002	0. 0001
Log likelihood	-29. 98727	Akaike info criterion		0. 220448
vg. log likelihood	-0. 076890	Schwarz criterion		0. 352652

模型回归结果显示，AIC＝0.2204 和 SC＝0.3526 两者的绝对值都小于 1，表明模型也都分别通过赤池准则和施瓦茨准则。同时模型的极大似然值 Log likelihood＝29.99，由此说明模型拟合优良。本次模型共纳入 1 个因变量，18 个自变量。在逐步回归的过程中，根据影响因素的显著性，逐步逐个剔除显著性最低的影响因素，直至影响因素的显著性都小于 0.1 为止。最后输出结果 12 个结果。具体为 X1（户主年龄）、X2（受教育程度）、X3（林地块数）、X5（土地肥沃程度）、X7（经营年限）、X8（经营类型）、X10（种苗质量）、X11（施肥次数）、X13（林收比重）、X15（采伐限额）、X17（林业税费）、X18（林业补贴）等 12 个影响因素，这些影响因素的显著性系数全都通过了 95%置信水平的检验。由此可构建影响农户经营规模效率的模型：

$$Tobit(Y)=0.0036X1+0.01688X2-0.05971X3-0.08804X5+0.00269X7+0.03719X8-0.06089X10+0.07082X11+0.30051X13-0.07095X15-0.03099X17+0.04831X18$$

从影响因素的分类看，X1（户主年龄）、X2（受教育程度）属于人力因素；X3（林地块数）、X5（土地肥沃程度）属于林地因素；X7（经营年限）、X8（经营类型）、X10（种苗质量）、X11（施肥次数）属于管理因素；X13（林收比重）属于资金因素；X15（采伐限额）、X17（林业税费）、X18（林业补贴）属于制度因素。可见，农户经营规模效率受人力、管理、资金、制度等多方面的综合影响。

（一）人力因素对经营规模效率的影响

一般而言，人力因素通过两种渠道影响林业的经营水平：一方面是作为生产要素投入生产；另一方面是经营主体人通过获取信息、知识和技术转化提高林业的经营水平。由表 10-6 可知，户主年龄、受教育程度与经营规模效率呈现正相关，表明户主年龄越大，受教育程度越高，农户家庭经营规模效率越高。从模型回归的结果显示，户主年龄、受教育程度这两项因素的显著性为 0.0104、0.007。由此可知，这两项影响因对于农户经营规模效率的影响极为显著。从影响的力度看，每正向变动一个单位，经营规模效率就提升约 0.02，提升幅度较大。说明在林业的经营过程中离不开人力因素的影响，人力作为林业生产过程中实际的实施者，是林业经营的主体，其受教育程度、年龄等方面的差异会产生经营效益的差异。一般而言，户主年龄越大，其经验越丰富，林业生产技能越高；受教育水平越高，在获取信息、知识和技术越容易，相应的经营规模效率越高。

（二）林地因素对经营规模效率的影响

林地是林业经营中的基本要素，是影响经营规模效率的决定性因素。模型回归结果显示，林地因素对经营规模效率的影响主要林地块数和土地的肥沃程度。其中林地块数与农户经营规模效率呈负向关系，即林地块数越多，经营规模效率越低。源于地块越分散，加大农户的经营成本，导致经营效率低下。土地肥沃程度的变量设计中“1=肥沃”“2=中等”“3=贫瘠”，即变量越高土地越贫瘠，即土地越肥沃，经营规模效率越高。因为土地越肥沃，毛竹，杉木长势越好，单位面积产量越高，资源要素禀赋存在比较优势，单位面积成本降低。

（三）管理因素对经营规模效率的影响

林业的经营管理，是指林农为了实现较高的林业产出，对种苗质量的选择、施肥次数、整地方式等进行安排的过程。林农作为林业经营的管理主体，其在管理过程中起着决策作用，对要素投入的安排直接影响着各要素的配置效率。从模型回归的结果看，较为显著的管理因素为经营年限、经营类型、种苗质量以及施肥次数等四个因素。首先，经营年限与农户经营规模效率密切相关。从影响的方向上看，它与经营规模效率呈正向关系，表明农户的经营年限越久，其经营效率越高。这主要由于经营年限越久，农户越能掌握林业的生产技能，更能合理配置要素投入。其次，经营类型在变量假设中设置“1=承包经营”“2=股份制经营”“3=自留山经营”，说明经营类型数值越趋于3，林业生产过程中交易成本越高，经营规模效率越低，模型回归结果与变量假设相反。主要有以下两方面原因：一是调研辖区赣州当地稀土资源丰富，稀土产业发展较大，社会资本雄厚，林业劳动力的机会成本较高，部分林地流转是资本驱动型的，属于投资行为，农户自身林业管理经验不足，规模化经营或者合资经营反而增加林业生产成本。二是股份制经营，属于多人管理，管理者在生产过程中容易产生不合，以致生产成本提高，降低经营规模效率。再有，种苗质量与经营规模效率呈负向关系。可能原因，一方面是政府有育林补贴，即对政府选定的品种进行补贴，变相降低林业生产成本，提高经营规模效率。另一方面，种苗质量越好，幼苗的成活率越高，但当期投入成本较大，未来种苗成活率不确定，降低经营规模效率。最后，施肥次数与经营规模效率呈正向关系，表明施肥次数越多，农户的经营规模效率越高，主要由于施肥可以提高林业的生产力，增加产出。

（四）资金因素对经营规模效率的影响

资金投入是任何生产部门在经营过程中的关键，比如基础设施、农药、种苗等物质投入，与林业的生产息息相关。从模型回归的结果看，属于资金要素的影响因素只有林业收入占家庭总收入的比重呈现显著性，显著值为0.0000，完全显著，表明该因素对农户经营规模效率具有显著影响。从影响因素的作用方向看，林业收入占家庭总收入的比重越高，其经营规模效率越高。主要由于农户在生产经营过程中具有理性，追求经济效益最大化。如果林业收入占家庭总收入的比重越大，表明林业收入是家庭重要的经济基础，农户必定会悉心经营林业，以便取得最大的经济效益。

（五）制度因素对经营规模效率的影响

农户造林行为不仅受自然条件、人为因素的制约，而且也受政策因素的综合影响，也就包括了森林的采伐限额管理制度和林业税费政策。同时众多学者也表明，林业制度的变迁对林业经营效率的影响是非常显著的。从模型回归结果看，主要的制度因素是采伐限额、林业税费以及林业补贴。从影响因素的作用方向看，采伐限额、林业税费与经营规模效率呈正比，林业补贴与经营规模效率呈反比。表明采伐限额和林业税费的实行对于农户规模效率起着促进的作用，而林业补贴则是起着阻碍作用，与原先的变量假设条件相反。这主要由于林业生产是一个长期的过程，采伐木材获得收益是一个远期目标。因此在长远的时间内，由于农户无法预测未来的市场价格以及采伐限额制度的变化，为了降低林业经营的风险，农户会对当期市场或政策的变化作出理性的判断。如果当期市场价格突然升高，在没有采伐限额制度的约束下，将会使得大部分林农将近成熟林提前投入市场，造成供大于求，进而导致经营规模效率降低。同时，由于林改之后，为了真正落实林权所有者和经营者的“处置权”，政府分级逐步放宽对商品林木采伐利用的限制，真正发挥政策带来的经济效应和社会效应。通过减免税费，让利和还利于民，直接增加农民收入。因此一定程度上都促进了农户经营规模效率的提升。林业补贴包括种苗造林补贴、退耕还林补贴等，但补贴额度并不高，据调查反映，林业补贴占林业生产投入的比例很小，对于调动林农林业生产的积极性不高。

二、林业规模效率的影响因素分析

以 DEA-BCC 测算所得的 SCALE 指数值为因变量，以 2004~2009 年人力、资金、林地、管理、制度因素的各指标值为自变量，利用去常数项（注释：经计算，常数项对模型而言显著性极低，在模型无法起作用，因此将常数项去掉）的 Tobit 模型进行分析，结果见表 10-7。

模型回归结果显示，AIC = 0.23 和 SC = 0.332 两者的绝对值都小于 1，表明模型也都分别通过赤池准则和施瓦茨准则。同时模型的极大似然值 Log likelihood 的绝对值为 34.75，由此说明模型拟合优良。本次模型共纳入 1 个因变量，18 个自变量。在逐步回归的过程中，根据影响因素的显著性，逐步逐个剔除显著性最低的影响因素，直至影响因素的显著性都小于 0.1 为止。最后输出 9 个结果。具体为 X2（受教育程度）、X3（林地块数）、X7（经营年限）、X8（经营类型）、X10（种苗质量）、X12（整地方式）、X14（资金来源渠道）、X15（采伐限额）X16（伐区调查制度）等 9 个影响因素，这些影响因素的显著性系数全都通过了95%置信水平的检验。由此可构建影响农户规模效率的模型：

表 10-7 规模效率指数值作为因变量的 Tobit 回归模型计算结果

Covariance matrix computed using second derivatives				
	Coefficient	Std. Error	z-Statistic	Prob.
X2（户主受教育程度）	0.019912	0.004530	4.395572	0.0000
X3（林地块数）	-0.036166	0.012965	-2.789589	0.0053
X7（经营年限）	0.005920	0.001548	3.824109	0.0001
X8（经营类型）	0.125446	0.014768	8.494509	0.0000
X10（种苗质量）	-0.066019	0.019413	-3.400762	0.0007
X12（整地方式）	-0.019908	0.009112	-2.184862	0.0289
X14（资金来源畅通性）	0.060393	0.020269	2.979624	0.0029
X15（采伐限额）	0.057270	0.018648	3.071077	0.0021
X16（伐区调查制度）	0.057280	0.016943	3.380823	0.0007
Log likelihood	-34.75245	Akaike info criterion		0.230090
vg. log likelihood	-0.089338	Schwarz criterion		0.331981

$$\begin{aligned}\text{Tobit}(Y) = {} & 0.019912X2-0.036166X3+0.005920X7+0.125446X8\\ & -0.066019X10-0.019908X12+0.060393X14+0.057270X15\\ & +0.057280X16\end{aligned}$$

从影响因素的分类看，X2（受教育程度）属于人力因素；X3（林地块数）、属于林地因素；X7（经营年限）、X8（经营类型）、X10（种苗质量）、X12（整地方式）属于管理因素；X14（资金来源渠道）属于资金因素；X15（采伐限额）、X16（伐区调查制度）属于制度因素。可见，规模效率受人力、管理、资金、制度等多方面的综合影响。规模效率主要是判断生产部门是否处于最优规模状态的一个指标。林农在生产过程中主要呈三种规模状态，即规模报酬递增阶段、规模报酬不变阶段以及规模报酬递减阶段。农户林地规模的大小受人力、管理、资金、制度等因素的影响。

（一）人力因素对规模效率的影响

从模型回归结果看，人力因素中只有受教育程度因素呈现显著，且受教育程度与规模效率呈正向关系，显著值为0.000，极为显著，说明受教育程度越高，农户越能正确判断林地所处的规模阶段，并作出适当的调整以达到规模适度，发挥规模效应带来的经济效益。源于受教育程度越高，对于知识的获取，技术的转化速度越快，相应的决策能力也越高，越能准确反映林地的生产情况。

（二）林地因素对规模效率的影响

从模型回归的结果看，林地块数这一因素的显著值为 0.0053，说明林地块数与林业规模效率密切关系。从影响因素的作用方向看，林地块数与林地规模效率呈负向关系，表明林地块数越多，相应的规模效率越低。究其原因，林地规模一定的情况下，林地块数越多，经营越分散，增加农户的经营成本，主要表现在时间和交通成本上。

（三）管理因素对规模效率的影响

从构建影响农户规模效率的模型看，管理因素是影响规模效率变化的主要因素，主要包括经营年限、经营类型、种苗质量和整地方式。经营年限这一因素的显著性为 0.0000，极为显著，说明与规模效率息息相关，且呈正向关系。主要由于经营年限越长，农户在林业生产过程中越能熟悉掌握林业的生产条件。林地作为最基本的要素之一，农户必定熟知其规模大小，并按照规模的大小进行其他生产要素的配置。因此，经营年限越长一定程度上促进林业规模效率的提高。

从模型回归结果看，经营类型这一因素的显著值为 0.000，极为显著，说明与林业规模效率息息相关。从影响因素的作用方向看，经营类型与规模效率呈正向关系，说明经营类型越趋于合作经营，规模效率越高。这主要由于林业生产是一个长期过程，风险系数较高，几家合作经营不仅可以抵御自然风险，还可以提高规模效率。种苗质量和整地方式这两个因素与林业规模效率呈负向关系，与变量假设相反，表明在林业生产过程中，使用良种或者精细整地反而降低林业的规模效率。主要由于江西以用材林为主，良种或者精细整地一定程度上会大大提高人力和物质的投入，进而降低林业的规模效率。

（四）资金因素对规模效率的影响

资金来源渠道畅通性的变量假设“0 = 畅通”“1 = 不太畅通”“3 = 不畅通”表明变量值越大，资金来源渠道越不畅通。从模型的回归结果看，资金来源渠道与林业规模效率呈正向关系，表明资金来源渠道越不畅通，反而促进林业规模效率的提高，与变量假设相反。这主要由于资金来源渠道的畅通性反映的是林农在林业的生产过程中资金流转或融资的难易。如果资金来源渠道越畅通，林农资金充裕，扩大林地规模，林地规模扩大也进一步要求农户有较高管理的水平，否则会出现规模过大以致规模报酬递减。在调查辖区内，信丰、龙南以及崇义林农林地面积平均达到 200 亩以上，表明了当前林农林地面积已达到了大规模经营，如果继续扩大，规模效益将会递减。因此，资金来源渠道越畅通反而降低林业规模效率。

（五）制度因素对规模效率的影响

从模型回归的结果看，对规模效率产生显著影响的制度因素主要有采伐限额和伐区调查设计制度。采伐限额的变量假设“0＝很严重”“1＝不严重”和“2＝无”，从回归的结果看，采伐限额与规模效率呈正向关系，说明农户受到采伐限额的约束越小，规模效率越高。采伐限额是国家按照合理经营和永续利用的原则，规定林木采伐限额的一种最基本的管理制度，一定程度上约束农户乱砍滥伐的现象，降低农户的积极性。如果不计算生态效益，放宽采伐限额对林农林业生产的约束，降低林农的交易费用，促进规模效率的提高。伐区调查设计制度的变量假设为“0＝很大”“1＝一般”“2＝很小”，即变量值越大，伐区调查设计制度对农户的影响越小。从模型的回归结果看，伐区调查设计制度与规模效率呈正向关系，表明伐区调查设计制度对农户的影响越低，林业规模效率越高。伐区调查设计制度，就是对于一个伐区内或一个作业区内森林资源数量、出材量、生长状况以及结构规律等，据以确定采伐、更新、抚育、改造等措施，并进行作业调查，因此受采伐指标的限制。在指标有限的情况下，广大的普通农户难以获得采伐指标，进而延长林业经营期。因此，如果受伐区调查设计制度对农户的影响越低，农户可以按期进行林业生产，提高农户经营林业的积极性。

第六节 江西农户林业经营效率的政策含义

一、建立健全林业科技推广体系，提升农户的林业经营管理水平

分析结果表明，江西农户的林业经营效率值的低水平发展主要源于农户的生产要素配置水平的偏低、林业科技成果的推广机制的滞后。因此应通过短期学历教育、林业相关技能的培训等方式强化农户的林业经营管理水平。其次，可以通过加大林业经营管理知识的宣传，促进农户对林业经营了解，不断提升自身的经验积累能力。通过传帮带的形式，建立起林业典型示范农户与林业经营水平较低的农户之间的互动机制，推进林业整体技术效率的提升。最后，通过林业新技术、新品种的推广，完善林业科技推广体系，提高林业科技应用到实际生产的效率。

二、优化林业的资金投入，促进林业经营规模的合理化

江西的农户林业经营规模有效区域为：45 亩以下，45～100 亩之间以及 101～200 亩。说明江西农户的林业经营规模化程度远高于福建、浙江两省，因此应注意把握好林业的资金投入与生产经营规模扩大之间的平衡。

三、完善采伐限额制度及其他林业相关制度

林业采伐限额制度，是保障林业实现可持续发展，促进生态平衡的重要方式。通过对采伐指标的限制，能够使江西农户的经营保持在一个合理稳定的水平上。然而在指标有限的情况下，农户经常不得不延长林业经营期，这极大地影响农户从事林业生产的积极性、主动性。

四、鼓励多种经营方式共同发展，深化集体林权制度改革

研究表明，越趋向于合作化经营，其林业规模效率值愈高。而当前林业的经营方式仍以家庭经营为主，其对于林业生产经营中遇到的风险抵抗能力较弱，融资能力也较为薄弱。因此可以通过加强对林业合作组织、家庭农场等新型经营主体的扶持，分散林业生产的风险。

第十一章　闽浙赣农户林业经营效率比较分析

我国新一轮集体林权制度改革主要目的是提高林业经营水平，提高农户进行林业生产经营的积极性。闽浙赣三省是我国林权制度改革的先行者，通过对三省林业经营效率的对比分析，找出这三省在经营效率上的差异，有助于达到提高林农经营效率的目的。闽浙赣三省农户林业经营效率、纯技术效率和规模效率的 DEA 有效率见表 11-1。

表 11-1　2004~2009 年闽浙赣经营效率及其分量的 DEA 有效比重

比重＼年份		2004	2005	2006	2007	2008	2009
经营效率 DEA 有效比重（%）	福建	8.33	4.17	6.25	8.33	5.21	5.21
	浙江	13.16	17.11	13.16	10.53	7.89	7.89
	江西	9.23	9.23	10.77	7.69	9.23	7.69
纯技术效率 DEA 有效比重（%）	福建	23.96	14.58	14.58	21.88	21.88	20.83
	浙江	15.79	22.37	17.11	15.79	13.16	14.47
	江西	16.92	16.92	16.92	13.85	12.31	12.31
规模效率 DEA 有效比重（%）	福建	15.63	8.49	10.42	17.71	17.71	16.67
	浙江	31.58	30.26	30.26	25.00	27.63	23.68
	江西	67.69	41.54	16.92	9.23	47.69	23.08

第一节　闽浙赣农户林业经营效率

根据表 11-1 可知，2004~2009 年闽浙赣三省林业经营效率 DEA 有效所占的比重值均较低，这表明三省农户林业经营水平有待进一步提高。这主要由于三省的纯技术效率和规模效率 DEA 有效的比重偏低所致。在 DEA 无效的样本农户中，浙江和江西大部分是由于其纯技术效率值未达到最优，进而导致大量农户的林业经营效率偏低，由此可见浙赣两省林业生产的技术有效性偏低。而福建大部分农户由于纯技术效率和规模效率均未达到最优，导致福建农户林业经营效率有效样本数偏低。此外，除 2008 年外，浙江农户的林业经营效率

DEA 有效的比重值一直占据首位，福建经营效率 DEA 有效的样本所占比重最低，这表明浙江相对于其他两省林农的经营方式较为精细，而福建经营方式还较为粗放。

从图 11-1 可知，2004~2009 年闽浙赣三省农户经营效率的差距较大，各省总体水平均有待提高。从横向上分析，福建农户的林业经营效率均值是最大的，在 0.84~0.87 之间波动，处于中上水平；江西农户林业平均经营效率是最低的，各年度的经营效率均值均未超过 0.260；浙江林农的经营效率介于中间，但是各年度的经营效率均值也均未超过 0.4，综上表明福建农户林业经营效率远高于浙赣两省，但是离最优值 1 还是有一定的距离，浙赣两省的经营效率整体上均处于中下水平，样本林农经营管理水平亟须进一步提高。从纵向上看，三省六年来的经营效率均值波动较小，同时均呈现出小幅度下降的趋势，这表明三省样本林农六年间的经营管理水平并没有大的变化，并且还有衰退的倾向，其可能的原因在于三省的经营效率有效的样本林农数量减少，越来越多的林农可能在生产要素配置或者林地规模调整方面的偏差越来越大，最终导致林农经营管理水平的下降。因而三省农户的林业经营管理水平正面临着较大的威胁，如果经营效率继续降低，可能反过来影响其从事林业生产经营管理的积极性。

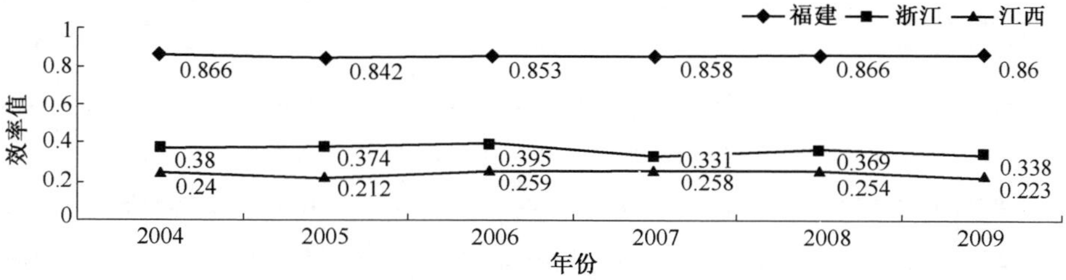

图 11-1　闽浙赣三省的经营效率均值比较情况

表 11-2 为闽浙赣三省农户林业经营效率的概率分布情况。从横向上看，闽浙赣三省林农经营规模效率的主要分布区域有所不同。从福建林农经营规模效率的概率分布上看，该省林农的经营效率的峰值主要集中于 0.8~1 之间，且该区域内的概率分布均超过 76%，最高可达 84.38%；而从概率分布的谷值上看，0.3~0.5 这个区域是该省林农经营效率的谷值，低至 0，最高也仅为 3.13%，说明整体上福建省农户的林业经营效率还处于较高水平；浙江林农经营效率概率分布区域比较广，从概率分布的峰值上看，0~0.2，0.3~0.4 和 0.9~1 这三个区域内样本农户数比较多，且概率分布均在 10%以上，其中 0~0.2 区域间的概率值均达到了 32%，从概率分布的谷值上看，0.7~0.9 这个区

域是其经营效率分布的低谷区，最多仅有 6. 58%林农位于该区域，浙江农户林业经营效率值分布整体上呈现出 U 型趋势；江西农户林业经营效率主要分布在 0～0. 2 这个区域内，该区域内样本比重均超过了 47%，最高可达 72. 31%，而 0. 6～0. 9 是该省农户林业经营效率分布的低谷区，该区域内样本比重最高可达 9. 24%，最低有 1. 54%，这说明整体而言江西大部分林农的经营管理水平偏低。从纵向上看，三省林农经营效率在 2004～2009 年的概率分布变化不大，福建林农经营规模效率概率主要分布在 0. 8～1 之间，只有2005～2006 两年有部分林农转移到 0. 7～0. 8 之间；浙江林农经营效率概率除了 2006～2009 年有部分处于 0. 2～0. 3 之间，其他年度也主要分布在 0～0. 2、0. 3～0. 4 和 0. 9～1 这几个区域内；江西样本林农经营效率概率六年来主要分布区域一直都在 0～0. 2 之间，除了部分年份有少数林农位于 0. 2～0. 3 或者 0. 9～1 之间。通过对三省变异系数比较可知，三省样本林农经营水平存在着

表 11-2　2004～2009 年闽浙赣三省林农经营规模效率值概率分布表

		(0, 0. 1]	(0. 1, 0. 2]	(0. 2, 0. 3]	(0. 3, 0. 4]	(0. 4, 0. 5]	(0. 5, 0. 6]	(0. 6, 0. 7]	(0. 7, 0. 8]	(0. 8, 0. 9]	(0. 9, 1. 0]	变异系数
2004	福建	1. 04%	4. 17%	1. 04%	0. 00%	1. 04%	2. 08%	4. 17%	2. 08%	18. 75%	65. 63%	0. 25
	浙江	19. 74%	19. 74%	7. 89%	17. 11%	9. 21%	5. 26%	2. 63%	5. 26%	0. 00%	13. 16%	0. 822
	江西	27. 69%	20. 00%	6. 16%	4. 62%	4. 62%	3. 08%	3. 08%	1. 54%	0. 00%	9. 23%	1. 249
2005	福建	1. 04%	4. 17%	0. 00%	1. 04%	1. 04%	1. 04%	2. 08%	13. 54%	21. 87%	54. 17%	0. 239
	浙江	27. 63%	14. 47%	9. 21%	14. 47%	9. 21%	3. 95%	1. 32%	0. 00%	1. 32%	18. 42%	0. 917
	江西	55. 38%	15. 39%	7. 70%	3. 08%	6. 16%	1. 54%	0. 00%	0. 00%	1. 54%	9. 23%	1. 397
2006	福建	1. 04%	4. 17%	3. 13%	0. 00%	1. 04%	1. 04%	1. 04%	10. 42%	12. 50%	65. 63%	0. 266
	浙江	17. 11%	15. 79%	17. 11%	11. 84%	6. 58%	5. 26%	6. 58%	5. 26%	1. 32%	13. 16%	0. 801
	江西	49. 23%	15. 39%	7. 69%	4. 62%	6. 16%	1. 54%	1. 54%	1. 54%	0. 00%	12. 31%	1. 241
2007	福建	0%	5. 21%	2. 08%	0. 00%	3. 13%	1. 04%	3. 13%	4. 17%	22. 92%	58. 33%	0. 266
	浙江	28. 95%	21. 05%	11. 84%	7. 89%	5. 26%	2. 63%	5. 26%	1. 32%	5. 26%	10. 53%	0. 975
	江西	47. 69%	13. 84%	12. 31%	3. 08%	4. 62%	1. 54%	1. 54%	6. 16%	1. 54%	7. 69%	1. 195
2008	福建	0%	5. 21%	1. 04%	0. 00%	0. 00%	3. 13%	4. 17%	2. 08%	22. 92%	61. 46%	0. 242
	浙江	19. 74%	22. 37%	14. 47%	6. 58%	5. 26%	6. 58%	9. 21%	5. 26%	0. 00%	11. 84%	0. 843
	江西	43. 08%	20. 00%	7. 69%	10. 77%	1. 54%	3. 08%	1. 54%	0. 00%	1. 54%	10. 77%	1. 229
2009	福建	1. 04%	3. 13%	3. 13%	1. 04%	0. 00%	3. 13%	4. 17%	3. 13%	11. 46%	69. 79%	0. 264
	浙江	25%	17. 11%	19. 74%	9. 21%	3. 95%	2. 63%	3. 95%	5. 26%	1. 32%	11. 84%	0. 93
	江西	50. 77%	21. 54%	3. 08%	4. 62%	4. 62%	4. 62%	0. 00%	1. 54%	1. 54%	7. 69%	1. 298

不同程度的差异，其中福建样本林农之间的差异最小，即林农经营水平分布较为平均，江西样本林农之间的经营效率差异最大，即该省林农的经营管理水平因自身因素及外部条件等导致个体差异性比较大，浙江林农经营效率的变异系数介于中间，但是数值也较大，表明该省林农个体间的差异也较大。综上所述，三省林农经营效率在 2004~2009 年概率分布情况趋于稳定，但是各省样本林农之间的经营管理水平具有一定的差异，其中浙江和江西林农的个体差异较大。

第二节　闽浙赣农户林业纯技术效率的比较分析

从图 11-2 可知，2004~2009 年福建农户林业纯技术效率最高，居于 0.86 到 0.90 之间，这说明该省林业要素配置较为合理。浙江和江西农户林业纯技术效率均在 0.5 以下，这说明浙赣两省林农的生产要素配置相对不合理，存在生产要素投入冗余现象较为普遍。这可能是由于浙赣两省的林地面积、资金投入和劳力投入等要素没有得到充分利用而造成纯技术效率低下。总体而言，三省农户林业纯技术效率距离最优值仍有一定距离，说明三省中仍有大量农户对生产要素的配置还不够合理，可能的原因在于三省中有不少农户为自留山经营，经营管理方面较为随意，进而导致生产要素的浪费。以江西为例，江西林农纯技术效率有效林农所占的比重最低，且每年林农平均纯技术效率值也是最小的，这可能的原因在于江西林地规模远超过闽浙两省，林地利用率较高，但是化肥、农药、种苗等要素投入与林地规模的配置比例把握不当，最终造成该省林业纯技术效率比较低下。而浙江林业生产经营方式属于精耕细作型，且由于该省林农属于兼业型，对林业投入的重视度不够，进而导致该省林业纯技术效率值也相对比较低。

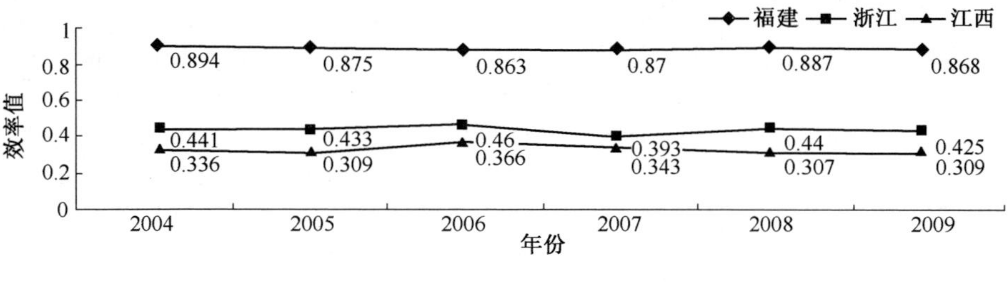

图 11-2　闽浙赣林农纯技术效率对比

表 11-3 显示出 2004~2009 年闽浙赣三省农户林业纯技术效率概率分布情

况。从横向上看，闽浙赣三省林业纯技术效率概率分布主要区域有所不同。福建样本农户纯技术效率主要分布在0.9~1之间，在该区域内的样本林农所占的比重均超过65%，最高可达78.13%，这表明该省大部分样本林农的纯技术效率普遍较高，即该省大部分林农生产要素配置能力较高；浙江样本林农纯技术效率主要分布在0~0.1，0.4~0.5和0.9~1这几个区域内，共计所占的比重均超过48%，最高可达61.84%，这表明浙江样本林农纯技术效率波动性较大；江西样本林农纯技术效率分布谷值主要在0~0.2和0.9~1区域内，所占的比重合计均超过70%，这表明江西样本林农纯技术效率值呈现出两极分化，因此该省应通过培训、交流等方式平衡农户林业生产要素配置能力。从纵向上看，三省农户林业纯技术效率分布区域六年间的变动不大，福建与江西样本林农六年间生产要素配置能力没有大的变化，三省均有部分林农分布在0.9~1，特别是福建省，这表明福建大部分农户林业生产要素配置能力相对较高，而浙江和江西仍有大部分林农需要进一步提高其林业纯技术效率。从变异系数而言，三省的纯技术效率变异系数情况与经营效率变异系数的情况相似，即福建农户林业纯技术效率的个体差异最小，浙江次之，江西最大。江西农户要素配置能力个体间差异较大主要有以下三方面原因：一是江西省属于劳务输出大省，大部分人以外出务工为主，以致无暇经营林地，呈现抛荒状态；二是林改后林农拥有林地的使用权，资本丰裕的农户从其他农户手中承包林地，林地规模扩大，但因个人管理能力有限，未能有效配置生产要素的投入。三是该省林农所经营的林地规模差异较大，林农可能因自身经验、受教育程度等内在因素的影响而使得要素配置能力差异较大。

表11-3 2004~2009年闽浙赣三省林农纯技术效率分布表

		2004	2005	2006	2007	2008	2009
主要分布区域	福建	(0.9，1.0] (78.13%)	(0.9，1.0] (65.62%)	(0.9，1.0] (67.71%)	(0.9，1.0] (66.67%)	(0.9，1.0] (70.83%)	(0.9，1.0] (71.87%)
	浙江	(0，0.1]、 (0.4，0.5]、 (0.9，1] (48.63%)	(0，0.1]、 (0.4，0.5]、 (0.9，1] (61.84%)	(0，0.1]、 (0.4，0.5]、 (0.9，1] (51.32%)	(0，0.1]、 (0.2，0.3]、 (0.9，1] (57.9%)	(0，0.1]、 (0.2，0.3]、 (0.9，1] (51.32%)	(0，0.1]、 (0.2，0.3]、 (0.9，1] (52.63%)
	江西	(0，0.2]、 (0.9，1.0] (73.84%)	(0，0.2]、 (0.9，1.0] (78.46%)	(0，0.2]、 (0.9，1.0] (75.38%)	(0，0.2]、 (0.9，1.0] (70.77%)	(0，0.2]、 (0.9，1.0] (70.76%)	(0，0.2]、 (0.9，1.0] (73.85%)
最小值	福建	0.048	0.051	0.064	0.106	0.139	0.101
	浙江	0.011	0.011	0.011	0.01	0.012	0.008
	江西	0.009	0.003	0.003	0.001	0.002	0.006

（续）

		2004	2005	2006	2007	2008	2009
标准差	福建	0.213	0.208	0.228	0.23	0.211	0.229
	浙江	0.326	0.358	0.329	0.349	0.334	0.343
	江西	0.300	0.362	0.376	0.362	0.332	0.343
变异系数	福建	0.239	0.238	0.264	0.264	0.237	0.264
	浙江	0.739	0.826	0.716	0.889	0.758	0.807
	江西	1.249	1.173	1.029	1.057	1.081	1.110

第三节　闽浙赣农户林业规模效率的比较分析

林业规模效率是用来判断决策单元是否处于最优经营规模状态的指标。从图 11-3 可知，2004~2009 年闽浙赣三省林业规模效率指数值均较高，其中福建农户林业规模效率值介于 0.960 和 0.992 之间，浙江农户林业规模效率值六年间均超过 0.8，最高可达 0.874，江西林农规模效率值均超过 0.7，最高可达 0.815。综上可知闽浙赣农户林业规模效率值较高，表明当前三省林农的林地规模只需对所经营的规模稍微进行调整即可达到最优规模，同时在一定程度上也反映出闽浙林业经营效率属于小规模，而江西林业经营效率属于大规模有效。

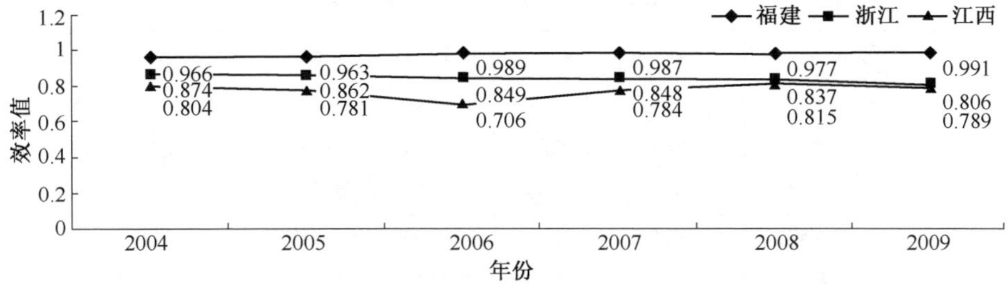

图 11-3　闽浙赣农户规模效率比较

表 11-4 显示了闽浙赣三省农户林业规模效率概率分布情况。从横向上看，闽浙赣三省林农大部分规模效率主要分布在 0.8~1.0 区域内，该区域内林农所占的比重均超过 60%，这表明三省农户的林地经营规模只需稍微调整即可达到最优经营规模，其中福建农户林业规模效率普遍较高，主要居于 0.8 和 1.0 之间，这表明福建省农户与最优经营规模状态较接近，而福建农户平均林地面积较小，从而说明林地小规模经营是有效的。而浙赣两省相比之下林农经

营效率在 0. 8~1. 0 区域内的比重稍微有点偏低，表明浙赣两省还有部分林农需要进一步调整林地规模。这主要原因是江西农户林地规模普遍偏大，但是可能受到林农自身经营管理能力的限制无法胜任大面积的林地生产经营，因而该省大部分林农的经营规模偏离最优规模的幅度较大，需要部分缩小林地规模；浙江林农的林地规模也比较小，但是由于该省林农大部分采用精耕细作模式，因而导致当前的林地面积可能还需要进一步的调整才可以达到最优规模状态；福建林农经营方式较为粗放，林地规模较小，在当前林地规模的基础上，该省林农尚能够依靠自身经验和能力不断减少林地规模偏离最优规模的距离，进而达到较高的林地规模效率。从纵向上看，闽浙赣三省六年间农户林业规模效率概率分布波动较小，这表明六年间林农平均林地规模没有太大的波动，其可能的原因在于新一轮林权制度改革后，林地流转等政策的实行规范了农户林业生产经营活动的行为，因而六年来三省的林地规模没有太大的变化。此外通过对三省林农规模效率的变异系数分析可知，福建农户林业规模效率个体间差异是三省中最小的，同时效率普遍较高，大部分超过 0. 8；江西样本林农的林地规模效率的变异系数是三省中最大的，这表明该省农户林地规模效率的个体差异较大，其可能的原因在于该省有不少农户承包大面积林地积极地进行林业经营，对林业经营管理的投入与其规模匹配度较低，进而导致当前农户林业规模差异偏大。综上所述，闽浙赣三省农户的林地规模效率普遍较高，同时三省在 2004~2009 年之间平均林地规模效率变动较小，而三省农户林业规模存在不同程度的差异。

表 11-4 2004~2009 年闽浙赣三省林农规模效率概率分布表

		2004	2005	2006	2007	2008	2009
(0, 0.5]	福建	0. 00%	0. 00%	0. 00%	0. 00%	0. 00%	0. 00%
	浙江	5. 26%	6. 58%	5. 26%	11. 85%	6. 58%	13. 16%
	江西	23. 08%	23. 10%	23. 09%	20. 01%	13. 86%	18. 48%
(0.5, 0.8]	福建	0. 00%	0. 00%	0. 00%	0. 00%	1. 04%	1. 04%
	浙江	31. 58%	26. 32%	28. 95%	17. 11%	26. 32%	21. 05%
	江西	3. 08%	6. 16%	27. 69%	12. 32%	26. 17%	10. 77%
(0.8, 1.0]	福建	100%	100%	100%	100%	98. 96%	98. 96%
	浙江	63. 16%	67. 11%	65. 79%	71. 05%	67. 11%	65. 79%
	江西	73. 85%	70. 78%	49. 23%	67. 69%	60. 00%	70. 78%
最小值	福建	0. 815	0. 848	0. 911	0. 852	0. 564	0. 792
	浙江	0. 413	0. 308	0. 306	0. 349	0. 226	0. 14
	江西	0. 071	0. 018	0. 088	0. 106	0. 072	0. 077

（续）

		2004	2005	2006	2007	2008	2009
标准差	福建	0.043	0.03	0.017	0.025	0.052	0.024
	浙江	0.182	0.183	0.179	0.199	0.195	0.245
	江西	0.341	0.316	0.295	0.280	0.249	0.315
变异系数	福建	0.044	0.031	0.017	0.026	0.054	0.025
	浙江	0.214	0.212	0.211	0.234	0.233	0.303
	江西	0.424	0.405	0.417	0.358	0.305	0.400

第四节　闽浙赣农户所处规模报酬阶段的比较分析

从表 11-5 可以看出闽浙赣三省农户所处规模报酬阶段的比较情况。整体上，闽浙赣农户在六年间所处的规模报酬阶段分布存在明显差异。福建农户在 2004~2009 年间处于规模报酬递增阶段和规模报酬不变阶段的比重整体上呈现出上升的趋势，处于规模报酬递减阶段的比重整体上有大幅度的下降，截止到 2009 年，福建有将近 50%的林农处于规模报酬递增阶段，各有一半左右分别处于规模报酬不变阶段和规模报酬递减阶段，表明整体上福建林农的经营规模有所改善，但是越来越多的林农的经营规模呈现出偏小化的趋势，其可能的原因在于福建农户的经营类型以自留山经营为主，经营规模偏小，因而适当地扩大其经营规模可以大幅度提高其经营效率。此外，农户林地规模处于报酬递减阶段的比重减少的原因可能在于新一轮林权制度改革之后，林地流转等政策的实行规范农户从事林业经营的行为，加上劳动力的转移使得从事林业经营的农户不断减少，不少林地被抛荒，进而导致林地规模不断缩小，因而处于规模报酬递减阶段的农户所占比重有所减少。浙江农户林业规模报酬分布阶段比较平均，随着时间的推移，林农处于规模报酬递增、不变和递减阶段的比重相差不大，整体而言，处于规模报酬递减阶段的林农所占的比重相对较高，这可能是因为浙江属于劳动力输入型省份，大量劳动力选择非农业生产仅有部分农户从事林业经营。农户在单位林地面积内的投入不合理，而且由于受到时间、精力的限制和浙江精耕细作的传统影响，导致其无法有效经营原来就已规模过大的林地，使得林业经营效率降低，而经营效率的降低又导致该省大部分林地规模偏大，因而应适当缩小其林地经营规模。江西大部分农户处于规模报酬不变阶段和规模报酬递减阶段，且处于规模报酬递减阶段的农户越来越多，其原因可能是江西大部分农户经营用材林，加上江西属于劳动力输出型省份，大量劳动力涌入较为发达城市，使得大量林地闲置，而这在一定程度上导致越来越多的林农转变为承包大户，因其经营面积过大导致其处于规模报酬递减阶段。此外，三省之中江西林农处于规模报酬不变阶段的比重最高，这表明江西农户的林地规模相对较为合适，该部分林农只需要提升生产要素配置能力就可以提高经营效率；福建在2004~2009年均有超过50%的林农处于规模报酬递减阶段，而且总体呈现出逐年递减的趋势，在2009年达到最大幅度的下降，所占的比重成

表11-5 2004~2009年闽浙赣三省林农所处规模报酬阶段对比情况

		2004	2005	2006	2007	2008	2009
规模报酬递增	福建	3.13%	20.83%	17.71%	22.92%	23.96%	45.83%
	浙江	19.74%	23.68%	25.00%	34.21%	26.32%	34.21%
	江西	6.15%	21.54%	13.85%	13.85%	3.07%	23.08%
规模报酬不变	福建	15.63%	10.42%	11.46%	21.87%	18.75%	26.04%
	浙江	34.21%	39.47%	30.26%	31.58%	27.63%	27.63%
	江西	67.69%	47.59%	21.54%	38.50%	52.31%	29.23%
规模报酬递减	福建	81.25%	68.75%	70.83%	55.21%	57.29%	28.13%
	浙江	46.05%	36.84%	44.74%	34.21%	46.05%	38.16%
	江西	23.08%	30.77%	64.62%	47.70%	44.61%	47.69%

为三省最低，其可能的原因在于福建在新一轮林权改革后，农户受到林业税费、林权抵押等优惠政策的激励大量流转林地，而且其经营方式更为规范，农户通过土地流转来调整其经营规模，因而处于规模报酬递减阶段的农户比重的下降。

第五节 闽浙赣林业经营效率影响因素分析

林业经营效率不仅会受到生产要素配置比例、经营规模大小等因素的影响，还会受到农户生产行为之外因素的影响，本文将在总结闽浙赣三省林业经营效率影响因素的基础上进行比较，从而找出影响闽浙赣三省的经营效率影响因素之间的差异。

一、林业经营效率影响因素比较

对闽浙赣三省农户林业经营效率产生影响显著的因素见表11-6。

在18个影响因素中，户主年龄、户主受教育程度、林地块数、林地离公路的距离、林地坡度、经营类型、经营主体类型、种苗质量、施肥次数、整地方式、林业收入占家庭收入比重、资金来源渠道的畅通性和伐区调查制度等

表 11-6　闽浙赣农户林业经营效率影响因素汇总

影响因素	经营效率		
	福建	浙江	江西
X1（户主年龄）	0.006＊＊＊	0.017＊＊＊	0.004＊＊
X2（户主受教育程度）	0.006＊＊＊		0.017＊＊＊
X3（林地块数）	-0.020＊＊＊	-0.116＊＊＊	-0.060＊＊＊
X4（林地离公路的距离）	-0.050＊＊＊	0.067＊＊＊	
X5（土地肥沃程度）		0.294＊＊＊	-0.088＊＊
X6（林地坡度）	0.100＊＊＊	-0.325＊＊	
X7（经营年限）			0.003＊
X8（经营类型）	0.025＊＊＊		0.037＊＊
X9（经营主体类型）	0.233＊＊＊		
X10（种苗质量）	-0.073＊＊＊	0.368＊＊＊	-0.061＊＊
X11（施肥次数）	-0.346＊＊＊		0.071＊
X12（整地方式）	0.037＊＊＊		
X13（林业收入占家庭收入比重）	0.095＊＊＊	0.779＊＊＊	0.301＊＊＊
X14（资金来源渠道的畅通性）	0.048＊＊＊	-0.171＊＊＊	
X15（采伐限额制度）		0.267＊＊＊	-0.071＊＊＊
X16（伐区调查设计制度）	0.036＊＊＊		
X17（林业税费）		-0.357＊＊＊	-0.031＊＊
X18（林业补贴）		0.069＊＊	0.048＊＊＊

13个影响因素对福建林业经营效率有显著影响；从影响的方向上看，户主年龄、户主受教育程度、林地坡度、经营类型、经营主体类型、整地方式、林业收入占家庭收入比重、资金来源渠道的畅通性和伐区调查制度等9个影响因素对福建林农经营效率呈现出正显著影响，而林地块数、林地离公路距离、种苗质量和施肥次数等4因素则呈负显著影响；从影响的力度上看，施肥次数对福建林农经营效率的影响最大，施肥次数每增加一次，林农经营规模效率值平均能够减少0.346，表明施肥次数在福建农户进行林业生产过重中十分重要。

11个因素对浙江林农经营效率有显著影响，分别为户主年龄、林地块数、林地离公路的距离、土地肥沃程度、林地坡度、种苗质量、林业收入占家庭收入的比重、资金来源渠道的畅通性、采伐限额制度、林业税费和林业补贴；从影响的方向上看，户主年龄、林地离公路的距离、土地肥沃程度、种苗质量、林业收入占家庭收入比重、采伐限额制度和林业补贴等7个因素与浙江农户经营效率呈现出正显著关系，而林地块数、林地坡度、资金来源渠道的畅通性和林业税费等4个因素对浙江林农经营效率呈现出负显著关系；从影响的力度上看，林业收入占家庭收入的比重对浙江林农经营效率的影响最大，林业收入占家庭收入的比重每升高一单位，浙江林农经营效率值平均能提高0.779个单位，表明林业收入占家庭收入的比重对浙江林农进行林业生产经营作用很大。

12个因素对江西林农经营效率有显著影响，分别为户主年龄、户主受教育程度、林地块数、土地肥沃程度、经营年限、经营类型、种苗质量、施肥次数、林业收入占家庭收入的比重、采伐限额制度、林业税费和林业补贴；从影响的方向上看，户主年龄、户主受教育程度、经营年限、经营类型、施肥次数、林业收入占家庭收入的比重和林业补贴等7个因素对江西林农经营效率呈现出正显著关系，而林地离公路距离、土地肥沃程度、种苗质量、采伐限额制度和林业税费等5个因素对江西林农经营效率呈现出负显著影响；从影响的力度上看，林业收入占家庭收入的比重对江西林农经营效率的影响最大，即江西林农林业收入占家庭收入的比重每增加一个单位，经营效率值平均能够提高0.301个单位，这个结果与浙江的一样，表明林业收入占家庭收入的比重对江西林农的林业生产经营活动占有十分重要的位置。

二、林业规模效率影响因素比较

对闽浙赣农户林业规模效率产生显著影响的因素见表11-7，户主年龄、户主受教育程度、林地离公路距离、林地坡度、经营年限、经营类型、经营主体类型、整地方式、资金来源渠道的畅通性、采伐限额制度、伐区调查制度、林业税费和林业补贴等13个因素对福建农户的林地规模效率有显著影响；从影响的方向上看，户主年龄、户主受教育程度、林地离公路距离、林地坡度、经营类型、经营主体类型、整地方式、资金来源渠道的畅通性、采伐限额制度、伐区调查设计制度和林业税费等11个因素对福建农户林地规模效率呈正显著影响，而经营年限和林业补贴这2个因素对福建农户林地规模效率呈负显著影响；从影响的力度上看，经营主体类型对福建农户林地规模效率的影响最大，这表明经营主体类型对福建农户林地规模的变化作用很大。

户主年龄、户主受教育程度、林地块数、经营类型、种苗质量、施肥次数、整地方式、伐区调查设计制度、林业税费和林业补贴10个因素对浙江农户林地规模效率有显著影响，从影响的方向上看，户主受教育程度、经营类型、整地方式、伐区调查设计制度和林业税费等5个因素与浙江农户林地规模

表 11-7　闽浙赣农户林地规模效率影响因素汇总

影响因素	规模效率		
	福建	浙江	江西
X1（户主年龄）	0.008***	-0.004*	
X2（户主受教育程度）	0.011***	0.037***	0.020***
X3（林地块数）		-0.045*	-0.036***
X4（林地离公路的距离）	0.016***		
X6（林地坡度）	0.070***		
X7（经营年限）	-0.002***		0.006***
X8（经营类型）	0.023***	0.075***	0.125***
X9（经营主体类型）	0.203***		
X10（种苗质量）		-0.132***	-0.066***
X11（施肥次数）		-0.116**	
X12（整地方式）	0.032***	0.156***	-0.020**
X14（资金来源渠道的畅通性）	0.042***		0.060***
X15（采伐限额制度）	0.012**		0.057***
X16（伐区调查设计制度）	0.035***	0.130***	0.057***
X17（林业税费）	0.021***	0.132***	
X18（林业补贴）	-0.010**	-0.116***	

效率呈正显著关系，而户主年龄、林地块数、种苗质量、施肥次数和林业补贴等 5 个因素与浙江农户林地规模效率呈负显著关系；从影响的力度上看，整地方式对浙江农户林地规模效率的影响最大，这表明整地方式对浙江林农对林地规模的调整有十分重要的作用。

户主受教育程度、林地块数、经营年限、经营类型、种苗质量、整地方式、资金来源渠道的畅通性、采伐限额制度和伐区调查设计制度有 9 个因素对江西农户的林地规模效率有显著影响。从影响的方向上看，户主受教育程度、经营年限、经营类型、资金来源渠道的畅通性、采伐限额制度和伐区调查设计制度等 6 个因素与江西农户林地规模效率呈正显著关系，而林地块数、种苗质量和整地方式等 3 个因素与江西农户林地规模效率呈负显著关系；从影响的力度上看，经营类型对江西农户林地规模效率的影响最大，这表明江西林农的经营类型对其林地规模的调整很重要。

三、闽浙赣林业经营效率、规模效率的影响因素比较分析

通过对闽浙赣三省林业经营效率、规模效率的影响因素汇总发现，影响三省林农林业经营效率的显著因素存在着差异。

（一）户主年龄与受教育程度

户主年龄与闽浙赣三省农户林业经营效率均呈现出显著的正相关关系，其可能的原因在于户主年龄越大意味着林农经营管理的经验越丰富，水平越高，故对三省林农而言户主年龄越高其经营效率越高。但是户主年龄对三省的林地规模效率的影响则各不相同。在福建户主年龄与林农的林地规模效率呈现出显著的正相关关系，在浙江则呈负显著关系，而在江西则没有呈现出显著的正负关系，其可能的原因在于，福建林农相对比较传统，户主拥有家庭决策权，对林地规模的调整有着决定性的作用，此外户主年龄的增加有助于提高其林业经营管理的经营，根据实际情况适时调整林地规模，促使林地规模效率的提高；对浙江农户家庭而言，大部分年轻人外出打工，留下来从事林业的劳动力大部分年纪较大，在此基础上，户主年龄越大，可能反而会让其受到以往经验判断及对林地的热爱而不愿意调整林地规模，进而导致林地规模效率降低；江西林农大部分经营用材林，且承包大户越来越多，户主年龄对该省林地规模效率的影响可能还不是很明显，因而并没有呈现出明显的相关性。一般而言，教育不仅能够提高农户学习和获取知识的能力，同时教育具有非常强的正外部性，有助于激励更多的人力资本投资。本文模型回归结果表明户主受教育程度与闽赣经营效率呈现出显著的正相关关系，与闽浙赣三省的林地规模效率也呈现出正显著关系，其可能的原因在于，农户需要注重各种信息，掌握生产技术来提高自身的经营能力，以减少成本投入，增加经营效益，进而判断是扩大还是缩小林地规模，因而林农受教育程度越高，知识水平就越高，所获取和掌握信息的能力也越强，进而有助于提高林地规模效率。而规模效率的提高有利于促进经营效率的提高，闽赣两省的经营效率也呈现出正显著关系，但是户主受教育程度与浙江农户的林业经营效率却没有呈现出显著的正负相关性，其可能的原因在于户主受教育程度虽然有助于林农提高林地规模效率，但是由于该省林农对林地精耕细作，林地规模的变化造成林业生产要素投入的变化，浙江林农需要花费较大的精力和时间来精益求精，因而在短期内无法判断户主受教育程度对该省农户的林业经营效率呈现出哪种影响。

（二）林地块数

林地块数与闽浙赣三省的经营效率、浙赣两省的规模效率均呈现出显著的负相关关系，这表明林地块数越多，闽浙赣三省的经营效率越低，浙赣两省的规模效率也越低。传统观点认为，林地块数越多，林地越分散，而地块的分散

将加大林农进行林业经营的成本，进而导致效率低下，闽浙赣三省的经营效率与地块数之间的关系也是如此。此外，江西林农主要经营用材林，其经营周期一般较长，难以实现规模经济，地块数越高，意味着林地面积越大，但是规模效率却越低；浙江林农主要经营毛竹林和经济林，且经营面积普遍较小，但是如果林地块数越多，意味着林地面积越大，但是由于浙江林农精耕细作，对单位林地面积的投入较为细致，因而林地面积过大反而会使得规模效率减低；福建林农经营的规模较小，且经营较为粗放，因而林地块数对该省林农的规模效率的影响并不明显。

（三）林地离公路的距离

模型回归结果表明林地离公路的距离对福建经营效率呈现出负显著关系，对浙江经营效率和福建规模效率呈现出正显著关系。一般而言，林地离公路的距离越远，林农进行林业生产经营的成本就越高，导致其经营效率越低。福建的林区多为山地，林地离公路的距离越远，林农进行林业经营的难度就会越大，成本也相应增加，进而导致其经营效率的降低，但是正是由于林地离公路的距离越远，林木生长受到破坏的可能性就越低，也越有助于林地的流转，进而提高该省的林地规模效率。而该因素对浙江林农经营效率的影响却刚好相反，其可能的原因在于林地离公路的距离越远，表明林地越靠近山里，偷伐砍伐等现象会有所减少，在一定程度上提高了林业最终产量，在投入水平不变的基础上，经营效率有所提高；但是又由于浙江林农经营方式较为精细，林地离公里的距离对农户的林地规模的影响并不明显。江西林农主要经营用材林，经营周期较长，所需要的投入也并不多，因而林地离公路的距离对江西农户进行林业经营没有显著的影响。

（四）土地肥沃程度

土地肥沃程度与浙江农户的林业经营效率呈现出正显著关系，与江西的则呈负显著关系。传统观念认为，土地肥沃度是林木生长的立地条件之一，林地越肥沃，林木长势越好，林农进行林业经营的积极性越高，投入的精力越多，其效率也越高。本文该因素的设置是“1＝肥沃，2＝中等，3＝贫瘠”，模型回归结果表明江西农户的林地越肥沃，资源要素禀赋越具有优势，单位面积产量越高，经营效率值越高。但是土地肥沃程度对浙江农户林业经营效率的影响刚好相反，其可能的原因在于该省林地原本就较为肥沃，但是由于林农经营较为精细，投入化肥等要素，在一定程度上可能会导致土壤过肥，反而不利于林木生长，最终造成其效率的降低。

（五）林地坡度

林地坡度对福建的经营效率和规模效率呈现出正显著关系，与浙江的经营效率呈现出负显著关系，而对江西则没有明显影响。林地坡度也是林木生长的立地条件之一，一般而言，林地越平坦，林农进行林业经营越方便，效率也越高，这正好可以用来解释浙江情况。但是该因素对福建林农经营效率的影响却相反，其可能的原因在于林地坡度越陡，虽然不利于林农种植、砍伐等经营活动，但是林木被盗伐偷伐的难度也会有所增加，这在一定程度上提高了林业生产效率，此外，林地坡度越大，林农就更加愿意流转出土地，进而为规模生产提供了机会，林地规模效率也会有所提高。但是该因素对江西农户的林业生产效率和规模效率均没有显著影响，其可能的原因在于该省林地坡度相对其他两省比较平坦，该因素对江西林农的显著性影响还未呈现出来。

（六）经营年限

经营年限与江西经营效率和规模效率均呈现出正显著关系，与福建规模效率呈现出负显著关系，而与浙江经营规模效率则无明显的正负关系。对于江西林农而言，经营年限越长则表明该省林农对林业生产经营的积极性越高，投入的精力和资金越多，林农就越不容易放弃林业生产，反而会更加积极地进行林业管理，加上林农长期经营林业，经验丰富，能熟悉掌握林业生产条件，进而越有利于林农根据林业发展的实际情况调整林地规模，进一步提高林业经营规模效率。对福建而言，样本林农相对比较保守，经营年限越长，反而越容易造成思维定势，使得林农不愿意调整既定的林地面积，但是所得到的林业效益又不尽如人意，因而对林业生产经营的积极性就越低，反而不利于提高规模效率。此外，该因素对浙江林农的经营规模效率没有显著影响，其可能的原因在于浙江林农大多数采用精耕细作的方式，经营年限的长短对此进行林业生产效率的影响不大，因而该因素对浙江林农的林业经营影响不显著。

（七）经营类型与经营主体类型

经营类型与福建和江西的经营效率呈正显著关系，与闽浙赣三省的规模效率也呈现出正显著关系。经营类型在变量假设中的设置为“1=承包经营，2=股份制经营，3=自留山经营”，对江西而言，经营类型越倾向于自留山经营，其经营规模效率值反而越高，其可能的原因在于江西稀土资源丰富，劳动力机会成本较高，林农自身的管理经验不足，实行合资经营可能反而会增加林业生产成本，进而导致经营效率的降低；而福建的林地规模相对较小，合资经营对于林农而言收益收效较不明显，而且还有可能造成更多的不合，进而导致生产经营管理水平的退步。此外，多头管理有时反而起到阻碍作用，不利于林农自行决定如何调整林地规模，进而导致各省林地规模效率降低。经营主体类型仅与福建林农的经营效率和规模效率呈现出显著的正相关关系，而与浙江和江西却没有显著的关系。传统观念认为联户经营在劳动力、资金和土地等方面的投入更多，林农承担的风险也可通过平摊而有所减少，因而联户经营将会比单户经营更为有效。而该因素之所以对浙江林农没有显著影响是因为浙江样本林农均为单户经营，因为该因素对浙江样本林农的经营规模效率没有呈现出明显的显著性。

（八）种苗质量

种苗质量与闽浙赣三省的经营效率及与浙赣的规模效率呈现出显著关系，该因素除了与浙江经营效率呈现出正相关关系之外，与其他几个均呈现出负相关关系。传统观念认为种苗质量越好，林木生长越好，质量也越高，产量也越多，经营效率也越高，本文对该因素的变量假设为“1=较差，2=普通，3=良种”，因而该因素对浙江林农的经营效率呈现出正相关关系。但是该因素与福建和江西的经营效率却呈现出了负相关关系，其可能的原因在于种苗质量的好坏对于幼苗的成活率有所影响，当期采用优质种苗，并不能保证未来种苗成活率，这在一定程度上导致林农经营成本增加，但是未见成效，从而使得经营效率降低。此外选用优质种苗在一定程度上不仅增加了成本，而且还具有不确定风险，因而林农并不大愿意为了使用优质种苗而调整林地规模，反而导致林业规模效率不升反降。

（九）施肥次数

施肥次数与福建和江西林农的经营效率以及与浙江的规模效率呈现出显著的正负关系，其中该因素除了与江西的经营效率呈现出正相关关系，与其他均呈现出负相关关系。江西林农经营的林地规模普遍偏大，该省土壤虽然相对比较肥沃，但是林地面积较大，林木数量也相对较多，土壤本身所能提供的肥料不能够满足林木生长需要，施肥次数越多，表明土地越肥沃，林农林业经营效率也就越高。但是福建情况与江西的情况有所不同，福建林农经营的林地规模比较小，该省林地也较为肥沃，足够小规模林木的生产，因而施肥次数的增加使得林地过肥，反而导致林业经营效率不升反降。同时浙江林地土壤也很肥沃，施肥次数的增加可能会导致林木长势变差，效益不佳，降低林农进行林业生产经营的积极性，更加不利于林农用心调整林地规模，反而会使得林地规模效率降低。

（十）整地方式

整地方式仅与福建的经营效率和规模效率呈现出显著的正相关关系，与其他两省均无显著关系。一般而言，整地方式越精细，林地越平坦，林农进行林业经营管理越方便，经营效率也就越高，相应的也有助于林农根据效益改善林地规模。而对于浙江而言，大部分林农主要经营毛竹林和经济林，整地方式对毛竹林和经济林没什么大的影响，因而该因素对浙江林业经营效率没有显著影响。江西大部分林农主要经营用材林，而且该省林业生产经营方式较为粗放，因而整地方式对该省经营效率的影响也并不显著。

（十一）林业收入占家庭收入的比重

林业收入占家庭收入的比重对闽浙赣三省的经营效率和规模效率均呈现出显著的关系，其中除了与江西林农的规模效率呈现出负相关关系，与其他均呈现出正相关关系。对于江西林农而言，林业收入占家庭收入的比重越高，该省林农的规模效率反而越低，其可能的原因在于林业收入占家庭收入的比重越高，表明林农对林业经营管理越上心，林业经营管理水平有所提高，但是林农越有可能会盲目扩大林地面积，但是其实大部分林农的林地规模偏大，因而进一步地扩大林地规模反而会造成规模效率的降低。对于闽浙两省林农而言，林业收入占家庭收入比重越高，越有利于林农进行林业生产经营的积极性，也会投入更多的精力和时间，进而更有利于林农提高林业经营管理的水平。

（十二）资金来源渠道的畅通性

资金来源渠道的畅通性与福建经营效率和规模效率以及与江西规模效率呈现出正显著关系，但与浙江林农经营效率也呈现出负显著关系。一般而言，资金来源渠道越畅通，表明林农的资金流动较为便利，林农可用于林业生产经营的投入也就越多，可以充分调动生产要素的潜力，提高经营效率，因而资金来源渠道的畅通性对浙江林农的经营效率呈现出负相关关系。而江西林农的经营规模普遍较大，所需要的资金投入也相对较大，因而该省林农资金来源渠道越不畅通，表明其对林业经营管理的投入很高导致资金较难以周转，但是越有助于林农实现规模化经营以提高生产效益。对于福建林农而言，资金来源渠道越通畅，林农可能会更加盲目地扩大林地面积，进而使得林地规模偏离最优规模的距离偏大，再加上福建林农经营方式较为粗放，因而使得该省林农的经营效率降低。

（十三）采伐限额制度与伐区调查设计制度

采伐限额制度与浙赣两省林农的经营效率呈现出显著的正相关关系，与福建林农的经营规模效率却没有显著的正负关系。采伐限额制度是指在一定时间内控制砍伐量，林农受到该制度的约束力越小，表明林农进行林业生产经营的积极性越高，故林农的经营效率也越高。但是对于福建林农而言，采伐限额制度对该省林农的经营规模效率没有显著影响，其可能的原因在于福建采伐限额制度已经渐渐放松，林农对林业经营管理方面的关注并不包括采伐限额制度的影响，因而该因素对福建林农的经营规模效率没有显著影响。伐区调查设计制度与福建林农的经营效率和林地规模效率以及与江西的规模效率均呈现出显著的正相关关系。伐区调查设计制度与采伐限额制度一样，是对林农的经营行为存在约束性，制度的约束力越强，林农的经营效率就越低，也不利于其实现规模经营，因而福建和江西的规模效率与该因素呈现出正相关关系。对于浙江而言，该省林农大部分是自留山经营，且采伐权完全由自己决定，因而该因素对浙江林农的经营规模效率的影响不显著。

（十四）林业税费与林业补贴

林业税费与浙江和江西林农的经营效率呈现出显著的负相关关系，但是与三省的规模效率均呈现出显著的正相关关系。一般而言，林业税费过重会增加林农进行林业经营的成本，减少经营效益，同时也会损伤林农进行林业经营的积极性，最终导致经营效率的降低，因而林农越容易接受林业税费，其经营效率越高，但是却会导致林农盲目扩大林地规模使得规模效率反而降低。林业补贴与浙江和江西林农的经营效率以及与福建和浙江林农的林地规模效率均呈现出显著的正相关关系。传统观念认为，林业补贴在一定程度上是提高了林业经营效益，有助于提高林农经营林业的积极性，进而提升林业经营效率。但是本文得到的结果与传统观点不同，其可能的原因在于补贴额度相对较低，据调查可知，林业 补贴占林业生产投入的比例相对很小，对林农积极性的调动不够高，进而也不利于林农花费精力和时间进行林地规模调整，使得规模效率减低。

第四篇

农户林业经营效率基期值对效率变动值的影响分析

第十二章　福建省农户林业经营效率基期值对效率变动值的影响分析

第一节　福建省农户林业经营效率总体分析

应用 DEAP2. 1 中的 DEA-BCC 模型和 DEA-Malmquist 指数法对福建农户林业投入产出指标进行运算分析，得出结果见表 12-1。

表 12-1　福建林农 DEA-BCC 模型和 DEA-Malmquist 指数运算结果

年份	经营效率	纯技术效率	规模效率	年份	技术效率变动指数	纯技术效率变动指数	规模效率变动指数
2004	0. 866	0. 894	0. 966	2004～2005	0. 979	0. 981	0. 998
2005	0. 842	0. 875	0. 963	2005～2006	1. 002	0. 976	1. 027
2006	0. 853	0. 863	0. 988	2006～2007	1. 011	1. 013	0. 998
2007	0. 858	0. 87	0. 987	2007～2008	1. 021	1. 032	0. 989
2008	0. 866	0. 887	0. 977	2008～2009	0. 984	0. 968	1. 016
平均值	0. 857	0. 8778	0. 9762				

根据 DEA-BCC 模型的运算结果，2004～2008 年间福建省农户林业的经营效率基本持平，平均值为 0. 857，与最优生产水平的差距较小，并且波动都在 0. 1 上下。进而将经营效率分解为纯技术效率和规模效率，发现二者表现出与经营效率相同的变化规律，即水平稳定且波动不大，共同影响经营效率的轻微变化。其中历年的规模效率均在 0. 96 以上，平均值为 0. 9762，与最优规模效率差距仅为 0. 04。根据 DEA-Malmquist 指数法运算结果，2005～2009 年间福建省林农样本的技术效率年际变动水平不大，基本呈“缓慢上升-轻微下降”趋势，并且变化同样不超过 0. 1。特别是 2005～2006 年、2006～2007 年和 2007～2008 年间的技术效率变动值都超过了 1，说明样本这 3 年间的经营效率对全要素生产率起促进作用。进一步将技术效率变动指数分解为纯技术效率变动指数和规模效率变动指数，发现二者同样波动较小，并轮流主导技术效率的变动方向。其中技术效率变动在 2007 和 2008 年间呈上升水平，规模效率变动指数在 2006 年间呈上升水平。

两种 DEA 模型的运算结果都表明福建省农户林业经营效率较高，波动不大，并且波动由纯技术效率和规模效率轮流主导。同时，样本技术效率变动呈提升趋势，表明林农的林业生产资源配置效率水平提高。这一方面说明福建省作为林业大省，农户在长期林业经营中积累的实践经验有助于林业生产技术效率水平的提升。另一方面也说明政府在促进林业生产方面的工作落到了实处，为林业发展创造了良好的环境。尤其是自 2003 年出台《福建省人民政府关于推进集体林权制度改革的意见》、开始新一轮集体林权制度改革之后，由于明晰林业产权、放活林业经营权带来的农户生产积极性的提高和林地流转，使得林业生产资源配置得到优化，林业经营机制进一步创新，带来了经营效率尤其是规模效率的提高。

第二节　福建省农户林业经营效率基期值对效率变动值的影响分析

由上述的分析可知，福建省农户林业经营效率与年际变动值之间表现出了类似的变化规律。为了深入剖析林业经营效率，探讨林业经营效率原有水平对其次年变动的影响，本文将 DEA-BCC 模型测算的经营效率作为自变量，DEA-Malmquist 指数法测算的次年技术效率变动作为因变量，利用 EVIEWS 5.0 中的一元一次回归模型进行分析，得出的结果见表 12-2。

表 12-2　福建省林农经营效率与次年变动值的回归结果

	总体回归结果		经营效率水平小于平均值（0.86）的回归结果		经营效率水平大于平均值（0.86）的回归结果	
Variable	Coefficient	t-Statistic	Coefficient	t-Statistic	Coefficient	t-Statistic
C	1.43＊＊＊	33.20	1.42＊＊＊	17.30	—	—
CRSTE	-0.47＊＊＊	-9.65	-0.44＊＊＊	-3.58	—	—

＊＊＊表示在 99%的置信区间内显著。

根据回归结果可知，福建省农户林业经营效率与其次年变动值之间确实存在线性回归关系，构建一元一次回归模型为：$y=-0.47x+1.43$。当经营效率小于平均值（0.86）时，经营效率与次年变动值之间同样存在线性回归关系，回归系数为-0.44；当经营效率大于平均值（0.86）时，经营效率与次年变动值之间不存在一元线性回归关系。这表明，农户林业经营效率确实会对次年技术效率变动产生负向影响，并且其水平在小于平均值（0.86）的情况下，负向影响略微减小。这主要由于经营效率较低时，存在较大的提升空间，从而使经营效率对于次年经营效率提升的负向影响减小。当经营效率大于平均值

(0.86) 时，此部分样本共有338个，占总体样本的70.4%，但是无法构建一元一次线性方程。这说明在经营效率大于平均值（0.86）的情况下，影响次年技术效率变动的变量更为繁杂，其规律不能够简单地将林农原有经营效率作为自变量构建一元一次方程表述。

第三节 福建省农户林业纯技术效率对效率变动值的影响分析

将经营效率进一步分解为纯技术效率和规模效率。利用 EVIEWS 5.0 中一元一次回归模型对样本纯技术效率与次年纯技术效率变动值进行分析，得出的结果见表12-3。

表12-3 福建省林农纯技术效率与次年变动值的回归结果

	总体回归结果		纯技术效率水平小于平均值（0.88）的回归结果		纯技术效率水平大于平均值（0.88）的回归结果	
Variable	Coefficient	t-Statistic	Coefficient	t-Statistic	Coefficient	t-Statistic
C	1.41***	31.99	1.41***	15.86	—	—
VRSTE	-0.45***	-9.15	-0.44***	-3.29	—	—

***表示在99%的置信区间内显著。

根据回归结果可知，当纯技术效率与其次年变动值之间存在线性回归关系，构建一元一次回归模型为：$y=-0.45+1.41$。当纯技术效率小于平均值（0.88）时，纯技术效率与次年变动值之间同样存在线性关系，且回归系数为-0.44；当纯技术效率大于平均值（0.88）时，二者不存在一元线性回归关系。由此说明，纯技术效率确实会对其次年变动值产生负向影响，并且表现出了与经营效率相同的变动规律，即当纯技术效率较低时，其对次年变动的负向影响也减弱；当纯技术效率大于均值0.88时，二者不存在一元线性回归方式。由于纯技术效率就是剔除规模效率影响的技术效率，所以二者的变动规律和变动原因也较为类似，即纯技术效率会限制次年纯技术效率的提升；当纯技术效率大于平均值0.88时，影响其次年变动的原因比较繁杂，不能单纯的用一元一次回归方程来表述规律。

第四节 福建省农户林业规模效率对效率变动值的影响分析

由于 DEA-BCC 模型测算的规模效率值表示的是该决策单元的规模效率与

最优规模效率之间的比值，但是无法反应决策单元所处的规模报酬阶段，所以从 BCC 测算的规模效率值中只能看出决策单元的规模效率与最优规模效率之间的差距，但无从知晓该决策单元的规模报酬阶段。为了更准确分析决策单元规模效率变动，严谨的把握其变化规律，在进行林农林业规模效率变动分析时，将分阶段的依据进行调整，把规模报酬递增的决策单元作为一类，模报酬递减的决策单元作为一类。在进行回归分析时，通过数据处理让自变量同时体现决策单元的规模效率与规模报酬阶段。同时以 DEA-Malmquist 模型测算的次年规模效率变动量作为因变量，通过 EVIEWS 5.0 软件进行运算，得出的结果见表 12-4。

表 12-4　福建省林农规模效率与次年变动值的回归结果

	总体回归结果		规模报酬递增时的回归结果		规模报酬递减时的回归结果	
Variable	Coefficient	t-Statistic	Coefficient	Coefficient	Coefficient	t-Statistic
C	2.00＊＊＊	45.54	—	—	0.98＊＊＊	396.79
SCALE	−1.02＊＊＊	−22.65	—	—	−0.89＊＊＊	−14.84

＊＊＊表示在 99%的置信区间内显著。

根据表 12-4 可知，福建省农户林业样本规模效率与次年变动值之间存在负相关关系，构建模型为：$y=-1.02x+2$。当决策单元上年度处于规模报酬递增阶段时，规模效率与其次年变动值之间不相关；当决策单元上年度处于规模报酬递减阶段时，规模效率与其次年变动值之间呈负相关关系，且回归系数为 −0.89。由此可见，总体而言福建农户林业的规模效率对其次年变动值产生负向影响。这是由于原有的规模效率水平占用了次年规模效率的提升空间，从而使次年规模效率的提升难度加大，阻碍了规模效率的提升。同时结合规模报酬阶段发现，当决策单元处于规模报酬递减阶段时，原有的规模效率对其次年变动的阻碍减小，从中说明当林农处于规模报酬递减阶段时，其生产效益降低，规模效率较为低下，从而存在一个较大的提升空间，使得其对次年规模效率提升的阻碍减小；当决策单元上年度处于规模报酬递增阶段时，由于影响其次年规模效率变动的变量比较复杂，原有的规模效率不足以作为单一自变量构建一元一次线性回归方程，因此此时的规模效率与其次年变动值不相关。

第十三章　浙江省农户林业经营效率基期值对效率变动值的影响分析

第一节　浙江省农户林业经营效率总体分析

应用 DEAP2.1 中的 DEA-BCC 模型和 DEA-Malmquist 指数法对上述投入产出指标进行运算分析，得出结果见表 13-1。

表 13-1　浙江省林农 DEA-BCC 模型和 DEA-Malmquist 指数运算结果

年份	经营效率	纯技术效率	规模效率	年份	技术效率变动指数	纯技术效率变动指数	规模效率变动指数
2004	0.38	0.441	0.847	2004~2005	0.867	0.855	1.014
2005	0.374	0.433	0.862	2005~2006	1.243	1.259	0.987
2006	0.395	0.46	0.849	2006~2007	0.707	0.701	1.009
2007	0.331	0.393	0.848	2007~2008	1.245	1.284	0.97
2008	0.369	0.44	0.837	2008~2009	0.868	0.938	0.926
平均值	0.370	0.433	0.849	2005~2009	0.962	0.981	0.981

根据 DEA-BCC 模型的运算结果，2004~2008 五年间浙江省样本的林业经营效率没有发生很大的变化，均在 0.3~0.4 之间上下波动，离完全有效水平有着较大的差距。其中，纯技术效率在 0.43 左右徘徊，离最优纯技术效率差距很大，尤其是 2007 年降至 0.39，成为制约经营效率的主要因素。而规模效率比较稳定，在 0.84 左右小幅度波动。根据 DEA-Malmquist 指数的运算结果，2005~2009 五年间样本的历年技术效率呈“上升—下降—上升”的变动趋势。进一步将经营效率变动分解为纯技术效率变动和规模效率变动，发现造成该趋势的主要原因在于纯技术效率变动，而规模效率变动较为平缓。

两种 DEA 模型的运算结果均显示纯技术效率是制约浙江省林农经营效率的主要因素，而规模效率波动不大，与最优水平的差距较小。这主要表明林农总体林业经营效率还是偏低，尤其在林业生产资源配置方面缺乏科学性，造成林业投入费用较高而产出不佳、缺乏经济效益的情况。究其原因，林农总体受教育水平不高、城市化造成的青壮年劳动力流失和长期的粗放经营理念以及政府未有效引导林农进行改革是影响总体技术效率提高的关键因素。而规模效率较为稳定，表明由于浙江省林权改革起步较早，农户通过林地流转等方式扩大或缩小自营面积，确定了自身林地经营的最优规模，使林地资源配置趋于合理，说明浙江省林权改革取得了一定的成效，推动了林地流转，解放了生产力。

第二节　浙江省农户林业经营效率基期值对效率变动值的影响分析

由上述的分析可知，浙江省林农林业经营效率与效率变动值之间表现出了类似的变化规律。为了深入剖析林业经营效率，探讨林业经营效率对其次年变动的影响，本文将 DEA-BCC 模型测算的经营效率作为自变量，DEA-Malmquist 指数法测算的次年技术效率变动作为因变量，利用 EVIEWS 5.0 中的一元一次回归模型进行分析，得出的结果见表 13-2。

表 13-2　浙江省林农经营效率与次年变动值的回归结果

	总体回归结果		经营效率小于平均值（0.37）的回归结果		经营效率大于平均值（0.37）的回归结果	
Variable	Coefficient	t-Statistic	Coefficient	t-Statistic	Coefficient	t-Statistic
C	2.74＊＊＊	13.95	3.57＊＊＊	9.85	1.38＊＊＊	10.24
CRSTE	−2.72＊＊＊	−6.77	−8.04＊＊＊	−4.11	−0.84＊＊＊	−4.69

＊＊＊表示在 99%的置信区间内显著。

根据回归结果可知，浙江省农户林业经营效率与次年变动值存在负相关关系，构建模型为：$y = -2.72x + 2.74$。同时，当经营效率水平小于平均值（0.37）时，回归系数为−8.04；当经营效率大于平均值（0.37）时，回归系数为−0.84。由此可知，经营效率水平对其次年变动值会产生负向影响，并且上年总体水平越低，其产生的负向影响反而较大；而总体水平越高，其产生的负向影响反而较小。这与一般认知产生矛盾。一般认为，效率水平的提高会使次年效率的提升空间变小，因此效率水平越高，对次年效率提升的负向影响越大。经过分析发现，这个结论主要是由经营效率本身的性质决定的。由于经营效率体现的是科技含量的提高带来的产出成效。随着林农的林业知识不断丰富、管理水平的提高，最优经营效率前沿水平能够得到扩展，因此并不存在一个严格的经营效率的提高上限，反而在生产过程中由于经营效率的提高获得更好的收益，从而有更多资源用于技术学习与技术推广，能够进一步提高经营效率，形成生产的良性循环。由此发现，经营效率水平的提升一方面不会绝对的减少次年经营效率提升的空间，另一方面会通过良性循环进一步推动技术效率变动。因此技术效率水平虽然对次年技术效率提高有着负向影响，但是这种影响随着技术效率水平的提高会逐渐减弱。

第三节 浙江省林农林业纯技术效率对效率变动值的影响分析

将经营效率进一步分解为纯技术效率和规模效率。利用 EVIEWS 5.0 中一元一次回归模型对样本纯技术效率水平与次年纯技术效率变动值进行分析，得出的结果见表 13-3。

表 13-3 浙江省纯技术效率水平与次年变动值的回归结果

	总体回归结果		纯技术效率平均值（0.43）的回归结果		纯技术效率平均值（0.43）的回归结果	
Variable	Coefficient	t-Statistic	Coefficient	t-Statistic	Coefficient	t-Statistic
C	2.99＊＊＊	13.62	3.92＊＊＊	10.13	1.09＊＊＊	8.12
VRSTE	−2.87＊＊＊	−7.17	−7.92＊＊＊	−4.68	−0.39＊＊	−2.35

＊＊＊表示在 99%的置信区间内显著，＊＊表示在 95%的置信区间内显著。

根据回归结果可知，样本纯技术效率水平与次年变动值存在负相关关系，构建模型为：$y = -2.87x + 2.99$。同时，当纯技术效率基期值小于平均值（0.43）时，回归系数为-7.92,；当纯技术效率基期值大于平均值（0.43）时，回归系数为-0.39。由此可知，纯技术效率水平对次年变动值存在负向影响，并且纯技术效率水平越高，对次年技术效率提升的阻碍越小。结合上文可知，纯技术效率与次年变动值之间的变动规律表现出了和技术效率变动类似的规律。这主要由于纯技术效率即是剔除规模效率影响后的技术效率，产生此回归结果的原因同样也是最优纯技术效率前沿面得到了扩展，使得农户在生产过程中逐渐形成良性循环，进一步提升了林业生产资料配置效率，从而使得纯技术效率水平对于次年变动值的负向影响减弱。

第四节 浙江省林农林业规模效率对效率变动值的影响分析

与福建省的情况类似，在进行浙江省林农林业规模效率变动分析时，将分阶段的依据进行调整，把规模报酬递增的决策单元作为一类，规模报酬递减的决策单元作为一类。在进行回归分析时，通过数据处理让自变量同时体现决策单元的规模效率与规模报酬阶段。同时以 DEA-Malmquist 模型测算的次年规模效率变动量作为因变量，通过 EVIEWS 5.0 软件进行运算，得出的结果见表13-4。

表 13-4　浙江省林农规模效率水平与次年变动值的回归结果

	总体回归结果		规模报酬递增时的回归结果		规模报酬递减时的回归结果	
Variable	Coefficient	t-Statistic	Coefficient	t-Statistic	Coefficient	t-Statistic
C	1.50 * * *	25.12	0.92 * * *	30.78	—	—
SCALE	-0.57 * * *	-8.35	0.92 * * *	5.41	—	—

* * * 表示在 99%的置信区间内显著。

根据回归模型的结果可知，浙江省农户样本的林业规模效率水平与次年变动值存在负相关关系，构建模型为：$y=-0.57x+1.5$。当决策单元上年度的规模报酬处于递增阶段时，回归系数为 0.92；当决策单元上年度的规模报酬处于递减阶段时，二者不存在线性回归关系。由此可知，总体而言规模效率水平对其次年变动值产生负向影响，这是由于当规模效率提升时，其与最优规模效率前沿面的距离缩短，则次年规模效率提升的空间也缩小了，提升了次年规模效率增长的难度，故影响系数为负。同时结合规模报酬的发展阶段发现，当林农上年度处于规模报酬的递增阶段时，其对规模效率的次年变动产生正向影响，说明决策单元在此时由于规模效率较高，林业经营收益良好，更有余力对次年的林业经营进行资金投入和扩大生产，从而有利于次年规模效率的提升；当林农上年度处于规模报酬的递减阶段时，线性关系不存在。这主要是由于此时规模效率的影响因素较为复杂，二者的关系不能简单地用一元线性回归函数来表示，故模型无法构建。

第十四章　江西省农户林业经营效率基期值对效率变动值的影响分析

第一节　江西省农户林业经营效率总体分析

应用 DEAP2.1 中的 DEA-BCC 模型和 DEA-Malmquist 指数法对江西林农投入产出指标进行运算分析，得出结果见表 14-1。

表 14-1　江西省林农 DEA-BCC 模型和 DEA-Malmquist 指数运算结果

年份	经营效率	纯技术效率	规模效率	年份	技术效率变动指数	纯技术效率变动指数	规模效率变动指数
2004	0.291	0.394	0.774	2004~2005	0.792	0.861	0.919
2005	0.211	0.263	0.892	2005~2006	1.223	0.803	1.523
2006	0.258	0.336	0.799	2006~2007	1.011	1.112	0.909
2007	0.292	0.361	0.875	2007~2008	0.979	0.773	1.265
2008	0.257	0.312	0.826	2008~2009	0.904	0.966	0.935
平均值	0.262	0.333	0.833	2004~2009	0.972	0.895	1.085

根据 DEA-BCC 模型的运算结果，2004~2008 年间江西林农样本的经营效率较低，均值仅为 0.26，与最优生产水平的差距很大，同时波动较小，呈现出略微降低的变化趋势。将经营效率进一步分解为纯技术效率和规模效率，发现纯技术效率表现出与经营效率类似的波动趋势，主要由其主导技术效率变化，其水平也较为低下，平均值仅为 0.33；规模效率水平波动上升，与最优规模效率水平差距缩小，平均值为 0.83。根据 DEA-Malquist 指数法运算结果，2005~2009 年之间江西林农技术效率变动呈“大幅上升-小幅下降”趋势，总体而言年际技术效率变动上升，2005~2006 年、2006~2007 年经营效率对全要素生产率起到促进作用。将技术效率变动进一步分解为纯技术效率变动和规模效率变动，发现二者表现出了与技术效率变动类似的规律，呈波动上升趋势，共同影响技术效率变动，其中纯技术效率变动在 2006~2007 年促进全要素生产率的提高，规模效率变动在 2005~2006 年、2007~2008 年促进全要素生产

率的提高。

结合两种 DEA 模型的运算结果可知，江西省林农样本的经营效率较为低下，而这主要是由纯技术效率水平低下所引起的，江西省林农样本的规模效率水平较高，并且呈逐年上升趋势。同时，江西省林农样本的技术效率变动较大，由纯技术效率变动和规模效率变动轮流主导，且呈现出上升趋势。这一方面说明了，在新一轮林改中江西省农户由于林地流转、家庭承包等林业经营方式上的创新，使得林地资源得到优化配置和整合，从而提高了农户林业经营的规模效率，并且呈进一步提高的趋势。另一方面也说明，由于缺乏科学知识和生产经验，农户在林业生产资料配置的科学性、提高林业生产的经济效益方面还存在很大的不足，这成为制约江西省林农经营效率进步的关键因素。

第二节　江西林农林业经营效率对效率变动值的影响分析

为了深入剖析江西省农户样本的林业经营效率，探讨林业经营效率原有水平对其次年变动的影响，本文将 DEA-BCC 模型测算的技术效率水平作为自变量，DEA-Malmquist 指数法测算的次年技术效率变动作为因变量，利用 EVIEWS 5.0 中的一元一次回归模型进行分析，得出的结果见表 14-2。

表 14-2　江西省林农经营效率与效率变动值的回归结果

	总体回归结果		经营效率小于平均值（0.26）的回归结果		经营效率大于平均值（0.26）的回归结果	
Variable	Coefficient	t-Statistic	Coefficient	t-Statistic	Coefficient	t-Statistic
C	3.05＊＊＊	7.97	4.46＊＊＊	6.88	1.42＊＊＊	8.43
CRSTE	−3.26＊＊＊	−3.47	−20.0＊＊＊	−3.39	−0.78＊＊＊	−3.32

＊＊＊表示在 99%的置信区间内显著。

由回归结果可知，江西省林农样本经营效率与效率变动值之间存在一元一次线性回归关系，构建模型为：$y = -3.26x + 3.05$。当经营效率小于平均值（0.26）时，经营效率与效率变动值之间同样存在线性回归关系，回归系数为−20；当经营效率大于平均值（0.26）时，二者之间的回归系数降低，为−0.78。由此可知，江西省林农经营效率会对其次年变动产生负向影响，并且在经营效率原有水平较低的情况下，负向影响较大；在经营效率原有水平较高的情况下，负向影响明显减弱。由于经营效率体现的是科技含量提高带来的产出成效，并且江西省林农经营效率较为低下，有比较大的提升空间，因此随着林农生产经验的积累、经营管理知识的丰富，能够使最优经营效率前沿水平得到扩展，从而促进经营效率进一步提升，形成生产的良性循环；相反，当林农经营效率水平较为低下时，虽然存在较大的提升空间，可是农户在林业生产中缺乏资源配置的科学性，林业经济效益较低，缺乏经营效率提升的原动力，劳动力、资金等生产资料不易向林业生产方面投入，反而对次年的技术效率提升有更大的阻碍。可以说，经营效率水平提高并不会绝对减少其提升空间，反而会通过良性循环进一步推动技术效率变动的提高。因此，林农的经营效率虽然对其次年变动有着负向影响，但是随着原有水平的提高，这种负向影响会大幅度减弱。

第三节 江西林农林业纯技术效率对效率变动值的影响分析

与上述两省相同，进一步将经营效率分解为纯技术效率和规模效率。利用 EVIEWS 5.0 中一元一次回归模型对样本纯技术效率水平与次年纯技术效率变动值进行分析，得出的结果见表 14-3。

表 14-3 江西省林农纯技术效率水平与次年变动值的回归结果

	总体回归结果		纯技术效率小于平均值（0.33）的回归结果		纯技术效率大于平均值（0.33）的回归结果	
Variable	Coefficient	t-Statistic	Coefficient	t-Statistic	Coefficient	t-Statistic
C	2.73＊＊＊	10.39	3.85＊＊＊	8.62	1.36＊＊＊	8.96
VRSTE	−2.45＊＊＊	−4.56	−13.83＊＊＊	−4.07	−0.61＊＊＊	−3.28

＊＊＊表示在 99%的置信区间内显著。

根据回归结果可知，江西省林农样本的纯技术效率水平和其次年变动值之间存在负相关关系，构建模型为 $y=-2.45x+2.73$。当纯技术效率水平小于平均值（0.33）时，回归系数为−13.83；当纯技术效率水平大于平均值（0.33）时，回归系数为−0.61。结合上文可知，江西省林农样本的纯技术效率对其次年变动值有着负向影响，并且表现出了与技术效率变动类似的变化规律，即当纯技术效率水平较低时，其对次年变动值的负向影响较大；当纯技术效率水平较高时，其对次年变动值的负向影响明显减小。由于纯技术效率是剔除规模效率影响的技术效率，因此出现该变化的原因也与技术效率类似，主要是在原有纯技术效率水平较高的情况下，能够使得林农的林业生产出现良性循环，从而减小其对次年变动的负向作用。

第四节　江西林农林业规模效率对效率变动值的影响分析

为了反应决策单元所处的规模报酬阶段，更准确分析决策单元规模效率变动，严谨的把握其变化规律，在进行林农林业规模效率变动分析时，将分阶段的依据进行调整，把规模报酬递增的决策单元作为一类，规模报酬递减的决策单元作为一类。在进行回归分析时，通过数据处理让自变量同时体现决策单元的规模效率与规模报酬阶段。同时以 DEA-Malmquist 模型测算的次年规模效率变动量作为因变量，通过 EVIEWS 5.0 软件进行运算，得出的结果见表 14-4。

表 14-4　江西省林农规模效率水平与次年变动值的回归结果

	总体回归结果		规模报酬处于递减阶段的回归结果		规模报酬处于递增阶段的回归结果	
Variable	Coefficient	t-Statistic	Coefficient	t-Statistic	Coefficient	t-Statistic
C	3.85＊＊＊	14.12	0.43＊	2.03	0.76＊＊＊	3.89
SCALE	−3.13＊＊＊	−9.97	−3.81＊＊＊	−6.83	2.74＊＊＊	4.01

＊＊＊表示在 99%的置信区间内显著，＊表示在 90%的置信区间内显著。

根据回归模型的结果可知，江西省林农样本的规模效率水平与次年变动值之间呈负相关关系，构建回归模型为 $y=-3.13x+3.85$。当样本处于规模报酬递减阶段时，负相关关系同样存在，回归系数为−3.81；当样本处于规模报酬递增阶段时，规模效率水平与其次年变动值之间存在正相关关系，回归系数为 2.74。总体而言江西省林农样本的规模效率水平会对次年变动值的提升起到阻碍作用；当决策单元处于规模报酬递减阶段时，阻碍作用增强；当决策单元处于规模报酬递增阶段时，林农原有的规模效率水平反而会对次年变动有正向作用。这主要由于林农原有的规模报酬水平在一定程度上占用其次年的提升空间，从而有一定的阻碍作用；当林农处于规模报酬递减阶段时，林业生产规模过大阻碍了生产效率的提高，生产处于较为低效的状态，反而对次年技术效率的提升阻碍更大；当林农处于规模报酬递增阶段时，劳动专业化程度较高，并且扩大生产规模能够能到更大的收益，林业经营效益较高，从而吸引生产资源向林业经营方面投入，更有利于次年规模效率的提升，因此其回归系数为正。

第五篇

农户林业全要素生产率增长的动力机制与制度保障体系

第十五章　农户林业全要素生产率增长的动力机制

第一节　林业全要素生产率增长动力机制模型构建

林业全要素生产率作为分析林业经济增长源泉的重要工具，是衡量林权制度改革效果的重要指标，同时也是林农林业收入的决定性因素。因此，研究林业全要素生产率增长的动力机制具有重要的意义。一方面，有助于归纳出林业经济发展的规律，为林业的进一步改革提供方向指导；另一方面，有助于找出影响林业的因素，为提高林业生产经营水平和林业经济效益提供参考。

动力机制是指某一子系统与其周围社会环境系统中其他要素相互关系、相互作用而产生的使子系统实施某种行为的内在驱动力的方式、方法的总和。从这角度来说，林业全要素生产率增长的动力机制，是指推动林业生产力发展所必需的动力机理，是各个因素相互作用相互制约形成的复合发展系统结构。林业全要素生产率是林业生产经营过程的效率。林业生产经营过程是指在一系列的法律法规和政策背景下，林农为了实现经济利益最大化，运用资金，人力、土地和管理等生产要素，生产和出售林产品，以获得经济收入的过程，如图 15-1。

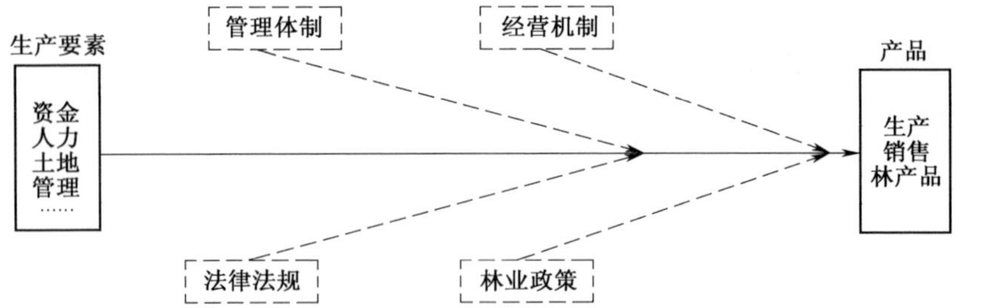

图 15-1　林业生产经营过程

新一轮林权制度改革的重要目标之一是解放林业生产力，不断提高林业生产力水平。这就需要通过改革理顺体制，激发活力，使得林业全要素生产率增长有充足的动力。动力机制的良性维持需要两个基本的条件。第一，充满活力的主动力，就林业经营来说指的是营林技术的不断革新和进步。第二，要有基本动力要素的支持和支撑，即林业基本生产要素的投入。

林业全要素生产率 TFP 分解为技术进步 TC 和技术效率变动 EC。从图 15-2 中可以看出，技术进步和技术效率变动都对林业全要素生产率 TFP 的增长有影响。技术进步作为林业全要素生产率增长的主要动力，通过促进林农在林业生产要素投入的合理配置来提高技术效率变动，而技术效率变动又会进一步作用于林业全要素生产率的增长；当技术效率变动已经调整到了最优值，农户为了提高经营规模效率又会反过来带动林业技术的进步和创新，以提高技术进步，从而作用于林业要全素生产率。因此，不管是技术效率还是技术进步，两者是相辅相成的，都对农户达到最佳经营效率有贡献。技术效率 EC 又分解为纯技术效率 PEC 和规模效率 SE。纯技术效率用于判断各要素的资源配置情况，规模效率用于判断农户的经营规模是否达到适度规模的状态。两者均通过对技术效率的影响来促进林业全要素生产率的增长。

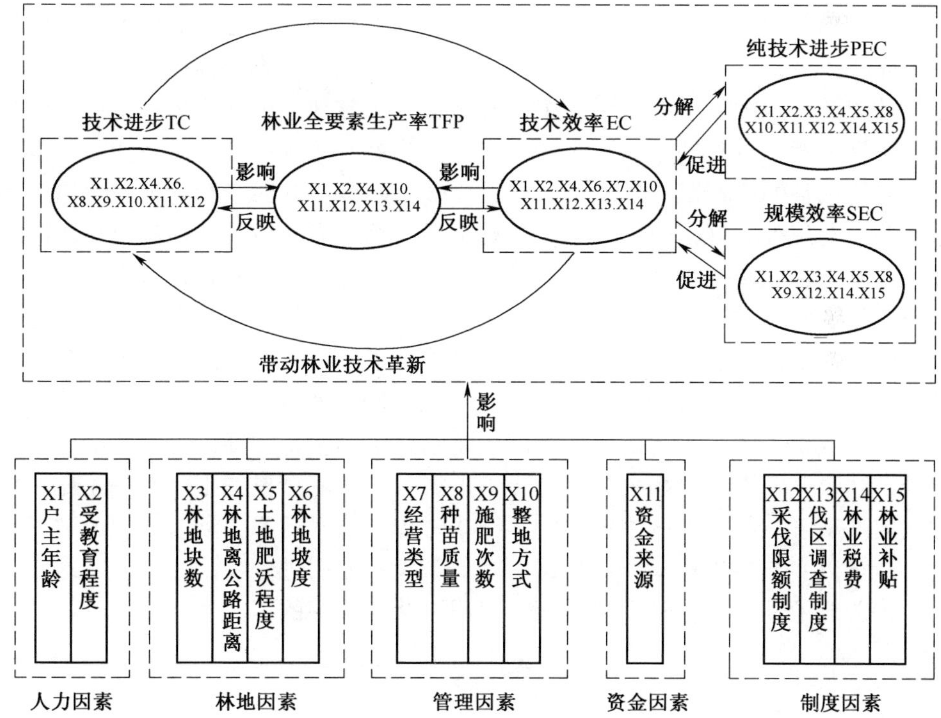

图 15-2　林业全要素生产率增长动力图

第二节　影响林业全要素生产率增大动力的因素

综合前面章节的分析可知，人力、林地、管理、资金和制度五个方面的

15个因素对林业全要素生产率增长产生程度不同的显著影响。

一、人力因素

人是能动的因素，是林业生产经营最为重要的要素之一，对林业全要素生产率影响显著。它对技术进步、技术效率、纯技术效率、规模效率和林业全要素生产率均产生了显著影响。特别户主年龄、受教育程度对农户经营效率的影响较大。首先，户主的年龄越大，从事林业经营的经验越丰富，对林业生产各要素的配比以及林业经营规模是否适度的判断越准确，对技术效率、纯技术效率和规模效率贡献越大。其次，受教育程度影响农户掌握和学习林业技术的效率，当农户的受教育程度越高，其对技术进步的贡献越大。

二、林地因素

林地是农户进行林业经营的基本要素，没有林地便没有林业经营。但这并不意味着拥有的林地越多越好，经营的规模越大越好，而是应该根据特定的经营主体及条件，调整至适度规模经营。从总体上来看，影响林业全要素生产率增长动力的林地因素主要包括四个：林地块数、林地离公路距离、土地肥沃程度、土地坡度。从林地的块数来看，一个农户拥有的林地块数越多，经营越分散，需要调整的要素配置越复杂，纯技术效率越低；同时，林地也越难以达到适度的经营规模，规模效率越低。从林地离公路距离来看，林地离公路距离越远，要引进林业技术带动技术进步难度越大，要促进林业各要素合理配置以提高技术效率的变动难度也越大；农户需要耗费更多的时间和精力才能使林业经营规模效率最佳，这从一定程度上打击了农户对林业的生产经营管理，阻碍了林业生产全要素生产率的增长。从土地的肥沃程度来看，主要影响了纯技术进步和规模效率。因为土地的肥沃程度决定了林木的生长情况，当经营的土地越肥沃，林业全要素生产率就越高，土地的质量与林业全要素生产率成正比。从林地坡度来看，林地坡度主要影响了技术进步和技术效率变动。林地的坡度越大，越难以实施机械化生产，阻碍了林业新技术的引进。除此之外，林地坡度太大也造成了林业经营管理的难度，阻碍了技术效率的提升。

三、管理因素

在林业经营中，管理非常重要。林业的经营不仅仅是指前期生产要素的投入，还包括后期对各要素的调整、整合。影响林业全要素生产率动力机制的因素主要有四个，分别为经营类型，种苗质量、施肥次数和整地方式。在林地的经营管理中，经营类型会影响林业全要素的技术进步，纯技术效率和规模效率。在自留山经营、承包经营和股份制经营三种经营类型中，自留山经营的经营效率最低。因为自留山的经营面积较承包经营和股份制经营来说更小，这样一方面不利于林业技术的推广，另一方面不利于形成林业的经营规模，无法使资源配置达到最优。种苗的质量通过技术进步、纯技术效率和规模效率影响林业全要素生产率的增长。通常来说，种苗质量高低的选择跟林农的经营模式相关，相对集约的经营模式，会倾向于选择种苗质量更高的。因为种苗质量高的，技术含量也相对较高；同时，采用高质量种苗的林地更容易形成经营规模化，更容易达到资源配置最优以及规模效率最佳。林地施肥有助于提高土壤肥力，加快林木生长，但是施肥的次数应当因地制宜，因树制宜。通过分析可知，施肥的次数与林业全要素生产率呈 U 型关系，因此施肥次数并不是越多越好。当施肥次数与技术进步呈正相关时，说明施肥次数越多，林地土壤越肥沃，林业长势越好，此时可以进一步的引进和推广新化肥品种，以带动林业技术进步。反之，当施肥次数与技术进步呈负相关时，说明继续施肥只会不利于林木生产，不利于林农加大投资引进技术带动技术进步。除此之外，林地的施肥次数还取决于林地的规模，不同的林地规模所需的化肥量不同，因此应根据林地的实际规模情况进行调整，以促使林地的规模效率达到最优。造林整地是造林过程中最耗费资金的环节。整地方式的选择对新造幼林的成活和生长有一定的影响。因此引进新的造林技术有利于改善幼林的生长情况，促进林业全要素生产率的增长。同时，新技术的引进有利于调整林业各要素投入的合理配置，促进技术效率和纯技术效率的提高。

四、资金因素

资金是林业经营管理中必不可少的重要因素。林业的资金来源越畅通，农户越有充裕的资金进行林业生产经营，相应的林业全要素生产率也越高。资金来源畅通一方面有利于农户学习新的林业技术。提高林业技术对全要素生产率的贡献；另一方面，充裕的资金有利于农户灵活的提高技术效率和纯技术效率。

五、制度因素

制度包括与林业相关的法律和政策等，对林业全要素生产率、技术进步、技术效率、纯技术效率和规模效率都有显著的影响。其中，对林业影响力最大的政策是集体林权制度改革，它一方面明晰了产权，降低了交易成本，提高了资源的配置效率，进而促进了林业全要素生产率的提高。另一方面，集体林权制度改革对林业税费进行了有关的规定，减少了林业经营成本，提高了林农的经营林业的积极性，促进了林业全要素生产率的提高。制度因素对动力机制的影响可以分为以下四个变量：采伐限额制度、伐区调查设计制度、林业税费和林业补贴。从采伐限额制度来看，农户受到采伐限额制度约束越严重，农户的经营成本越高，经营林业的积极性越低，相应的林业全要素生产率也越低。过度的采伐限额制度使农户疲于经营管理林业，造成林业经营效率低下，影响了农户进行资源要素的合理配置，阻碍了林地达到最佳经营规模以及林业技术的投入和引进。反之，当采伐限额制度约束相对较小时，有助于促进林农加大先进技术的投入，提高技术进步；有助于提高林农的经营积极性，提高林业的经营效率。从伐区调查设计制度来看，农户受到的影响越小，说明受到的限制越小，对林地经营的意愿越大，愿意投入更多的时间和精力，有助于提高林业全要素生产率和技术效率。从林业税费来看，新一轮的集体林权制度把税费改革提到了重要的位置。其中以浙江省的改革力度最大，实施林业“零税费”。税费的减少或减免极大地调动了林农从事林业经营的积极性，提高了农户经营技术效率，农户愿意花更多的时间和精力去经营和管理林地，促进林业各生产要素配比合理，使林地达到最佳的经营规模。从林业补贴来看，增加林业补贴同样会调动农户经营林业的积极性，农户愿意经营林业，进而带动资源的更合理配置，促进林业经营规模效率达到最佳。

第十六章 促进林业绿色创新发展的改革方向与保障体系

第一节 加强林业科技创新和技术应用

“科学技术是第一生产力”。在其他因素不变的情况下，科学技术的进步，产业结构的调整，能够较快地推动农户林业全要素生产率的增长，提高林业的整体收益。对于我国来说，我国在营林中投入的技术成本相对较少且林业科技成果推广的覆盖率低，要想实现林业的可持续发展，在林业生产中增加科技要素的投入至关重要。因此，国家必须在制度上鼓励林业技术创新，健全林业科技创新优惠政策，深化林业科技管理体制改革，进一步激励各林业机构积极研发相关的林业科学技术。

一、完善科技创新激励制度，鼓励林业科技创新

牢固树立科技兴林和绿色创新驱动的思想。围绕林业生产重大科技需求，建设林业科技创新中心，联合攻关，解决林业生产中种苗等重要技术难题、加大林业科技研发投入，特别是加大对基础性研究的投入。建立有效的激励机制，鼓励林业科技人员积极地投身于林业科技创新。完善林业科技创新管理制度，优化科技项目管理制度，探索建立科技创新容错机制，为林业科技发展创造良好环境。逐步建立林业科技产业保险制度，出台一系列的优惠措施和政策，为林业科技的风险投资提供强有力的保障。

二、逐步建立林农教育和培训制度，提高林农科技素质

林农作为林业经营中的主体，其自身的科学文化素质、工作能力对林业科技成果能否最终的有效实施具有决定性作用。加大对农村教育经费投入，完善农村基础教学设施建设，优化配置城乡教育资源，力图培养出新一代的具有高素质的创新型农民。加强林农技能培训教育，适当开展一些林农科普活动，依靠推广人员向林农宣传林业科技成果，指导林农进行操作与应用新技术，使林农更快、更好地接受和采用新的科技成果进行林业生产。

三、加强对林业科技成果转化和推广的政策支持

林业科技的研发一定要注重现实的可操作性。林业成果的研发，不仅要在理论上先进，并且要在实际中具有经济性、可行性。改革现有的科研体制，科研工作者在研发过程中，要充分考虑林农的需求，科研成果要切实解决农民的营林问题，提高林业工作的生产效率。在林业成果的推广中，要结合当地林业发展的实际情况，因地制宜地选择适合当地林业发展的科技成果进行推广。完善中介组织管理制度建设，发挥科技中介组织的推广作用，将新的林业科技成果向林农进行传递、推广。

第二节　多渠道增加林业资金投入

农户林业全要素生产效率增长中，资金的投入促进了整体效率的增长。但实际林业经营中，林业生产资金不足是制约林业生产的一个大问题。目前，农户经营林业的资金来源大体是自有积累资本、民间私人借贷以及一部分财政补贴。然而，长期的林业经营项目单靠私人资本的投入是不够的，林业资金投入的多少在很大程度上影响了林业各要素的投入情况，无论在技术投入还是在人力投入中，资金都为林业生产的规模经营提供了强有力的支持。因此，建立健全林业融资制度，拓宽农户林业经营的融资渠道，改善林业投资环境，有利于促进林业经营的长效发展。

一、深化林业信贷法律制度改革，重点深化林权抵押贷款制度在民间的可执行力

目前，我国林业信贷制度还不完善，林业贷款中会遭遇到诸如：林地评估不准确、林权采伐指标限制导致林地处置困难等问题，因此许多银行、保险公司都不愿意实施林权抵押贷款的业务。政府虽然有推行林权抵押贷款制度，但在实际推行过程中应用面并不广泛。必须完善林权抵押贷款制度，同时出台一些可操作性的管理办法，鼓励农村信用合作社等商业银行实行贴息贷款和小额信用贷款，以支持林农林业生产经营的需要。

二、建立林业基金制度，确保林业专项资金投入

首先，健全政府林业投入及补贴的相关法律法规，实现政府行政过程及林业管理工作的有法可依、有法必依。其次，提供明确林业基金制度的使用范围、性质、执行过程、注意事项等，实施项目专款专用，且基金由政府和社会筹集所得，政府以无偿或低息有偿的形式向林农进行发放，完善森林补偿机

制，切实解决林业生产资金不足的问题。最后，加快林业资金监管制度体系建设，合理分配使用基金，力争每一项基金都能依法使用。时常进行基金检查，加强对基金的监管，发现基金中存在的问题，及时处理。规范监督部门行政执法行为，可以引入独立的“第三方机构”进行监督，并且鼓励林农参与经费的监管、举报。杜绝林业基金的贪污、挪用现象。通过相关法律法规的完善，建立健全基金运行的评价机制，确保基金使用的高效率。定期举办教育培训活动，提高林业部门人员综合素质，提高林业工作人员的服务水平。

三、建立健全融资法规，拓宽融资渠道，改善融资环境

长期以来，林农是林业经营最主要的投资主体，政府虽然会在营林过程中对林农进行适当的财政补贴和救助，但是单靠这两个主体的投资是不够的，资金投入渠道单一且短缺的问题日益凸显。因此，政府应充分发挥其宏观调控的职能，改革和创新林业资金投资体制，优化林业投资结构，规范林业市场秩序，引导除政府和林农以外的其他融资主体参与到林业生产经营活动中，建立一个多元主体投资模式，切实拓宽林农经营林业的融资渠道和方式，为融资机构构建一个良好的制度和法律环境林业融资环境，吸引更多的资金投入到林业经营中去。

第三节　引导土地适度规模经营

前几章节的分析证明，当林业处于一定的生产规模时，林地在各要素不变的情况下，它是处于一个收益递增的阶段。从各地区的经验来看，要想扩大林地的经营规模，就需要加快林地使用权之间的流转，促进林地的规模化经营。因此，在制度上，国家需要出台有关林农流转林地的制度，以明确林地流转过程中的相关利益问题，保障林农的权益，方便林地流转与安全，促进林地之间的有序、快速流转，实现林地的规模化经营。

一、完善相关法律法规制度，明晰土地产权

每一次的林地改革对我国的林业都产生了巨大的作用。特别是在明确林地使用权归农民所有之后，林农经营林地的热情更为高涨。林地产权不明确和经营主体的缺位一直制约着我国林地流转。这就要求国家深化土地制度改革，在林权制度上健全保护林权安全的法律法规，通过严格、科学的执法程序，保障林农的林地使用权不受侵犯。林农在林业生产中是最重要的生产要素，是林业生产活动的主体，完善的林地使用权制度，是保障林农自身利益的有力后盾，有了清晰的土地承包关系，权责分明，林农才有动力进行进一步的生产运作。

另外，政府出台土地流转优惠和管理政策，严格规范林地流转程序，实现林地流转过程的法制化，减少林农流转林地的顾虑，保障林地的有序流转。在土地规模化流转中，我们要从制度上进一步明确林农的土地使用权，提供多种林地适度规模的形式，如租赁、转让、林地股份合作等加快林地流转的速度，为林地的流转和规模化经营提供良好的条件，为林农的规模经营提供制度保障。

二、深化农村社会保障制度建设，加速林地流转

目前，随着城镇化的不断发展，农村外出务工的农民在逐年增加，家庭的大部分劳动力都不再从事与林业有关的工作，林业在林农的家庭收入中所占的比例越来越少，但由于农民与生俱来的对土地的依赖性以及农村社会保障制度的不健全，林农需要土地作为最后的保障，致使一些小林地即使成为荒地也无法得到流转。同时，农村中又有一些林业大户和企业愿意大面积收购林地，以期能够进行规模化的生产。要加速农村林地的合理、规范化流转，最重要的是要完善农村社会保障制度，消除农民流转林地的后顾之忧。目前，由于我国农村社会保障制度还不健全，农民的保障水平还比较低，导致林农还不愿意放弃其手中的林地保障，林农虽然有意愿流转林地，但还是没有流转林地。因此，建立一个高效、稳定、健康的农村社会保障体系至关重要。首先，各级政府应加大对农村社保的投资力度，扩大保障面积、内容项目，明确相关管理机构的职责，实现社保的有序管理。其次，政府出台一系列的优惠政策，引导民间资本参与到农村社会保障的建设中，丰富投保的种类，增加林农投保的可选择性。第三，加大对农村社会保障的监管力度，确保每一项社保基金落实到实处。

三、组建林地流转中介服务组织，促进林地流转规范化

由于缺少专业的中介林业组织，大部分农村的土地使用权流转都是私下交易进行的，他们之间签订的合同有很多都是不合法或者不正规的。因此，国家应该制定相关的制度，扶持与引导林地流转中介服务组织的发展，逐步建立起社会化林业服务体系，组建林业资产评估机构、林业流转服务机构、司法纠纷仲裁机构等服务机构，为林农提供有关林地生产经营、土地流转的政策、市场信息等，指导林农合理合法地流转林地。同时，国家也需要出台一系列的法规条例，规范中介服务组织的内容、性质，保证中介服务组织的第三方性质。